장창수의
기획보고 및
발표 역량평가

장창수의 기획보고 및 발표 역량평가
기획보고서 작성법

초판 1쇄 발행 2024년 3월 15일

지은이 장창수
펴낸이 장길수
펴낸곳 지식과감성#
출판등록 제2012-000081호

교정 이주희
디자인 이현
편집 이현
검수 한장희, 정은솔
마케팅 김윤길, 정은혜

주소 서울시 금천구 벚꽃로298 대륭포스트타워6차 1212호
전화 070-4651-3730~4
팩스 070-4325-7006
이메일 ksbookup@naver.com
홈페이지 www.knsbookup.com

ISBN 979-11-392-1707-0(13320)
값 34,000원

- 이 책의 판권은 지은이에게 있습니다.
- 이 책 내용의 전부 또는 일부를 재사용하려면 반드시 지은이의 서면 동의를 받아야 합니다.
- 잘못된 책은 구입하신 곳에서 바꾸어 드립니다.

지식과감성#
홈페이지 바로가기

머리말

　기획보고서를 쓴다는 것은 넓은 의미에서 주어진 상황을 '정리'하는 것입니다.

　현장에서 업무를 수행하는 과정이든, 역량평가 장면이든 기획을 한다는 것의 '기본'은 주어진 상황을 정리함에 있습니다.

　현업에서 근무하면서 기획을 한다는 것은 벌어진 결과들과 주위 환경 및 내부 여건 상황들을 고려하여 무엇을 할 것인지, 어디로 갈 것인지를 정리하는 것이고 역량평가에서도 기획보고가 되었든 인바스켓의 문제해결이 되었든 반드시 평가 과제에 담긴 상황과 답을 정리해야 합니다. 상황정리가 되지 않으면 기획이란 작업은 이루어질 수 없습니다.

　정리하는 과정에는 반드시 수반되어야 할 선결 작업이 있습니다. 사전적으로 상황을 파악하고 분석하는 작업이 필요합니다. 파악하고 분석하는 과정이 진행된 다음에 그 결과물로 정리가 이루어지며, 정리가 어느 정도 깊고, 넓게 되었는지를 기반으로 기획의 평가가 진행됩니다.

　현업 또는 역량평가 장면에서 기획상황을 분석하기 위한 자료들은 다양합니다. 발표 자료, 조사 결과, 신문 등 미디어, 인터뷰, 관련 문헌 등이 제시됩니다.

　이러한 자료들의 분석을 잘하기 위해서는 주어진 지문과 표와 그래프의 의미를 도출하고 유사한 것들끼리 묶어 가는 분류나 유목화 작업이 이루어져야 하는데 그래서 기획의 첫걸음은 분석을 잘하는 것입니다.

　그러나 역량평가를 경험하신 분들은 아시겠지만, 주어진 과제를 검토하는 과정에서 지문과 표와 그래프의 의미가 보이질 않는다는 것입니다. 각각의 의미를 도출해야 유목화가 가능한데 기본적으로 의미들조차 보이질 않으면 이는 역량평가의 첫걸음인 분석부터 망쳐 버리는 상황이 되어 버립니다.

이 같은 상황은 주어진, 한글로 구성된 지문들과 표와 그래프들이 주는 의미가 잘 이해가 되지 않는다는 것으로 이는 분석과 관점이 다른 '독해'와 '문해'가 되지 않은 상황입니다.

즉, 분석을 하기 위해서는 앞서서 독해의 과정이 필요하고, 대다수의 역량평가 대상자들이 이 부분에서 실질적인 어려움을 겪고 있습니다. 좋은 기획보고서를 작성하기 위해서는 기초적으로 지문과 표와 그래프의 의미를 찾을 수 있어야 합니다.

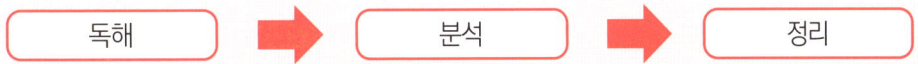

하지만 역량평가에 앞서서 기관에서 제공하여 여러분들이 참여하는 역량개발 과정(DC, Development Center)에서는 독해 수업은 진행하지 않습니다. 이는 실질적인 어려움을 소속된 기관에서는 고려하지 않는다는 것입니다.

역량평가를 준비하는 분들은 독해의 수준 차이는 있겠지만 이에 대한 준비가 꼭 필요합니다.

독해와 분석 작업이 진행된 다음에 정리하는 단계에 들어가는데 현업에서는 전공 교육을 받았거나 경험이 많은 이들이 참가하여 분석과 정리 작업을 합니다. 그래서 큰 문제가 없습니다만 역량평가 장면은 상황이 전혀 다릅니다. 역량평가 대상자들의 대부분이 전공자도 아니고 기획의 경험도 없다는 것입니다.

역량평가에서 많은 과제들이 현황과 문제점, 개선방안의 목차로 정리하라고 합니다. 하지만 거의 모든 대상자들은 현황과 문제점의 정의도 모릅니다. 그러면서 분석 작업이 진행됩니다.

현황과 문제점의 정의는 무엇일까요? 어떻게 바라봐야 분석과 정리가 수월해질까요?

다른 관점에서 우리의 일상이라는 것도 알고 보면 날마다 상황을 정리하는 것이라고 생각되는데 여러분들은 일상에서 벌어지는 다양한 상황을 정리할 때 어떤 기법들을 사용하시나요?

직장에서 근무하시면서 공문서를 많이 작성하시게 되는데 공문서는 어떤 정리 기법을 사용하고 있을까요? 만약 새로운 집을 구입한다면 의사결정을 위해 어떤 기법을 사용할 수 있을 까요?

공문서를 작성하신다면 아마도 '육하원칙'이 가장 많이 사용되지 않을까 생각해 봅니다. 또한 집을 사기 위해서는 '본인의 여건과 투자의 효익, 주변의 인프라, 직장 및 친인척과의 거리' 등을 비교, 교차 분석하면서 경우의 수를 놓는 방법으로 정리해 나가실 것입니다.

작가가 글을 쓸 때 사용하는 정리 기법은 무엇일까요? '기승전결', '서론, 본론, 결론' 등을 말할 수 있을 것입니다.

이렇듯 우리는 세상을 살아가면서 우리는 잘 인지하지 못하지만, 상황을 정리하기 위해 많은 기법을 사용하고 있습니다.

저는 역량개발 수업을 진행하면서 평가 대상자들에게 현황과 문제점의 정의를 여쭤봅니다. 그럴 때 어떤 분은 "숫자로 쓰인 것이 현황입니다." 그리고 다른 분은 "현황은 현재의 상황입니다." 등으로 말씀하셨던 기억이 있는데 이는 전혀 내용을 모르는 견해들입니다.

결론을 말씀드리면 현황과 문제점은 '인과 분석'이라는 분석 방법론에 기반을 두고 있습니다.
이러한 인과분석은 발생된 문제상황을 정리하는 데 매우 유용한 방법입니다.

역량평가 장면에서 나왔던 사례로 "안전사고가 발생하였으니 이에 대한 개선방안을 수립하시오.", "쌀직불금 부당 수령 사례가 증가하고 있으니 이에 대한 개선방안을 수립하시오." 등의 과제는 현재 문제상황 발생되었다는 것이고 이런 상황의 현황과 문제점을 분석하고 개선방안을 수립하라는 것입니다.
이런 상황에서는 인과분석 기법을 사용하여 정리해야 합니다.

그렇지만 "메타버스 전문 특성화교 설립 기획안을 수립하시오.", "해외발전소 건설사업진출의 타당성을 분석하여 기획안을 수립하시오." 등의 과제는 현재 발생된 상황이 아니고 향후 발생될 상황이니 미리 준비하는 차원에서 기획안을 수립하라는 과제입니다.

이런 상황에서도 현황과 문제점을 분석하는 방법론이 타당할까요? 경험해 보신 분들은 아시겠지만 위의 과제에 인과 분석을 사용하면 전혀 정리가 안 되어 버립니다.

위와 같은 유형의 상황에서 기획안을 수립하기 위해서는 적합한 기법을 알아야 합니다.

기획이라는 것은 상황을 정리하는 것이라고 말씀드렸습니다.
정리하는 데에는 기법이 필요합니다. 이러한 기법은 분석을 포함하는 내용으로 기법이 적용되면 분석 단계부터 다른 접근이 이루어집니다.

또한 기초적인 분석을 위해서는 주어진 지문을 이해할 수 있는 독해력이 필요합니다.

본 책은 현업과 역량평가 장면에서 유용하게 활용될 수 있도록 독해, 분석, 정리하는 기법들을 담고 있으며 그 외 필요한 팁들도 많이 담고 있습니다.

또한 역량평가 장면과 현업에서의 업무 수행은 분리될 수 없습니다. 그러기에 본 책은 현업에서도 효과적으로 사용될 수 있도록 구조화되어 있습니다.

여러분들의 기획 능력 개발에 큰 도움이 되길 바랍니다.

한국역량평가개발원 장창수

목차

머리말 4

제1강 '기획(企劃)'의 개념과 정의 12

제2강 기획보고서(企劃報告書)의 개념과 정의 22

제3강 역량(Competency)과 기획보고서 역량평가(Assessment Center) 26

   1) 역량과 역량평가 26

   2) 기획보고서 및 발표(OP) 역량평가 34

제4강 역량평가를 위한 핵심기술 '독해' 42

   1) 귀납적 사고 45

   2) 연역적 사고 56

제5강 기획보고서 작성 방법론 68

   1) 기획보고서의 기본 구조 73

   2) 현재(발생된) 문제상황 보고서의 작성 76

      (1) 보고서의 목적 설정 78

      (2) 가설 세우기 80

      (3) 목차 구성하기 80

      (4) 채워 넣기 81

      (5) 유목화하기 84

      (6) 가독성을 높이는 논리적 구조와 언어 및 표 사용 85

      (7) 문제점과 개선방안 연결하기 88

      (8) 정책방향 수립하기 89

　　　(9) 세부실행계획의 수립 92

　　　(10) 기대효과 99

　　　(11) 장애요인 및 극복방안 100

　　　(12) 추진배경 기술하기 100

　　　(13) 제목에 부제 달기 101

　　　(14) 예시 보고서 검토 101

　3) 미래(발생될) 문제상황 보고서의 작성 106

　　　(1) 대내외 환경 분석 보고서 107

　　　(2) 사업계획수립 보고서 120

　　　(3) 사업의 의사결정 121

제6강 기획보고서 발표와 질의응답 132

제7강 기획보고서 작성 실전 138

　1) 분석과 발표(OP) 유형(인혁처, 산업부 상임이사, 한전 1~2급 등) 138

　2) (정책)기획보고서 작성 유형 169

　　　(1) 서울시 사무관 평가 및 각 교육청 사무관 평가 등 169

　　　(2) 발전사 초급간부 평가 유형 192

제8강 기획보고서 및 발표 역량평가 방법 216

　1) 행동기준척도(BARS, Behaviorally Anchored Rating Scales) 216

　2) 행동관찰척도(BOS, Behavior Observation Scale) 218

　3) 평가를 담당하는 '평가사' 220

제1강

'기획(企劃)'의 개념과 정의

제1강

'기획(企劃)'의 개념과 정의

저의 첫 직장은 경기도에 위치한 의약품과 식음료를 주 사업으로 하는 대기업이었고 처음 배속받은 근무지는 본사 주변 시장을 관리하는 영업소 서무였습니다. 본사와 지척에 있다 보니 가끔 본사에 올라가는 기회가 있었는데 그럴 때마다 눈에 들어오는 부서가 있었습니다.

'기획실(企劃室)'

당시 본사에는 인사, 전산, 출납 등 경영지원을 담당하는 여러 부서들이 있었는데, 기획실이라는 무게는 다른 부서와는 사뭇 달랐고 무엇을 하는 곳인지 궁금하였는데 나중에 영업기획을 맡아 보니 기획실을 이해할 수 있었습니다.

기획실은 정부의 여러 부처, 공공기관, 민간기업에서 기획실, 기획재정부, 기획조정실, 전략기획실, 미래전략실 등으로 이름은 다르게 불리지만 하는 일은 최고 의사결정권자의 최측근에서 전체 조직을 아우르는 종합사령탑 역할을 하는 곳으로 하는 일은 거의 비슷합니다.

또한 정부와 기관, 기업들의 세부적인 기능들인 정책연구, 마케팅, 영업, 생산, 인사, 연구개발, 물류, IT 등 다양한 영역에서도 기획을 담당하는 부서 또는 담당은 있습니다.

이렇듯 '기획(企劃)'을 담당하는 부서는 어느 조직에서든 꼭 있어서 익숙한 단어이기도 하지만 왠지 어렵게 다가오기도 하는데, 그렇다면 기획의 의미는 무엇일까요?

1983년 2월. 당시 세계 반도체 생산의 중심 일본 도쿄에서 작고하신 삼성그룹의 이건희 회장은 '반도체 산업 진출'을 공식화합니다.

2010년 엘지화학 기술연구원에서 작고하신 엘지그룹 구본무 회장의 주관으로 중장기 기술연구개발 분야를 발표했는데 그중 하나가 차세대 2차 전지(배터리) 분야의 연구개발 진출이었습니다.

삼성그룹은 '2·8 도쿄선언'으로 세계적인 기업으로 성장할 수 있는 발판을 만들었으며 아시다시피 그 결과는 실로 어마어마하였습니다. 최근 삼성그룹의 반도체 부분은 파운드리(위탁생산) 부분을 제외하고 세계 1위의 매출을 기록하고 있는데 이는 세계 최고 기업임을 증명하는 것입니다.

당시 세계 반도체 시장은 일본 기업들이 독점하고 있는 상황으로 기술격차가 컸고 반도체 산업은 대규모 투자가 병행되어야 하는 사업으로 주변의 반대가 많았다고 합니다. 하지만 당시 삼성그룹 기획실은 '분석에 분석'을 하여 성공 가능성을 찾았고 이건희 회장의 강력한 지원으로 이를 실행하였습니다.

엘지그룹도 위의 2차 전지 분야의 진출에 많은 고민이 있었을 것입니다. 그룹의 먹거리 창출을 위해 어디에, 어떤 산업에 진출할 것이냐는 판단은 그룹의 성패를 좌우하는 매우 중요한 의사결정이며 그에 따라 많은 비용이 수반됩니다. 당시의 의사결정으로 '엘지에너지솔루션'이 탄생하였으며 최근 주가 총액이 국내를 기준으로 삼성전자에 이어 2위를 차지하는 엘지그룹의 핵심사업으로 자리를 잡았습니다. 배터리 산업에 진출하기에는 수조 원의 자금이 투자되어야 하기에 이러한 결정을 하고 실행하기까지 엘지그룹의 기획실은 많은 '생각에 생각'을 하였을 것입니다.

결과적으로 삼성그룹과 엘지그룹은 기획실의 고민 값으로 통칭 '대박'을 쳤습니다.

기획의 사전적 의미는 **'일을 꾀하여 계획함'**입니다.

이를 좀 더 들여다보면 '꾀한다'는 의미는 '생각한다'라는 의미와 같음을 찾아낼 수 있고, '계획함'이란 일의 추진을 위해 '해야 할 일을 누구에게, 언제까지, 어떤 방식으로, 얼마만큼' 할 것인지 구체화하는 작업으로 볼 수 있는데 정리하자면 기획함이란 '생각하고 실행하여 결과물을 확보하는 과정'입니다.

'생각함'이란 단어가 너무 추상적이어서 좀 더 들여다보겠습니다. 무엇을 생각하라는 것일까요?

4차 산업혁명은 우리에게 많은 변화를 가져오고 있고 향후에도 엄청난 변화가 예상됩니다. 하나의 예를 들면 자동차 산업의 변화입니다. 자동차는 탄소를 배출하여 공해를 일으키는 지구온난화의 주요 원인으로 자동차 산업에 대한 환경규제는 전 세계적인 규범입니다.

유럽의 여러 나라들은 탄소를 내뿜는 내연기관 차량의 생산과 판매를 규제하는 법령들을 내놓고 있으며 EU는 2035년까지 가입 국가에서 내연기관의 차량 생산을 중단하기로 했습니다. 이런 변화에 맞추어 대다수 자동차 브랜드들은 내연기관 차량의 생산을 줄이고 전기차로의 전환을 가속화하고 있는데 현대자동차도 2035년부터 내연기관 차량 생산을 중지한다고 합니다.

이런 변화로 인하여 국내외의 자동차 정비업체들은 큰 고민에 빠져있습니다. 차량 운전자가 정비업체를 찾는 이유 중 빈도가 가장 높은 사안은 엔진오일을 교체하기 위함이고 가장 돈이 되는 정비는 차량 고장이나 사고로 인한 차량 파손 수리일 것입니다.

하지만 전기차는 엔진이 없으니 엔진오일을 교체할 이유가 없어져 버렸고, 전기차는 내연기관 차량에 비해 부품이 1만 1,000여 개 정도 적다 보니 고장이 날 곳과 파손될 곳도 현저하게 줄어들어 버린 것입니다.

이는 전기차가 일반화되면 정비업체들은 일이 없어진다는 것을 말합니다. 빨리 살길을 생각해야 합니다.

문제는 정비업체에 국한되지 않습니다. '전기차 이후의 세상이 어떻게 바뀌느냐?'입니다. 분명 전기차가 일상화되기도 전에 다른 유형의 차량이 등장할 것입니다.

그다음은 바로 '드론카'입니다.

드론카의 출현은 우리의 일상에 많은 변화를 가져올 것이며 관련된 산업들은 이에 대비한 많은 고민들을 해야 할 것입니다.

가장 먼저 고민해야 할 산업은 타이어 산업입니다. 드론카는 수직으로 이착륙하기에 현재 자동차처럼 타이어의 마모가 이루어지기 힘들고 일부 드론카들은 헬리콥터처럼 아예 타이어를 장착하지 않을 수도 있습니다. 타이어를 생산하는 제조회사들은 지금부터라도 빨리 사업전환을 고민하지 않으면 늦을 수 있습니다. 아마도 기존의 타이어 생산업체들의 기획실은 많은 '생각'에 쌓여 있을 것입니다.

또한 차가 다니는 도로가 없어지는 만큼 도로를 만들고 정비하는 업체들, 도로 내비게이션, 신호등을 만드는 업체 등 관련 산업에 종사하는 기업들은 많은 생각들이 들 것입니다.

이렇듯 전 세계 모든 국가, 기관, 기업, 개인 등은 '생존을 위해 미래 변화에 어떻게 대응할 것인가?'라는 화두를 집중하여 생각하고 고민합니다.

미래에 발생될 문제에 관한 생각인 것이지요.

하지만 문제상황이라는 것은 미래에 발생될 문제상황 외에도 현재 '발생된 문제에 대한 해결 상황'도 있습니다.

기획이라는 작업은 미래상황에 대응하는 것도 있지만 현재 발생된 문제에 대한 해결도 주요 임무입니다.

- 2004년 인도네시아 수마트라섬에서 발생된 9.1의 강진으로 동남아 지역이 초토화되며 엄청난 인명과 재산 피해가 발생하였습니다.

- 2011년 동일본에서 발생된 지진으로 많은 인명과 재산 피해가 발생하였고 인근 후쿠시마 원자력발전소의 파괴로 엄청난 후유증을 남겼습니다.

- 2019년 중국에서 발생된 코로나바이러스로 인한 팬데믹 상황으로 전 세계가 엄청난 고통을 겪었습니다.

발생된 문제에는 위의 사례처럼, 자연재해와 같이 현재의 과학으로 제어할 수 없어 회피해야 하는 영역이 있는가 하면, 사전통제와 해결이 가능한 영역도 있습니다.

- 2022년 국내 굴지의 H건설사에서 광주시에 시공 중이던 아파트 공사장이 무너져 6명이 사망하는 사고가 발생되었습니다. 그 원인은 아래와 같습니다.
  ① 39층 바닥 시공방법 및 지지방식을 당초 설계도와 다르게 임의변경
  ② 가설 지지 동바리의 조기 철거
  ③ 콘크리트 강도 시험 결과 설계기준강도의 85% 수준에 미달

- [1)]P사는 우리나라 굴지의 대표적인 남초 기업으로 A 여직원(정규직 20대)은 같은 부서 여러 명의 남성들로터 지속적으로 성희롱과 성추행을 당했고 급기야 특수·유사강간이 발생하여 해당 여직원이 지난 7일 포항남부경찰서에 고소장을 제출했다.
  성희롱을 했던 사원의 경우 사내 감사실에 신고했지만 감봉 등의 처벌만 받고 현재 근무 중이며, 피해 여성은 신고 이후 다른 부서로 이동됐지만 불과 몇 개월 만에 원 부서로 원복돼 2차 피해를 받은 것으로 알려진다.
  노동부의 직장 내 성희롱 지침에 따르면, 성문제 발생 즉시 가해자와 피해자를 분리하게 되어 있으나 해당 여직원은 최근까지 같은 부서에 출근해 회사 측의 안일한 성 윤리 의식은 제2의 방조죄로 기업의 책임을 면하기 어려워 보인다는 비판이 크다.

위의 사례의 전자는 안전사고에 대한 문제상황이고 후자는 성인지감수성에 대한 문제상황입니다. 하지만 위의 사항은 현재의 과학으로 충분히 해결이 가능한 문제상황으로 일을 추진하는 조직 차원에서의 관리 또는 역량이 부재하여 발생된 문제입니다.

---

1) [출처] 일간경북신문, 포스코, 조직문화 개선 필요하다. 김재원 기자.

또한 기획실의 업무 중에는 조직의 효율성을 높이기 위해 현재의 상황을 혁신하는 영역도 있습니다.

- [2] M에셋자산운용은 총괄을 줄이고 부문 대표를 대폭 늘렸다. 기존 6총괄 6부문 대표 18부문장 체제에서 5총괄 23부문 대표 체제로 개편했다. 회사 관계자는 "기존 체제에서는 총괄의 역할이 컸다면, 이번 인사를 통해 부문 대표에게 권한을 많이 이양하게 됐다."라고 설명했다.

- [3] 5개 병원을 운영하고 있는 학교법인 J학원은 이날 건전한 조직문화 구축을 위한 3대 혁신 지침을 발표했다. 불합리한 조직문화 및 관행 척결, 모성보호, 일과 삶의 균형 유지가 지침 내용이다. J학원은 불합리한 조직문화 및 관행 척결을 위해 ▲행사 강제 동원 ▲정치참여 및 단체 가입 독려 ▲폭언·폭행·성희롱 ▲금품 수수 및 금전 거래, 추렴 행위 ▲부당한 업무 지시를 금지했다.

'문제상황'은 기본적으로 발생된 문제와 발생될 문제로 나눌 수 있는데 현재 발생된 문제도 발생을 인지하는 순간 과거가 되기에 발생된 문제상황이 됩니다.

발생된 문제라는 것은 과거를 포함한 현재 시점으로, 상황의 결과가 대체적으로 명확합니다. IMF 구제금융 신청, 코로나바이러스 발생, 미세먼지 출현 일수의 증가 등 국가적 차원의 문제와 매출 감소, 생산 라인의 안전사고 발생 등 단위조직 차원의 문제 등 우리 주변에는 수많은 예들이 존재하며, 발생되었기에 문제상황을 정의하기가 상대적으로 수월합니다.

반면 발생될 문제는 미래 시점으로 현재 발생되지 않은 문제상황을 다룹니다. 남북통일, 4차 산업혁명, 국민연금의 고갈 등 미래에 발생될 수 있는 문제에 대한 대응방안을 고민하는 것으로 문제상황을 파악하기가 상대적으로 힘듭니다.

위의 상황들을 해결하기 위해서는 기본적으로 생각이라는 절차가 수반됩니다. 분석을 하든지 아니면 분석된 자료들을 기반으로 정리하든지 기본적으로 머리를 쓰는 생각은 반드시 필요합니다.

즉, 기획이란 기본적으로 머리를 쓰는 작업입니다.

본서에서는 보고서의 기본적인 형태를 시점으로 구분하여 현재와 미래, 발생된 문제와 발생될 문제로 정리하고자 합니다.

---

2) [출처] 조선비즈, 미래에셋, 조직 개편·인사… 81년생 전무 나왔다. 노자운 기자. 2021.11.03.
3) [출처] 청년의사 "간호사 존중, 갑질 청산"… 조직문화 개선 나선 병원들. 송수연 기자. 2017.11.16.

◎ 전략(戰略), 기획, 계획(計劃)

우리는 일상적으로 '전략, 기획, 계획'이라는 단어를 혼용하여 사용하는 경향이 있습니다. 사실 전문적으로 기획업무를 하는 분들이 아니라면 굳이 명확히 할 필요는 없습니다만 기획보고서 작성의 고수가 되실 여러분들은 절대적으로 이해함이 필요합니다.

전략(Strategy)이라는 단어는 군사용어에서 출발하였습니다. 전쟁을 이기기 위한 큰 그림을 그리는 작업입니다. 기본적으로 '목적과 방향을 수립'하고 이기는 전쟁을 위해 조직 내의 자원들을 '최적화'하며, 본인들이 가지고 있는 강점 내지는 상대의 약점에 '선택과 집중'을 하는 작업들을 말합니다.

전략과 함께 많이 쓰이는 단어가 **전술**(Tactic)입니다. 이의 의미는 전쟁을 이기는 것이 아닌 전투를 이길 때에 쓰는 개념입니다. 야간에 기습을 감행하거나 날씨 상황을 고려하여 전투대형을 바꾸는 등의 싸움의 방법을 말하죠. 그러기에 전술은 전략을 수행하는 하위개념으로 일반화되어 있습니다.

요즘에는 기업들도 전략의 개념을 수용하여 미션과 비전을 수립하고 강점과 약점, 기회와 위협에 대응하는 방안들과 과제들을 도출하여 실행합니다. 그리고 실행해야 하는 많은 과제 중에 시급도와 중요도를 고려하여 선택과 집중을 위한 최우선 과제들을 도출하는데 이러한 과제들을 '전략과제'라 칭합니다. 이는 기관 또는 기업의 지속적인 성장을 위해 큰 방향을 잡는 것입니다.

기획의 의미는 전략과 혼용되어 사용되는 경우들이 많습니다. 전략이라는 것도 생각을 통해 나오는 것이고 기획도 마찬가지입니다만 대부분 기획보다 전략을 상위개념으로 인식합니다.

대통령이 취임하면 '국정방향과 과제'를 제시합니다. 이는 전략에 관한 사항으로 국정방향이라는 비전을 달성하기 위해 선택과 집중의 의미가 부여된 '국정 전략과제'를 수립하고 각 부처에 할당하는 것입니다.[4]

국정방향	국가비전	국민의 나라 정의로운 대한민국				
	5대 국정목표	국민이 주인인 정부	더불어 잘사는 경제	내 삶을 책임지는 국가	고르게 발전하는 지역	평화와 번영의 한반도

---
4) 문재인 정부의 100대 국정과제

아래의 국정전략 하위에는 100대 과제가 있습니다. 이들을 수행하는 것이 기획입니다.

전략과제	20대 국정전략					
		1. 국민주권의 촛불 민주주의 실현	1. 소득 주도 성장을 위한 일자리경제	1. 모두가 누리는 포용적 복지국가	1. 풀뿌리 민주주의를 실현하는 자치분권	1. 강한 안보와 책임국방
		2. 소통으로 통합하는 광화문 대통령	2. 활력이 넘치는 공정경제	2. 국가가 책임지는 보육과 교육	2. 골고루 잘사는 균형발전	2. 남북 간 화해 협력과 한반도 비핵화
		3. 투명하고 유능한 정부	3. 서민과 중산층을 위한 민생경제	3. 국민 안전과 생명을 지키는 안심사회	3. 사람이 돌아오는 농산어촌	3. 국제협력을 주도하는 당당한 외교
		4. 권력기관의 민주적 개혁	4. 과학기술 발전이 선도하는 4차산업혁명	4. 노동존중·성평등을 포함한 차별 없는 공정사회		
			5. 중소벤처가 주도하는 창업과 혁신성장	5. 자유와 창의가 넘치는 문화국가		

기업도 마찬가지입니다. 아래는 기업이 나아갈 방향을 제시한 비전입니다.

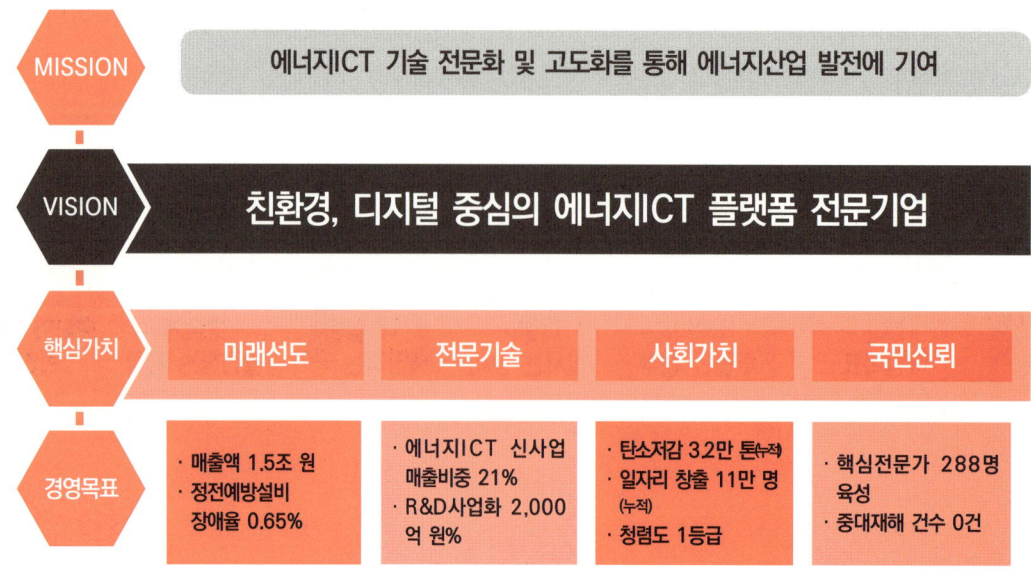

18

위의 비전을 구체화할 전략과제들입니다.[5]

위의 각각의 전략과제들은 관련 부서에 할당되어 실행에 들어가는데 이러한 작업들이 기획 단위의 작업으로 기획은 큰 방향의 전략을 각 기능 단위에서 구체화하고 실행하는 것을 의미합니다.

기획의 의미를 정의한다면 아래와 같습니다.

**현재 또는 미래 문제의 핵심을 파악하고
해결할 수 있는 방안과 실행계획을 수립하는 절차**

위의 전략과제들은 현재 발생된 문제들의 해결과 미래에 발생될 문제상황에 대한 대응을 모두 포함하고 있습니다. 한 발 더 나아가 본다면 위에 도출된 전략과제들도 기획이란 작업의 산물이기도 하는데 이는 전략과 기획의 의미가 중첩되는 영역이기도 합니다.

우리는 위의 단어들과 함께 '**계획(Plan)**'이라는 단어를 많이 사용합니다. 계획은 실행을 통해 성과를 달성하는 과정으로 기획단계에서 도출된 방안들을 누가, 언제까지, 얼마만큼(정량적인 결과) 실행할 것인지를 구체화하는 작업입니다. 이를 통해 우리는 효율적으로 성과를 창출할 수 있습니다.

기획에서 도출된 해결 '대안(對案)' 또는 '방안(方案)'은 말 그대로 방안일 뿐입니다. 방안에서의 안(案)은

---

5) 한전 KDN 2030 중장기전략, 홈페이지 https://www.kdn.com/menu.kdn?mid=a10101040000

'책상 안' 자로 책상에 있다는 의미이며 책상 위에 있어서는 성과로 연결될 수 없습니다. 방안은 실행을 전제로 하는 것으로 실행을 해야만 그 의미가 살아납니다.

기획과 계획을 혼재하여 사용하는 경우가 많은데 다른 의미로 사용되어야 하며 기획은 실행을 담보로 하기에 계획을 포함하는 상위개념입니다. 실행계획의 작성은 뒷부분에서 충분히 다루니 참조하여 주십시오.

문제해결(問題解決)이라는 의미는 광의적 관점에서는 전략, 전술, 기획, 계획을 모두 포함한 의미로 생각될 수 있습니다. 가장 상위개념인 전략의 개념도 전쟁이라는 문제를 해결하기 위해 필요한 방향과 실행과제들입니다.

협의적 관점에서 바라보면 '문제해결(Problem Solving)과 의사결정(Decision Making)'으로 나뉘게 되는데 이 상황에서의 문제해결은 '현상의 파악과 정리'로 귀결되고, 의사결정은 '해결방안의 제시'로 구분됩니다. 해결을 위해 방안을 제시한다는 것은 여러 가지 선택 방안 중에 결정한 것임으로 이는 의사결정 사항이 됩니다.

본 책에서는 문제해결의 개념을 협의적 관점에서 자세히 다루겠습니다.

제2강

기획보고서(企劃報告書)의 개념과 정의

제2강

기획보고서(企劃報告書)의 개념과 정의

여러분들은 직장에서 근무를 하면서 조사, 기획, 실행, 결과, 출장, 회의, 행사 등 다양한 보고서를 작성하게 됩니다.

'보고(報告)'의 사전적 의미는 '일에 관한 내용이나 결과를 말이나 글로 알림'입니다. 이를 쉽게 풀이하자면 상사를 포함한 동료나 고객들에게 일과 관련된 내용이나 결과를 말이나 글로 '알리고 공유'하는 것을 말하는데 즉, 타인들에게 알리고 '소통'하는 과정이 보고입니다.

'보고서(報告書)'는 일의 과정이나 결과를 '서식(書式)'에 기반을 두고 글로 구성하여 소통하는 것을 말합니다. (보고서는 소통 외에도 기록을 저장하는 목적을 포함하고 있습니다.) 수월한 구성과 소통을 위해 일정한 형식을 유지하는데 정부는 '공문서규정'을 두어 작성의 원칙과 기준을 제시하여 관리하고 있습니다.

```
판 판례  연 연혁  행 위임행정규칙  규 규제  생 생활법령                    정부공문서규정
                                                              [시행 1962. 11. 7.] [각령 제1033호, 1962. 11. 7., 일부개정]

        제1장 총칙
판 연 □ 제1조 (목적) 본 규정은 정부공문서의 작성요령 및 절차를 규정함을 목적으로 한다.

판 연 □ 제2조 (공문서의 정의) 공문서라 함은 행정기관에서 사용되는 문장, 통계 및 도면으로 된 행정상의 일반적인 문서를 말한다.

판 연 □ 제3조 (공문서의 종류) 별단의 규정이 없는 한 일반문서의 종류는 다음과 같이 구별한다.
            1. 명령서
            2. 훈령
            3. 지시
            4. 각서
            5. 전문
            6. 협조문
            7. 행정연구서
            8. 발령
            9. 전언통신문
            10. 회보
```

이러한 문서를 통한 소통을 '문서 소통'이라고 하는데 전달을 받는 상대가 내용을 쉽게 이해하도록 기본적으로 육하원칙에 기반을 두어 목차와 내용을 구성합니다.

출장, 행사, 회의 보고서 등은 상황을 명확히 기술하여 전달하면 되기에 형식과 내용이 간결합니다. 하지만 조사를 기획하거나 실행 결과에 대한 보고는 상대적으로 많은 공력을 쏟아부어야 하고, 그 정점에는 정책 사항을 고민하는 정책기획보고서 또는 사업의 방향을 정하는 사업전략보고서 등이 있습니다.

주로 신입 사원들이 출장보고서나 회의보고서를 작성하게 되고 기획보고서는 어느 정도 위치에 사무관급이나, 차부장급들이 작성 책임을 맡게 되는데 이는 기획보고서가 많은 경험과 지식, 깊은 고민과 생각(사고력)을 필요로 하기 때문에 그렇습니다.

잘 작성된, 이른바 똑똑 떨어진다고 하는 기획보고서는 '가독성'이 높아야 하고 그러기 위해 '형태와 내용'이 좋아야 합니다.

'형태(形態)'라고 하는 것은 보고서의 구조로서 목차의 정연함입니다. 좋은 보고서는 전체 상황을 포함하고 있고, 전달하고자 하는 바를 명료하게 정리한 '관점이나 절차'가 녹아들어 있어야 하며 목차의 흐름이 자연스럽게 전개되어야 합니다.

또한 '내용(內容)'이 중요한데 이는 글과 그래프, 표로 표현된 각 목차들의 내용이 분석이 잘되어 있어 원인 등의 핵심이 명확하고, 전체 상황을 빠짐이 없이 담고 있으며, '논증(論證, 주장과 논거)'의 구조를 유지하고 있어 논리적이어야 합니다. 덧붙여 사용된 언어가 개조식으로 합목적적인, 정제된 행정용어로 표현되어 있어야 합니다.

그러기에 기획보고서 작성 과정이 쉬운 작업이 아님을 알 수 있는데 기획보고서는 기획의 의미와 함께 아래처럼 정의할 수 있습니다.

**현재 또는 미래 문제의 핵심을 파악하고 해결할 수 있는 방안과
실행을 위한 계획의 형태와 내용이 담긴 서식**

현재 국내에서 진행되는 기획보고서 역량평가는 근본적으로 평가 대상자의 생각의 깊이와 넓이를 보고자 함입니다. 여러분들도 사람들 볼 때 '생각이 있느냐, 없느냐'를 따지듯이 역량평가도 같은 개념으로 생각하시면 됩니다.

좋은 기획보고서는 전체 내용을 기반으로 분석되어 있고 충분히 생각하고 고민한, 창의적인 구성이 필요하며 실행하여 목적하는 성과로 연결될 수 있는 내용이어야 합니다.

제3강

역량(Competency)과 기획보고서 역량평가
(Assessment Center)

제3강
역량(Competency)과 기획보고서 역량평가(Assessment Center)

1 역량과 역량평가

◎ **역량평가의 목적**

2006년 정부의 고위공직자들을 선발하기 위해 도입된 역량평가 기법은 이제는 정부와 공공부문, 기업에서 일반화되어 가고 있고, 이러한 현상은 국내뿐만이 아닌 세계적인 추세로 역량평가는 채용과 선발 과정에서 글로벌 스탠더드로 자리매김하고 있습니다.

사람에 대한 평가는 역사적으로 있어 왔습니다. 로마시대에서의 사람에 대한 평가는 '관찰'이었습니다. 20대 초반에 군대에 보내 현장 경험을 쌓게 하였고, 지속적인 관찰에 기반을 둔 '평판과 실적' 평가를 통해 뛰어난 자는 20대 후반에 행정 업무인 감사관에 출마를 하게 됩니다.

중국에서는 '과거(科擧)' 제도라는 것을 통해 사람을 평가하여 선발하였고 우리의 조상들도 중국의 제도를 도입하여 인재를 선발하였습니다.

이후 심리학에 기반을 둔 IQ 테스트, MBTI 등이 출현하게 됩니다. 또한 우리는 학교에서 시험이라는 평가를 하고, 매년 정부에서는 고등학교 졸업 자격을 갖춘 청소년들을 대상으로 수능 평가라는 걸 실시하고 있습니다.

역사 이래로 현재까지 많은 평가들이 있었는데 이러한 평가의 궁극적인 목적은 무엇이었을까요?

결론은 '성공(成功)'입니다.

사람에 대한 평가방식으로 가장 일반화된 모습이 '지능검사(Intelligence Quotient Test)'입니다. 많은 이들이 지능검사 결과에 민감하죠. 그렇다면 지능검사는 왜 하는 것일까요?

지능검사의 일차적 목적은 수학 능력이라고도 하는 '공부를 잘할 수 있는가?'를 평가하는 것입니다. 그러면 왜? 공부를 해야 할까요? 공부를 잘해야 하는 목적은 성공하고자 하는 데 있습니다. 즉, 지능검사의 근본적인 목적은 '성공'입니다.

최근에 많이 진행되는 평가 중에 MBTI 검사가 있습니다. 이른바 '성격유형 검사'입니다. 성격유형을 평가하는 목적은 무엇일까요? 재미 삼아서 한번 해 보는 것은 아닐 것이고, 그 근본적인 목적 또한 성공에 있습니다. 본인의 성격유형을 찾고 그에 적합한 삶을 살아 성공에 이르라는 것입니다.

이외에도 사람들에 대한 평가와 조사 기법은 넘쳐 납니다. DISC, MMPI, 다중지능 검사 등과 회사에 입사할 때 진행하는 인성 및 적성검사, 이 수많은 평가의 목적은 어디에 있을까요?

궁극적으로 성과를 창출하고 성공에 도달할 수 있는지를 평가하는 것입니다.

그렇다면 왜 지금까지 성공할 수 있는 사람인지, 아닌지를 판단할 수 있는 종합적인 평가 기법이 만들어지지 못한 것일까요?

물론 역사 이래로 성공에 관한 연구는 끝없이 이루어져 왔습니다. 그 똑똑한 소크라테스와 그의 제자들은 이런 고민을 하지 않았을까요? 역사적인 영웅들을 연구하여 '그레이트 맨 이론(Great Man Theory)'을 만들었던 학자들은 성공의 요인을 무엇으로 보았을까요?

심리학의 초석을 다진 프로이트(Sigismund S. Freud)도 같은 고민을 하여 성공에 이르게 하는 요인들을 일부 구성하였지만, 그것의 대다수가 무의식 속성이기에 그것을 평가할 수 있는 방법은 구체화하지 못했습니다.

1950년대 들어 하버드 대학 심리학과 데이비드 매클렐런드(David C. McClelland) 교수는 조직 내에서 고성과를 올리는 사람들의 특성을 연구하였고 이를 '역량(Competency)'이라고 발표하였습니다. 이는 성과를 올리는 사람들이 가지고 있는 내적 특성 즉, 무의식을 측정할 수 있는 방법론을 구체화하였다는 의미입니다.

그래서 탄생한 것이 '역량평가(Assessment Center)'입니다. 역량평가는 '이 사람이 성과(성공)를 낼 수 있느냐?'에 초점을 맞춘 평가 기법입니다. 즉, 지금까지 이루어지고 있는 모든 평가의 결정판이 만들어진 것입니다.

역량평가를 위한 구체적인 역량은 크게 4가지로 말할 수 있으며 이는 전 세계 모든 역량평가의 기준입니다.

첫 번째는 '지능(Intelligence)'입니다.
지능은 '새로운 대상이나 상황에 부딪혀 그 의미를 이해하고 합리적인 적응 방법을 알아내는 지적 활동'이라고 정의되는데 상당히 어렵죠? 다시 정리하자면, 상황 판단을 잘하는 사람, 창의력이 좋은 사람, 공부를 잘하는 사람, 기억력이 좋은 사람, 어휘력이 좋은 사람 등을 말합니다.

또 하나는 '성취동기(Need for Achievement)'입니다.
어떤 이는 뭔가를 일구기 위해 노력을 경주합니다. 그렇게 뭔가에 꾸준히 노력하는 사람과 그렇지 않은 사람의 차이를 만드는 요인은 무엇일까요? 무엇이 행동함에 차이를 만드는 것일까요? 바로 성취하고자 하는 무의식의 동기입니다. 성취동기가 높은 사람은 타인들보다 뛰어난 결과물을 만드는 데 관심을 집중하며 목표나 성과에 대해 강한 집착을 보입니다.

다른 하나는 타인들과 더불어 가고자 하는 '관계동기(Need for Affiliation)'입니다.
타인들의 감정 상태를 이해하고 좋은 유대 관계를 유지하고자 하는 본능적인 행동은 분명 많은 차이를 만들어 냅니다. 관계동기가 높은 사람은 타인들과의 관계를 중시하기에 역지사지(易地思之)의 관점으로 타인을 바라보고 좋은 관계를 유지하여 함께 나아가고자 합니다.

마지막으로 사람들 위에 군림하고자 하는 '권력동기(Need for Power)'입니다. 이는 타인들을 이끌고자 하는 리더십의 원천으로 집단 내 모든 이들이 동의하는 비전과 목표를 수립하고 귀감이 되는 행동을 보여 주며, 타인들에게 영향력을 행사하여 동기부여(Motivation) 하는, 성공하는 리더들이 지녀야 하는 필수 역량입니다.

◎ 역량의 개념

'역량(Competency)'은 '성공하는 사람들의 내적특성(속성)'으로 대다수가 여러분들이 인지하지 못하는 무의식(無意識)의 심상(心想)입니다. 다른 말로 표현하자면, 여러분도 인지하지 못하는 무의식이기에 본인의 역량 수준을 잘 알지 못한다는 것입니다.

역량을 말할 때는 보통 빙산 모델을 사용하곤 하는데 본 모델을 기반으로 역량의 구조를 설명드리겠습니다.

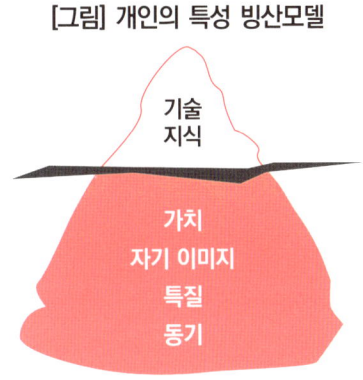

[그림] 개인의 특성 빙산모델

　빙산 모델에서 수면 위에 나와 있는 부분은 기술과 지식입니다. 기술과 지식은 소위 스펙(Spec)이라고 불리는 것들로, 지금까지의 채용 평가의 기준으로 중요하게 작용하였습니다. 자격증은 어느 정도의 지식과 기술을 가지고 있는가를 증명하는 것입니다.

　기술과 지식은 사람이 스스로 인지하고 파악할 수 있습니다. 사람들은 본인의 영어 실력을 토익(TOEIC), 토플(TOEFL) 등의 평가 도구를 통해 바로 확인할 수 있습니다. 또한, 지식수준도 학업성취도평가 등으로 어렵지 않게 인지할 수 있습니다.
　기술과 지식은 빙산 아래에 있는 요소들에 의해 표현되는 결과물로, 다른 특성들보다 측정이 쉽고, 변화가 용이합니다.

　기술(Skills)은 반복하면 향상됩니다. 지식에 비해 덜 논리화되어 있기도 합니다. 예를 들면, 영어는 기술에 속합니다. 언어 능력을 'Language Skill'이라고 하지, 'Language Knowledge'라고 표현하지는 않습니다. 운전, 암벽등반, 용접 등 기술은 반복하면 실력이 늘어납니다. 언어를 잘 구사하는 것, 강의를 잘하는 것 역시 이와 같은 기술의 영역에 속합니다.

　지식(Knowledge)은 선후관계가 있고 논리가 구체화되어 있는 영역을 말합니다. 지식의 예로는 물리, 수학, 화학 등 학업성취도평가의 주요 요소를 말할 수 있습니다.

　그렇다면 기술과 지식은 어떠한 요소에 의해 만들어질까요? 바로 수면 아래에 있는 역량들에 의해 만들어집니다. 어떤 사람은 지능이 높아 공부를 잘합니다. 하지만 지능만 가지고서는 높은 기술과 지식을 갖출 수 없습니다. 목표를 수립하고 열심히 하려 하는 열정이 있어야 합니다. 이러한 성취에 대한 열정은 사람에 따라 다르고 이를 측정하는 것은 쉬운 일이 아니며 거의 모든 사람들은 본인이 어느 정도의 성취에 대한 욕구가 있는지 알지 못합니다.

이 수면 아래에 있는 요소는 여러분의 것이지만 여러분은 잘 알지 못합니다. 그러나 여러분이 잘 인지하지 못하는 그 요소들이 여러분의 행동에 절대적인 영향을 미칩니다.

빙산의 수면 아래에서 가장 첫 번째에 위치한 요소는 '가치(Value)'입니다. 가치는 우리가 흔히 이야기하는 가치관을 말합니다. 가치관이라는 단어를 모르는 분은 없겠지만 가치관의 정의가 무엇인지 설명해 보라고 한다면 많이 혼란스러워할 텐데 거기에 본인의 가치관이 어떠한지 알고 있느냐고 묻는다면 더욱 힘들어할 것입니다.

혹시 여러분은 본인의 가치관을 알고 있나요?

제가 만나 본 사람들의 대다수는 본인의 가치관을 모르고 있었습니다. 그러나 가치의 영역은 전의식의 단계로, 조금만 관심을 가진다면 쉽게 찾을 수 있습니다.

가치관(價値觀)은 한자어로 값 가(價), 값 치(値), 그리고 볼 관(觀) 자로 이루어져 있습니다. 즉, '개인이 가장 값어치 있게 바라보는 것'입니다. 스스로가 가장 중요하게 여기는 그 무엇을 가치관이라고 합니다.

여러분이 여러분의 삶에서 가장 중요하게 여기는 것은 무엇인가요?

돈, 명예, 건강, 사랑, 존경, 의리, 충성 등 우리의 삶에는 수많은 종류의 가치가 있고, 사람은 저마다 각기 다른 가치관을 가지고 삽니다. 그렇기에 사람의 행동이 다른 것이겠지요.

가치관은 개인이 의사결정을 내릴 때의 기준으로, 인간의 행동에 굉장히 중요한 영향을 끼칩니다. 진로를 결정할 때, 직업을 선택할 때, 배우자를 선택할 때, 모임에 참가할 때 등 선택의 순간에서 우리 행동의 좌표 역할을 하며 사람들이 가지고 있는 신념, 좌우명 등과도 매우 밀접한 관계를 가집니다. 가치관을 찾기 위해서 전문가의 도움을 받을 수도 있고, 스스로 깊은 성찰을 하면서 깨달을 수도 있습니다.

빙산 모델에서 가치 아래에 위치한 자기 이미지(Self-Image)는 개인의 미션(Mission)과 같은 의미라고 생각하면 됩니다. 종교적인 의미에서의 미션이 아닌, 인간 개인의 '존재의 이유, 삶의 사명'입니다. 예를 들어, '엄마' 혹은 '아빠'라는 미션은 우리의 행동에 많은 영향을 미칩니다. '엄마이기에', '자식 가진 사람으로서' 등의 표현을 통해 본인의 역할과 책임을 규정한다면 행동에 제약이 따르게 됩니다.

의사는 히포크라테스 선서를 함으로써 직업적인 미션, 즉 사명을 정의합니다. 공무원, 경찰, 간호사, 일반 회사원, 자영업자 등 직업군에 따라 서로 다른 사명 의식을 가지고 있습니다. 사회계층에 따라 사명을 살펴보면, 사회 지도층과 그렇지 않은 계층은 다른 사명 의식을 보일 것입니다. 종교적인 관점에서 목사님, 신부님, 스님 등은 본인들의 사명을 인식함으로써 정제된 삶을 살고, 종교인들은 종교의 가르침에 따라 사회에 대한 역할과 책임을 다하려 합니다. 예를 들어, 기독교에서는 모든 기독교인들에게 '세상의 소금과 빛'이 될 것을 강조합니다. '세상의 소금과 빛'이 되는 것이 곧 사명이 되는 것입니다.

여러분은 어떠한 삶의 사명을 가지고 있나요?

이것 역시 가치처럼 찾아내어 정의하기 쉽지 않습니다. 스스로의 깊은 성찰과 전문가의 도움이 필요할 것입니다.

빙산 모델 중 자기 이미지 아래에 위치한 개인의 특질(Trait)은 타고난 소질, 기질 등으로 소개할 수 있습니다. 김연아 선수는 왜 그렇게 피겨스케이팅을 잘할까? 피카소는 어떤 소질을 지닌 것일까? 첼리스트 장한나의 음악적 감수성은 어디서 오는 걸까? 특질은 개인의 소질과 관련된 요소로서 예체능의 감수성이 포함되며 사물의 원리나 구조를 찾아내어 새로운 원칙을 만들고 문제의 원인을 빠르게 찾아내는 인지역량, 창의력, 전략적 사고력 즉, 지능이 특질에 속합니다.
문제해결의 핵심이 되는 지능은 IQ 테스트를 통해 일부분 측정이 가능합니다.

빙산 모델 가장 아래에 있는 동기(Motive)는 무의식의 가장 깊은 곳에 위치하고 있어, 스스로 파악할 수 없습니다. 동기는 주제통각검사(TAT; Thematic Apperception Test) 등의 특수한 기법을 통해 진단합니다.

맥클럴랜드 교수는 무의식의 정점에 있는 동기를 '사회적 동기'라고 표현하면서 이를 성취동기, 친화동기, 권력동기의 세 가지로 정리하였습니다.

빙산 아래에 위치한 요소들은 인간이 지니는 주요한 특성이지만 본인은 스스로 인지할 수 없는, 무의식의 영역입니다. 이러한 무의식적 특성이 작용하여 행동에 이르게 하고 결과적으로 빙산 위의 지식과 기술을 개발하고 성과와 성공을 만들어 냅니다.

미국 하버드대의 잘트만(Gerald Zaltman) 교수는 인간의 사고와 행동은 95%가 무의식이라고 발표했습니다.

◎ 역량평가

'역량평가'는 평가 대상자의 무의식 영역을 평가하는 것으로 평가 대상자가 의식할 수 있는 지식, 기술 등은 거의 평가하지 않습니다. 즉, 여러분이 전혀 인지하지 못하는 내적 속성을 지금까지와는 전혀 다른 과학적 방식으로 평가하는 것입니다.

넓은 의미의 역량은 기술과 지식, 가치, 자기 이미지, 특질, 동기를 모두 포함하는 개념입니다. 평가 시에는 의식 영역에 속하는 기술과 지식은 '직무역량', 무의식 영역에 속하는 가치, 자기 이미지, 특질, 동기 등을 '기초역량'이라는 용어를 사용하여 구분하기도 합니다.

국내의 정부기관 및 기업들이 평가하는 기초역량은 크게 인지/사고역량군(지능), 성취역량군(성취동기), 관계역량군(관계동기), 조직관리역량군(권력동기)으로 구분할 수 있습니다.

인지/사고역량군에 속하는 역량은 문제인식, 문제인지, 문제해결, 기획력, 전략적 사고력 등으로, 명칭은 다르지만 그 배경은 거의 같습니다. 지능을 사용하는 것입니다. 문제상황을 정의하고 분석을 통해 각각의 의미를 도출하고 도출된 의미들을 유사한 것들끼리 그룹핑 또는 분류하여 전체를 정리하는 것으로 문제의 원인을 찾고 대안을 도출하는 과정입니다. 여러 기관에서 명칭만 달리할 뿐 같은 역량(지능)을 평가하고 있다고 볼 수 있습니다.

성취역량군에 속하는 역량으로는 성과지향, 목표지향, 성과관리 등이 있습니다. 성과를 올리기 위해 목표를 구체화하고, 일정, 평가 및 피드백 체계를 수립하는 역량입니다.

관계역량군에는 의사소통, 대인이해력, 고객지향 등 공감과 소통을 통해 타인들의 요구를 파악하고 대응하여 관계를 구축하는 역량이 속하며, 과제의 내용은 타인들과의 불통 및 갈등관계를 주로 다룹니다.

조직관리역량군에 속하는 역량은 리더십, 조직관리, 동기부여, 영향력 등으로 조직을 관리하고 구성원들에게 동기를 부여하는 역량입니다.

국내 거의 모든 기관의 역량모델은 이 4가지 역량군으로 구성되어 있다고 보시면 되고 이외에 갈등관리(조정통합, 이해관계 조정 등), 변화관리 등이 대상자의 직무에 따라 추가됩니다.

[표] 평가역량군(기초역량)

인지/사고역량	문제해결, 문제인지, 문제인식, 상황인식, 사고력, 통찰력, 분석력, 기획력, 전략적 사고력, 수리능력 등
성취역량	성과지향, 목표지향, 달성지향, 자기개발, 정보능력 등
관계역량	대인이해, 고객지향, 관계지향, 의사소통, 대인관계 등
조직관리 역량	리더십, 동기부여, 조직이해, 부하육성, 자원관리 등

여러분이 소속된 기관의 역량모델에는 기초역량 외에 직무역량이 존재합니다. 직무역량은 업무가 다르기 때문에 다르겠지만 기초역량은 거의 비슷합니다. 예를 들어 기획재정부 사무관과 산업부의 사무관은 하는 일이 달라 직무역량은 다르지만 기초역량은 거의 동일합니다. 한전과 한수원 차장급은 수행하는 직무가 달라 직무역량은 다를 수 있습니다. 하지만 기초역량은 이름만 조금 다를 뿐 기반된 속성은 같습니다.

국내의 역량평가는 이러한 기초역량들을 인바스켓(In-Basket), 발표(Oral Presentation), 집단토론(Group Discussion), 1:1 역할연기(1:1 Role Play), 1:2 역할연기(1:2 Role Play), 기획보고(Case Study) 등의 기법들을 활용하여 평가합니다.

물론 이외에도 인터뷰 기법(Behavioral Event Interview, 행동 사건 인터뷰 등), 지필 검사(주제통각검사 등), 다면평가 기법들이 있습니다만 국내에서는 주로 가상상황(Simulation)에 기반을 둔 위의 평가기법들이 주류를 이루고 있습니다.

역량평가(Assessment Center)는 학교에서 임하는 지식과 기술 평가 시험과는 접근이 완연히 다른 **'성공을 위해 필요한 내적특성을 얼마나 지녔는지 과학적 기법으로 평가하는 심리검사'**입니다.

심리검사라는 말에 많은 분들이 놀라시는데 역량평가는 산업 및 조직 심리학에 기반을 두고 있습니다. 역량평가를 공부하고 싶은 분들은 산업심리학을 전공하시면 배울 수 있습니다.

역량평가는 하버드 대학교 심리학과 교수인 맥클럴랜드 교수에 의해 제창되었고 이후 전 세계에 파급되어 국제표준으로 자리매김하고 있으며 국내에서는 2006년 정부의 고위공무원단 승진평가를 위한 방법으로 도입되어 공무원 승진평가의 도구로 확대되었습니다.

그 후 대입 학생들을 대상으로 한 '입학사정관제도'가 도입되었고, 공무원 및 공공기관의 신입 사원 평가를 위한 NCS(National Competency Standard, 국가직무능력표준) 제도로 정착되었고 최근에는 민간 부분으로 확대되고 있습니다.

② 기획보고서 및 발표(OP) 역량평가

◎ 정부 부처(기관)의 발표 및 기획보고서 평가

국내에서 실시 중인 분석과 발표(Analysis & Presentation), 케이스 스터디(Case Study) 평가는 기획보고서 평가와 같이 공통적으로 기획보고서 작성에 기반을 두고 있습니다.

인사혁신처 과장급 역량평가에서 시행되는 발표(OP, Oral Presentation)는 15쪽 정도의 정부정책과 관련된 과제를 30분의 시간에 검토하여 사안에 대한 현황과 문제점을 파악하고 대안과 실행계획을 수립하여 발표하고 질의응답하는 과정으로 진행됩니다. 이와 같이 기획보고서를 작성하고 발표하는 형태는 산업부 산하기관 상임이사 평가 등 많은 기관에서도 사용되고 있습니다.

최근에는 인바스켓(IB)과 발표를 결합시킨 평가 기법들이 등장하고 있는데 이는 기존의 인바스켓의 과제 중 1번 정책기획 과제 하나 또는 과제 전체를 발표과제로 하여 5~8분 정도 발표하고 질의응답하는 절차로 진행하는데 국회 고공단 평가, 고용노동부 사무관 평가 등에서 사용되며 확대되는 추세를 보이고 있습니다.

발표와 같이 진행되는 정책기획 및 기획보고 평가에서는 주로 '문제해결', '전략적 사고', '정책기획', '성과관리', '이해관계 조정(갈등관리)', '의사소통' 역량을 평가하게 되는데 이 중 문제인지, 전략적 사고, 정책기획 역량은 지능을 기반으로 하는 역량으로 상황을 파악하여 문제점 또는 핵심을 규명하여 대안을 설계하는 작업을 말합니다.

아래는 인사혁신처 고위공무원단 평가지표인 '문제인식' 역량의 정의입니다.

> '정보의 파악 및 분석을 통해 문제를 적시에 감지, 확인하고 문제와 관련된 다양한 사안을 분석하여 핵심을 규명함'

인사혁신처 중앙부처 과장급 평가지표인 '정책기획' 역량의 정의입니다.

> '다양한 분석을 통한 현안 파악 및 개발하고자 하는 정책의 타당성 검토를 통해 정책 실행을 위한 최적의 대안을 모색하여 제시하는 역량'

산업부에서 주관하는 산하기관 상임이사 평가의 '전략적 사고' 역량 정의입니다.

> '다양한 정보를 유기적으로 연계하고 종합적으로 분석하여 조직이 나아가야 할 방향 및 장단기적인 과제를 수립하는 역량'

위의 역량 정의를 유심히 보면 '분석'이라는 단어가 공통적으로 앞 단에 들어가는데 이는 문제상황을 분석하라는 것입니다. 그런 후 대안을 제시하라는 의미로 파악됩니다.

인사혁신처 과장급 평가에서는 정책기획 보고시 작성된 서류는 제출하지 않고 발표와 질의응답으로 진행하는데 '발표'를 평가한다는 것은 '의사소통' 역량도 함께 평가하겠다는 의미입니다.

◎ 각급 교육청 기획보고서 평가역량

각급 교육청에서 실시되는 기획보고는 기획보고서 작성, 서면보고 등의 이름으로 진행됩니다. 운영시간은 교육청마다 특성을 두어 운영하는데 과제의 양은 15~20쪽 정도이고 검토 시간은 90분~3시간 정도이며, 결과물은 서면으로 제출만 하는 경우와 서면 제출 후 발표 또는 면접을 진행하는 과정으로 진행됩니다.

부산교육청의 서면평가 평가역량입니다.

역량명	정의
문제해결	교육정책 수립 과정에서 정책방향을 고려하여 핵심문제를 정의하고, 이를 해결하기 위한 다양한 대안을 제시한다.
변화주도	정책방향과 교육환경 변화를 적극적으로 파악하여 필요한 업무 개선사항을 제시하고 이를 내외부 이해관계자들이 긍정적으로 수용할 수 있도록 유도한다.
성과관리	성과목표를 달성하기 위한 체계적인 실행계획을 수립하고, 업무달성 정도를 지속적으로 확인 및 관리하여, 목표에 부합한 성과를 창출한다.

아래는 대전시 교육청 사무관 선발, 기획력 평가역량과 지표입니다.

역량명	정의
정책기획	정책의 방향과 흐름을 명확하게 이해하고, 파급효과를 예측하여 최적의 대안을 제시한다.
성과관리	조직의 목표달성을 위한 업무 추진계획을 수립하여 실행단계를 구조화하고, 필요한 자원을 분배하며, 지속적인 점검 및 관리를 통해 목표에 부합하는 성과를 달성한다.

부산시 교육청의 '문제해결' 역량과 대전시 교육청의 '정책기획' 역량은 이름만 다를 뿐 내용의 유사함을 볼 수 있습니다. 여기에 부산시 교육청은 변화관리 역량을 하나 더 넣었습니다.

아래는 대구시 교육청의 5급 사무관 선발 기획력 평가기준입니다. 대구시 교육청의 평가역량에는 성과관리 역량이 빠져 있음을 볼 수 있습니다.

평가항목	세부내용
1. 문제파악 및 분석력	① 문제를 정확하게 파악하고, 주제를 분명하게 설정하였는가? ② 제목(부제목)에 핵심을 담고 있으며, 평가주제와 무관한 내용에 대하여 서술하고 있지 않은가? ③ 다양한 입장에서 문제를 파악 및 분석하였는가?
2. 답안 구성의 논리적 우수성	① 답안의 내용이 얼마나 논리적으로 전개되었는가? ② 답안을 체계적·유기적으로 구성하였는가? 　(논리 전개에 필요한 적절한 단락·항목 구분 등)
3. 답안 및 문장 구성의 체계성	① 구성 및 진술방식이 얼마나 체계적인가? ② 문장 및 단어 상호간 연관성을 놓치지 않으면서 효과적으로 배치하고 있는가?
4. 유도력 및 표현의 정확성	① 전략적인 정책결정을 정확한 표현으로 이끌어 냈는가? ② 맞춤법 및 오탈자 없이 어법에 맞는 문장으로 정확하게 서술하고 있는가? ③ 간결한 문장으로 의미를 분명하게 전달·서술하고 있는가? ④ 주어와 서술어의 결합이 적절하고, 불필요한 전문용어를 남발하고 있지 않은가?
5. 논거의 적절성 및 정보의 풍부성	① 적절한 논거와 정보를 충분히 제시하고 있는가? ② 논거가 설득력이 있으며 타당한가? ③ 논거로 제시한 자료 및 정보가 질·양 측면에서 적절하게 가공·구성되었는가?
6. 창의적인 대안제시	① 다른 사람이 보기 힘든 사안들 간의 연계점을 파악하거나 신선한 아이디어를 드러내고 있는가? ② 아이디어를 실현할 수 있는 구체적인 대안이나 계획을 만들어 냈는가?

위의 사례들처럼 기획보고서 평가역량은 다른 것 같지만 좀 더 깊게 들여다보면 거의 비슷합니다.

◎ 정부 부처 산하 전력 및 발전사 기획보고서 평가

한국전력 및 발전사들의 초급간부 역량평가에서도 기획보고서 서면 평가가 이루어지고 있는데 기관마다 특성을 지니고 있습니다. 한전은 약 13~14쪽의 자료를 주고 80분에 1쪽 보고서를 작성하게 합니다.
그리고 한국수력원자력, 남동발전, 동서발전 등은 90분에 걸쳐 자료를 분석하여 서면으로 제출하는데 각 사별로 보고서의 쪽수를 제한하고 있습니다.

아래는 동서발전의 초급간부 선발 기획 능력 평가역량과 지표입니다.

역량명		정의
문제인식		정보의 파악 및 분석을 통해 문제를 적시에 감지, 확인하고 문제와 관련된 다양한 사안을 분석하여 문제의 핵심을 규명하는 역량
하위 역량	정보분석	여러 정보 중에서 중요 정보를 구분/선택하고, 분류/분석하여 정보를 구조화함
	문제파악	사안의 핵심을 파악하고, 문제를 명확히 구분해 내며, 중요 순서에 따라 문제해결의 우선순위를 설정함
	원인규명	문제를 일으킨 여러 원인을 도출하고, 원인 간 인과관계를 통해 근본 원인을 파악함
목표관리		성공적인 업무수행을 위해 목표를 수립하고, 목표달성에 필요한 자원을 확보 및 관리하며 적극적인 실행과 점검으로 목표에 부합하는 성과를 달성하는 역량
하위 역량	해결방안 제시 (목표설정)	수행 중인 업무나 과제의 방향과 목표를 수립함
	세부이행방안 수립 (자원관리)	성공적인 업무 추진을 위해 필요한 예산, 일정 등을 파악하고 세부이행방안을 수립하여 관리함
	장애요인 파악 및 대안제시	추진 중인 업무의 진행상황을 점검하고 문제가 있을 만한 부분을 미리 파악하여, 현실성과 타당성을 고려한 제안을 제시함
기획력		다양한 요인을 고려하여 조직의 목표, 미션, 비전과 부합하는 대안을 제시하고 구체적인 실행방안을 수립하는 역량
하위 역량	창의적 업무 개발	주요 이슈 및 여건을 반영하여 업무 성과를 높이거나 업무에 반영할 수 있는 새로운 정책안 또는 아이디어를 도출해 냄
	실행계획 수립	과제의 중요성 및 시급성, 각 대안의 파급효과를 고려하여 실행 가능한 전체적인 계획과 세부 단계별 추진계획을 수립함
	보고서 작성	전달하고자 하는 핵심내용을 효과적으로 전달할 수 있는 전문적, 구체적인 보고서를 만들어 냄

아래는 남동발전의 초급간부 선발 기획 능력 평가역량과 지표입니다.

역량명		정의
기획, 분석 능력		목적에 따라 필요한 자료를 분석, 활용하고 이를 통해 타당한 대안 및 구체적인 실행방안을 개발, 논리적으로 보고서를 전개할 수 있는 능력
하위 역량	자료이해 및 분석	현안 및 다루어야 할 주요 이슈를 정확히 이해하고 있다. 제공된 자료를 정확히 이해하고 분석한다.
	기획(창의)력	분석한 내용을 바탕으로 타당한 계획을 수립하고 실행방안을 제시한다.
	논증력	제시한 대안에 대해 분명한 논거를 제시하고 논거 간 일관성을 유지한다.
보고서 작성 Skill		어법과 용례에 맞는 어휘 사용 및 맞춤법 등 문서 작성의 기본적인 사항들을 준수하고 피보고자가 쉽고 명확하게 이해할 수 있도록 보고서를 구성할 수 있는 능력
하위 역량	보고서 구성력	주장하고자 하는 내용이 명확히 드러나고 이해하기 쉽도록 전체적인 보고서의 틀을 구성한다.
	어휘력	주장하는 내용의 효과성을 높일 수 있도록 적절한 문장, 어휘를 사용한다.
	기본 문서 작성력	문서 작성에 기본적인 사항들을 준수한다.

위에 제시된 남동발전과 동서발전의 기획 능력 평가기준은 '상황분석', '대안제시', '실행계획 수립'이라는 측면에서 유사함을 볼 수 있으며 아래에 있는 한국수력원자력의 초급간부 선발 평가역량 또한 대체적으로 유사합니다.

(한국수력원자력)
- 분석력: 상황 및 자료이해, 분석결과 및 시사점 도출, 분석결과의 타당성 확보
- 기획력: 문제해결(기획) 방향제시, 현실성과 타당성을 고려한 대안제시, 세부 이행방안 수립, 논리적 내용전개
- 보고서 작성스킬: 보고서 구성력, 어휘력, 기본 문서작성 능력(맞춤법, 띄어쓰기 등)

아래의 한국전력의 평가역량은 같은 발전사 초급간부 평가이지만 한국수력원자력, 남동발전, 동서발전과는 다르게 상대적으로 간단명료하게 제시하고 있습니다. 이는 한 장(One Paper) 보고서 작성을 요구한다는 특성에 맞춘 평가기준이라고 생각됩니다.

(한국전력)
- 논리·정확성: 보고서 전체의 논리가 일관되고 구체적 근거에 의거하여 작성할 것
- 명확·간결성: 불필요한 정보 없이 핵심 내용 위주로 명확·간결하게 작성할 것
- 완결성: 보고 목적에 부합하는 구성으로 완결된 형식의 보고서를 작성할 것

이외에도 각 중앙부처의 사무관 진급평가, 서울시 사무관 평가 등에서도 기획보고서 평가가 진행되고 있는데 서울시 같은 경우는 인바스켓이라는 이름으로 3개의 과제를 4시간에 걸쳐 작성하여 서면보고 하게 되는데, 이 또한 알고 보면 기획보고서입니다.

역량평가에서 평가를 위한 역량과 지표는 평가의 잣대이자 기준이기에 절대적으로 중요합니다. 그래서 기획보고 역량평가에 임하는 분들은 반드시 평가역량과 지표를 명확히 이해하고 숙지해야 합니다.

위의 평가지표의 공통점은 '문제상황'을 '분석, 파악'하여 핵심 또는 원인을 도출하고, 이를 해결할 수 있는 '대안을 제시'하며, '실행계획'을 수립한다는 것입니다. 물론 이외에도 현황과 문제점에서 '시사점'을, 대안에서 '실행 우선순위' 등을 추가적으로 요구합니다. 하지만 기획보고서의 뼈대는 '상황 분석, 대안 제시, 실행계획 수립'입니다.

최근 국내에서 '기획보고' 기법을 활용한 승진 평가는 확대되고 있고 역량평가의 수준 또한 갈수록 높아지고 있습니다. 이는 과제의 난이도를 말하는데 과거에는 하나의 사안으로, 발생된 문제 시점에서, 현황과 문제점을 파악하는 수준의 난이도였다면 이제는 여러 개의 복잡한 문제해결을 요구하고 있고, 점점 발생될, 미래 시점의 과제들이 나타나고 있습니다.

예를 들어 환경변화에 따른 신사업계획서를 작성하라고 하는 과제가 나오면 지금의 방식과는 전혀 다른 접근이 필요합니다. 목차의 흐름이 완전히 달라진다는 의미입니다. 현재 발생된 문제가 아니기에 문제점이 없습니다. 미래 시점에서의 문제점은 잠재적인 문제점으로 대안 실행의 장애요인으로 정리될 수밖에 없습니다. 뒷부분에서 충분한 예제와 설명을 드리겠습니다만 지금까지와는 다른 학습 방법이 필요한 현실입니다.

기획보고서는 앞에서도 언급한 바와 같이 '형태와 내용'을 중심으로 평가합니다. 어떠한 스토리의 흐름으로 구조화되어 있고 각 목차 안에는 적합한 내용들이 논리적으로 구성되어 있느냐가 핵심입니다.

형태와 내용이 탄탄한 기획보고서를 쓰기 위해 절대 필요한 역량은 바로 '**지능**'입니다. 국내에서 실시되는 역량평가는 주어진 지문으로 형성된 과제를 분석하는 것으로부터 출발하기에 문해력(文解力)이 우선적으로 요구되는데 이는 지능이 받침이 되어야 합니다.

그래서 문해력에 기반을 두어 문제해결과 의사결정이 핵심이 되는 기획보고서 작성 평가는 심리검사인 지능검사, 적성검사라고 하는 것이 크게 틀린 견해는 아니라고 봅니다.

기획보고서의 형태와 내용을 충실히 작성하기 위해서는 자료를 해석하는 능력, 상황을 판단하여 대안을 제시하는 능력, 적합한 언어를 사용하는 능력 등이 필요한데 위와 같은 능력을 평가하는 시험은 이미 있습니다. 이른바 'PSAT(Public Service Aptitude Test)'이라고 불리는 '공직적격성평가'입니다. '적성검사'의 유형인 PSAT은 5급 행정고시 등에서 사용되는 평가로 내용은 언어 논리, 자료 해석, 상황 판단입니다.

이외에도 '법학적성시험(LEET, Legal Education Eligibility)'도 지능검사의 유형인 적성검사이고 삼성그룹 입사를 위해 준비해야 하는 '삼성직무적성검사 GSAT'도 마찬가지입니다.

현행 국내에서 진행되는 기획보고서 역량평가는 한 걸음 더 들어가 보면 적성검사와 기저를 같이하는 지능검사이며 지능이 뒷받침되어야 하는 평가입니다.

지능검사라고 하기에 걱정이 앞서는 분들이 있으리라고 생각됩니다만 너무 염려 마십시오. 위에 말한 PSAT처럼 난이도가 높은 것이 아니고 여러분들의 업무 경험에 맞추어 적합한 난이도를 제시합니다.

또한 이 책을 구입하여 읽고 계신 분들은 이미 상당한 수준의 지능을 보유하고 계십니다. 만약 지능이 떨어지신 분들은 승진 후보자가 될 수 없습니다. 이미 한직에 계시거나 집에 계실 것입니다.

◎ 역량평가의 평가 기법

 인사혁신처, 서울시, 각급 교육청 등 대다수의 기관들은 외부 평가 기관에 의뢰하여 과제를 개발하고 대학교수, 전문가 등의 외부 평가사에 의한 평가를 진행합니다. 하지만 국회사무처처럼 외부 평가사와 내부 평가사를 병행하는 기관들도 있고, 한국전력처럼 내부 평가사들로만 평가를 하는 경우도 있습니다.

 기관마다 평가하는 방식도 차이를 보이는데 인사혁신처, 각급 교육청들은 행동관찰척도(BOS, Behavior Observation Scale)에 기반하고 있고 서울시는 행동기준척도(BARS, Behaviorally Anchored Rating Scales)에 기반을 두고 있습니다. 하지만 최근에는 BOS 방식을 기반에 두고 두 가지의 평가를 병행하는 형태가 많아 경계가 모호해진 것 같습니다. 평가방식에 대한 설명은 뒤쪽에서 자세히 해 드리도록 하겠습니다.

제4강

역량평가를 위한 핵심기술 '독해'

제4강
역량평가를 위한 핵심기술 '독해'

여러분들에게 제시되는 역량평가 과제는 지문과 표, 그래프 구성되어 있고 그 안에는 많은 의미와 정보들이 들어 있습니다.

기본적으로 기획보고 역량평가를 한다는 것은 주어진 과제자료를 분석, 파악하여 정리하는 과정이며, 이 같은 작업이 핵심입니다.

국어를 읽고 내용을 정리하는 것이 어려울까 생각을 하는 분들이 있겠지만 이는 당사자가 아니어서 하는 말입니다. 실제로 역량평가 시에 가장 어려움을 느끼는 부분이 과제를 파악하고 정리하는 것입니다.

앞서 말씀드린 기획력, 성과관리 등에 다양한 평가역량들을 펼쳐 보여 주기 위해서는 내용이 파악되어 있어야 하는데 내용을 모르는 상황에서는 역량을 펼칠 수 없습니다. 예를 들어 과제분석이 안 되어 있는 상황에서 전략적 의사결정은 만들어 낼 수 없는 결과입니다.

그러기에 역량평가를 경험해 보신 분들이 공통적으로 토로하는 어려움이 부분이 바로 시간이 부족하다는 것입니다.

시간이 부족한 이유는 바로 '독해(讀解)' 즉, 문해가 안 된다는 것입니다.

독해가 안 되는 이유는 크게 두 가지입니다.

하나는 실제로 독해 역량이 떨어져 있는 경우입니다.
여러분들은 직장 생활을 한 지 작게는 10년에서 많게는 30년이 되신 분들입니다.
기획이나 행정직군에 계신 분들은 그나마 글을 사용하는 기회가 많아 상대적으로 덜합니다만 기술직이나 연구개발, 운영직군에 계신 분들은 어려움이 더합니다.

그리고 여러분들은 대다수 관리자입니다. 자료를 수집하여 분석하는 작업은 거의 없고 주로 부하직원들의 보고에 의해 의사결정을 하는 분들입니다. 글을 작성하거나 읽을 기회가 줄어들었다는 것입니다. 그래서 여러분들의 독해 지능은 현저히 줄어들어 있습니다.

또 하나는 역량평가 시에 과도한 스트레스로 평상심을 잃어버리는 것입니다.

평가에 임할 때 여러분들은 평가를 꼭 통과 내지는 승진을 하겠다는 강한 의지에 불타오릅니다. 또한 "떨어지면 개망신인데, 그래서 실수하면 안 돼."라는 심한 압박에 휩싸이게 되는데 이는 '멘탈 붕괴'로 이어집니다. 이러한 현상을 전문용어로 '스트레스 내성(Stress Tolerance)'이 약하다고 하는 것입니다.

평가 장면에서 여러분들의 몸 상태는 평소와 완연히 다릅니다. 시험장에서 여러분들의 뇌 기능은 평소의 50% 이하로 떨어집니다. 이는 과제를 훑어보는 10~20분의 시간을 날려 버리는 격이 됩니다.

사람은 스트레스에 쌓이게 되면 뇌의 감정을 관장하는 '편도체'가 활성화됩니다. 그러면서 지능을 관장하는 '전두엽'의 활동과 기억을 관장하는 '해마'의 활동에 지장을 주어 금방 본 것도 잊어버리고, 과제의 내용을 봐도 의미들이 잘 보이지 않은 현상들이 나타납니다.

여러분들이 경험한 '무대 울렁증, 마이크 울렁증'이 이러한 현상입니다. 사람들은 무대에 오르게 되면 청중들이 보내는 엄청난 압박을 느끼게 됩니다. 이런 스트레스에 머리가 하얗게 되며 모든 것을 잃어버리는 현상을 겪게 되는데 평가장에서도 비슷한 현상이 나타나는 것입니다.

사람들은 본인들을 과대평가하여 본인이 이러한 스트레스 상황을 이길 수 있다는 자만에 빠지곤 하는데 여러분들은 여러분들의 몸을 잘 알지도 못할뿐더러 이겨 내지도 못합니다. 평가에 임할 때 이를 절대 간과해서는 안 되며 이를 극복할 수 있는 방법은 동일한 스트레스 상황을 경험하는 것입니다. 예를 들어 무대 울렁증이 심하면 무대에 자주 올라가 보는 것입니다. 그러면 적응이 되어 평상심을 유지할 수 있습니다. 하지만 역량평가 장면을 자주 경험한다는 것은 현실적으로 어렵고 많은 비용이 수반됩니다.

또 하나의 방법으로는 약물 투여를 고려하여야 합니다. 가끔 우황청심환을 드시는 분들이 있는데 이는 절대 안 됩니다. 청심환은 뇌 기능까지 떨어뜨리며 졸리기만 합니다.

또한 나이가 드시면 남성분들은 남성 호르몬이 떨어져 스트레스의 압박이 더욱 거세지게 되는데 남성 호르몬 분비가 많아지는 50대 여성분들이 평가에서는 상대적으로 유리합니다.

또한 많은 사례는 아니지만, 난독증을 앓는 분들이 계십니다. 정도의 차이는 있지만 우리나라 50대 이후의 나이 드신 분들의 80%가 난독증으로 어려움을 겪고 있다고 하는데 이는 말 그대로 독해가 어려워지는 현상으로 시력과 관련성이 높습니다. 글이 잘 안 보인다면 독서 안경을 준비하여 대비하시는 것도 좋습니다.

이제부터는 과제를 빨리 효과적으로 파악, 분석하여 정리하는 독해 기법을 익혀 보도록 하겠습니다.

역사적으로 검증된 접근법인 귀납적, 연역적 방법론이 제시되는데 매우 중요한 내용이니 적극적으로 참여하여 주시길 바랍니다.

1 귀납적 사고

귀납적 사고(Inductive Thinking)는 구체적인 사실들로부터 일반적인 사실에 도달하게 한다고 하여 '수렴형 사고'로 부르기도 하는데 이는 사실을 기반으로 의미를 도출하고 정리해 가는 방법입니다.

'소크라테스는 죽는다, 공자도 죽는다, 간디도 죽는다, 고로 인간은 죽는다.'라는 흐름이 대표적인 귀납적 사고의 사례입니다. 귀납적 사고는 역량평가 과제 검토 시에 평가 대상자들이 주로 사용하는 방법으로, 제시되는 지문과 표, 그래프들을 분석(分析)하여 의미(논지)를 파악하고, 파악된 의미들의 관련성을 모아 분류(分類) 또는 유목화(類目化) 과정을 통해 결론에 도달하는 것을 말합니다.

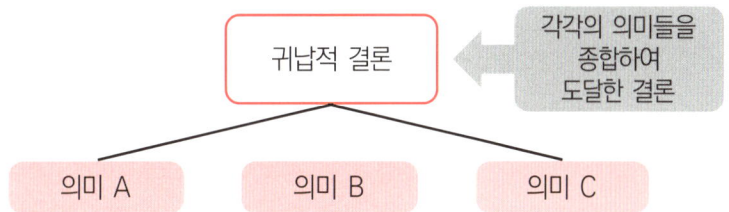

귀납적으로 접근하기 위해서는 먼저 지문 또는 그래프, 표의 의미를 정확하게 파악하여야 합니다. 지문의 의미를 파악하는 작업은 분석하는 과정으로, 역량평가 장면에서 제시되는 지문들은 '단순 설명적', '목적과 수단적', '논증적', '인과적' 표현이 제시됩니다.

지금부터 주로 제시되는 네 가지의 지문 유형과 각 유형의 의미를 도출하는 방법에 대해 설명해 드리겠습니다.

'단순 설명적'이라 함은 현상을 그대로 표현하는 것입니다. '하늘이 너무 맑다.'라는 표현은 현상을 그대로 설명하는 표현입니다.

◎ 지문의 유형

[테스트 1] 아래 글의 의미를 도출하시오.

> 오늘은 11월 27일입니다. 당신은 한라국 근로고용부 고용정책실 사회적기업과 김혜진 사무관입니다. 사회적기업과에서의 당신의 업무는 사회적기업 지원 기본계획 및 실태조사, 제도개선 정책총괄, 사회적기업 법령 제/개정, 사회적기업 관련 타 부처 법령 검토 준비 등의 업무를 담당하고 있습니다.

위 글의 의미는 '귀하는 사회적기업과 김혜진이고 담당 업무는 사회적기업의 조사, 지원, 제도 및 법령 개선 등입니다.'로 해석할 수 있습니다. 위의 글은 비교적 단순하여 제시된 대로만 파악하면 됩니다. 위와 같은 글은 주로 기획보고서 과제의 배경과 상황을 설명하는 단계에서 제시됩니다.

다음은 '목적과 수단'을 담은 글입니다. 주된 내용은 목적과 목적 달성을 위한 수단을 표현한 내용입니다.

[테스트 2] 아래 글의 의미를 도출하시오.

> 기업의 비전 달성을 위해 우리는 매출 극대화와 이익 개선이 반드시 필요합니다. 매출 달성을 위해서는 고객만족도 제고도 절대적인 요소입니다. 고객만족도를 높이기 위해서는 고객의 요구를 파악하고 대응하는 것이 중요합니다.

위의 글은 '비전 달성'이라는 목적을 달성하기 위해 '매출 극대화와 이익 개선'이라는 수단을 말하고 있고 핵심 수단으로 '고객만족도 제고를 위한 고객의 요구 파악'을 제시하고 있습니다. 목적을 도입 부분에 기술한 두괄식(頭括式)[6] 지문입니다.

다음의 글은 '논증적 구조'를 표현하는 글입니다. 논증의 구조는 주장과 근거를 제시하는 것입니다.

[테스트 3] 아래 글의 의미를 도출하시오.

> 인터넷 은행을 정상궤도로 끌어올리려면 은산분리 같은 족쇄를 풀어 주어야 한다. 그 이유는 국제결제은행(BIS) 자기자본비율을 일정 수준 유지하려면 늘어난 대출만큼 자본도 확충해야 하고, 인터넷 은행들은 서버 접속 불발이나 이체 중단 등 서비스 오류로 고객에게 불편을 주지 않도록 인프라 투자와 관리 노력을 배가해야 하기 때문이다.

위의 글은 그리 어렵지 않은 내용으로 '은산분리 같은 족쇄를 풀어 주어야 한다.'라는 주장(판단)과 근거로 이루어진 문장입니다.

- 주장: 인터넷은행을 정상궤도로 끌어올리려면 은산분리 같은 족쇄를 풀어야 한다.
- 논거: 국제결제은행(BIS) 자기자본비율을 일정 수준 유지하려면 늘어난 대출만큼 자본도 확충해야 하고, 인터넷 은행들은 서버 접속 불발이나 이체 중단 등 서비스 오류로 고객에게 불편을 주지 않도록 인프라 투자와 관리 노력을 배가해야 하기 때문이다.

위와 같은 글의 형태를 상관관계와 인과관계 기반의 '논증(論證)'이라고 합니다. 좀 더 들어가 본다면 상관관계는 두 변수 간에 일정한 관계가 있는 것입니다. 한 변수의 변화가 다른 변수의 변화와 관련이

---

[6] 문장에 결론을 어디에 배치하느냐에 따라 두괄식, 중괄식(中括式), 미괄식(尾括式)의 유형으로 나뉩니다. 우리나라는 전통적인 기승전결의 문장구조에 따라 미괄식이 많으나 서구는 결론을 도입 부분에 두는 두괄식의 유형이 많습니다. 그러나 최근 One Paper Proposal(한 장 보고서)이 활성화되면서 국내에서도 두괄식의 유형이 많아지고 있습니다.

되는 거죠. 반면 인과관계는 원인과 결과의 관계까지 명확히 밝힌 것이라고 보시면 됩니다. 위의 유형의 글은 무엇이 원인이고 무엇이 결과인지 명확히 알 수 없는 상관관계에 기반을 둔 표현입니다.

논리적 표현은 기본적으로 논증의 구조를 유지함에 있습니다. 주변에 말을 잘하는 사람들의 특징은 무엇인가요? 그들의 표현이 논리적이기 때문입니다. 논리적이라는 것은 주장과 근거가 명확함을 말하며 그래야만 상대가 그의 말을 수용할 것입니다.

여러분들은 평가사의 질문이나 답지를 작성할 때 '제도 미비'라는 문제점을 제시했다면 반드시 그 근거가 있어야 합니다. 도출된 문제점의 근거는 과제들의 내용에서 종합적으로 분석/분류하여 빠짐없이 제시해야 하며 그래야만 평가사는 여러분이 과제에 기반을 두어 논리적으로 대응한다고 인정합니다.
논증은 매우 중요한 내용으로 다음 장에서 상세하게 소개하겠습니다.

다음의 글은 '인과관계적' 표현으로 결과와 원인을 제시하는 지문입니다.

[테스트 4] 아래 글의 의미를 도출하시오.

> 중소기업청에서는 지난해 12월부터 올해 2월까지 1,550개 전통시장을 대상으로 소방청, 전기안전공사, 가스안전공사와 함께 안전 점검을 시행한 결과, 상당수 시장의 안전시설이 노후화되어 있다고 발표했습니다. 대부분의 전통시장 상인들은 시설 개선 비용을 감당하기 어려운 영세 생계형 사업자이며 또한 안전의식도 낮아 재난방지시설 개선을 기피하고 있으며 이로 인해 전통시장 화재 발생 요인이 상당히 높은 것으로 전통시장 안전점검 결과 조사되었습니다.

위의 글도 그리 어렵지 않은 내용입니다. 위의 글은 '안전시설이 노후화되어 있어 화재 발생 요인이 상당히 높다.'라는 결론(결과)과 '시장 상인들이 비용 부담을 감당하기 힘든 영세 생계형 사업자들이다.'라는 문제점(원인)으로 이루어진 문장입니다. 위와 같은 글의 형태를 '인과관계(因果關係)' 문형이라고 합니다.

위의 4가지 표현 외에도 다양한 문장의 형태가 존재합니다만 일반적으로 기획보고 과제에서 나타나는 문장의 유형입니다.

일반적으로 제시되는 지문에서는 '접속어'의 형태로 핵심의미를 도출할 수 있습니다. 의미(결론)를 알리는 접속어로 주로 '그래서, 결론은, 따라서, 그러므로, ~으로, 그 결과' 등의 표현이 쓰입니다. 주장의 근거를 제시하는 접속어로는 '왜냐면, 이는, ~ 때문에, 요인은' 등의 표현을 사용하는데, 인과관계를 설명할 때에도 사용될 수 있습니다. 그리고 이러한 인과관계 표현들은 접속어가 없이 글의 맥락으로도 표현될 수 있다는 것을 생각하셔야 합니다.

◎ 지문의 의미 도출

[유형 1] 아래 글의 의미를 도출하시오.

> 세계 경제는 제2차 세계대전을 기점으로 큰 전환이 이루어졌다. 기업이 그 존속과 성장을 위해 소비 시장을 놓고 치열한 경쟁을 벌이게 된 것이다. 그 결과 시장은 생산자 중심에서 구매자 중심으로 바뀌었다.

위의 글의 의미는 '시장은 생산자 중심에서 구매자 중심으로 바뀌었다.'입니다. 위의 글에서 '그 결과'라는 접속어가 핵심의미(결과)를 알려 주었습니다.

[유형 2] 아래 글의 의미를 도출하시오.

> 우리나라의 조직은 대화, 토론, 의견 교환, 주장과 같은 커뮤니케이션이 약하다. 특히 수직적 문화로 조직은 경직되어 과정, 소통 등은 등한시되고 결정, 확정된 사항을 이야기하는 것을 좋아한다. 토론을 꺼리는 명령 위주의 조직문화가 갈등을 유발하는 요인이 된다.

위의 글의 의미는 '수직적인 문화로 인한 소통의 부재가 갈등을 유발한다.'입니다. 위의 글은 접속어가 없이 표현된 문장 유형입니다.

◎ 표와 그래프 분석

기획보고 과제는 글로 작성된 지문 자료 외에 표와 그래프 자료들도 제공됩니다. 마찬가지로 의미를 분석하는 것이 일차적 작업입니다.

[테스트 5] 아래 그래프의 의미를 도출하시오.

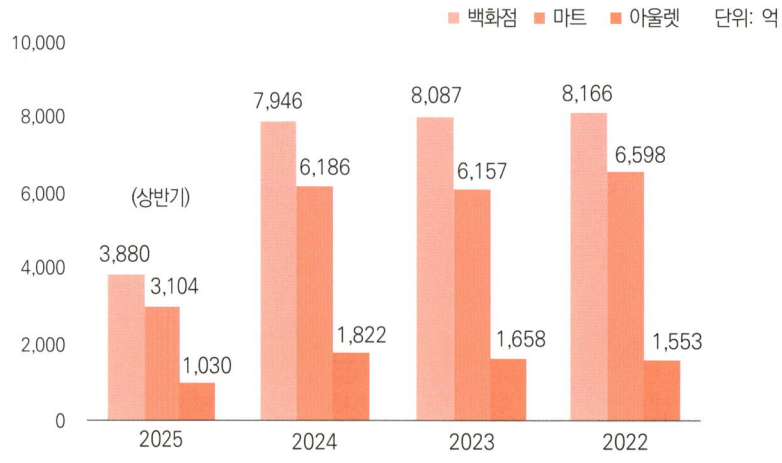

위의 그래프 내용은 혼란의 여지는 있으나 어렵지 않은 내용입니다. 위의 그래프 의미는 '백화점의 매출 규모는 가장 크나 매출이 소폭 하락하는 추세이고, 마트의 매출 규모는 2위 수준이며 매출 흐름은 보합세이며, 아울렛은 매출은 낮으나 매출 성장세가 높음'이라는 의미를 도출할 수 있습니다.

[테스트 6] 아래 표의 의미를 도출하시오.

		10대	20대	30대	40대	50대
백화점	고객 비율	12%	25%	27%	17%	19%
	매출액 비율	5%	23%	31%	30%	11%
마트	고객 비율	10%	17%	31%	27%	15%
	매출액 비율	4%	13%	35%	32%	16%
아울렛	고객 비율	8%	13%	25%	33%	21%
	매출액 비율	3%	8%	27%	38%	24%

위의 표는 '백화점의 고객 비율은 20대~30대가 높고, 매출액 비중은 30대~40대가 높으며, 마트의 고객과 매출 비율은 30대~40대가 높고, 아울렛의 고객과 매출비율은 30대~40대가 높음'으로 분석할 수 있습니다.

하지만 위의 내용은 단순 분석이고 좀 더 살펴본다면, 3개의 점포 유형을 분석함에 있어 고객 비율에 초점을 맞춰야 할지 매출 비율에 초점을 맞춰야 할지 생각해 볼 필요가 있습니다. 고객 수가 중요할까요? 매출 규모가 중요할까요? 저는 매출 규모에 초점을 맞추는 것이 타당하다고 생각합니다.

백화점의 10대 고객의 경우 고객 비율은 높지만, 매출 비율은 낮음을 나타내는데 이는 고객 1인당 객단가가 낮다는 의미입니다.

즉, 고객 비율보다는 매출 비율이 전체의 표를 분석하는 데 중심이 된다고 판단할 수 있습니다.

다시 의미를 정리하자면 '백화점, 마트, 아울렛 모두 30대~40대가 매출액 비중이 높은 주 고객층임'을 알 수 있습니다.

위의 사례에서 보듯 숫자가 지니는 의미를 파악함에 좀 더 나아가서 축적된 본인의 경험을 기반으로 표가 지니고 있는 감춰진 의미까지 꿰뚫어 보는 것을 통찰(通察)이라고 말합니다. 통찰력이 있다면 주변의 상황까지 고려한 본질적인 의미를 파악할 수 있기에 문제해결이 쉬워지고, 이는 높은 수준의 역량을 지니고 있음을 말합니다.

많은 분들이 표와 그래프 분석에 어려움을 느낍니다. 표와 그래프를 어떻게 하면 빨리 쉽게 분석할 수 있을까 고민한 결과 가장 단순한 방법이지만 하나의 팁을 드리자면 표를 분석하기 전에 색연필을 가지고 큰 숫자부터 색을 칠해 보는 것입니다. 그러면 큰 숫자가 선명히 눈에 들어와 조금은 편안하게 파악할 수 있습니다. 저도 가끔 사용하는 방법인데 여러분들도 시도해 보시길 바랍니다.

물론 가장 좋은 방법은 표와 그래프를 본인이 자주 그려 보는 것입니다.

[테스트 7] 아래 표의 의미를 도출하시오.

단위: 억

		2025년(상반기)	2024년	2023년	2022년
백화점	매출액	3,880	7,946	8,087	8,166
	영업이익	302	602	788	811
	영업이익률	7.7%	8.5%	9.7%	9.9%
마트	매출액	3,104	6,186	6,157	6,598
	영업이익	-22	57	58	59
	영업이익률	-0.7%	0.9%	0.9%	0.9%
아울렛	매출액	1,030	1,882	1,658	1,553
	영업이익	126	197	149	139
	영업이익률	12.2%	10.4%	8.9%	8.7%

위의 표는 '백화점의 매출액과 영업이익은 가장 크며 매출과 영업이익 흐름이 소폭 하락하는 추세이고, 마트의 매출액은 2위 수준이고 매출 흐름은 보합세이며 영업이익률은 가장 낮고 2025년 상반기 적자를 기록하였으며, 아울렛은 매출 규모는 낮으나 매출 성장세가 높고, 영업이익과 영업이익률의 성장률이 가장 높음'이라고 분석할 수 있습니다.

위의 표를 좀 더 살펴보면 '백화점의 매출과 영업이익은 떨어지나 사업의 핵심이며, 아울렛은 매출액과 영업이익의 성장세가 높아 향후 유망한 사업이나, 마트는 영업이익률이 적자로 전환되어 사업 매력도가 떨어지고 있음'이라고 판단됩니다.

한 걸음 더 들어가면 '백화점과 아울렛의 사업을 강화해야 함'이라는 시사점을 도출할 수 있습니다.

독해는 지문과 표, 그래프를 분석하는 작업을 말하는데 위에서처럼 주어진 자료의 의미를 도출하는 것이 독해의 출발입니다. 의미 도출은 주어진 자료들을 분석하여 숨겨진 의미들까지 파악하는 것이 핵심임을 잊지 마십시오. 파악된 의미들은 분류와 유목화의 단계를 거쳐 결론에 이르게 됩니다.

분류와 유목화는 비슷한 의미로 말하지만, 분류는 같은 색깔, 모양 등으로 구분하는 것을 말하고 유목화는 같은 범주를 의미하는데 장미, 백합, 개나리가 '꽃', 개, 고양이, 토끼가 '동물'이라는 표현을 하였을 때 이를 유목화라고 합니다. 그리고 이러한 분석과 결론에 이르는 과정을 인지과정(認識過程)이라고 합니다.

귀납적 사고는 구체적인 사실에서부터 일반적 사실로 접근한다고 말씀드렸습니다. 조금 쉽게 표현을 한다면 수집된 의미들을 모아서 새로운 의미 즉, 결론을 만들어 내는 정리 작업입니다.

이제는 위에서 제시된 [테스트 5], [테스트 6], [테스트 7]을 기반으로 '다음 자료를 바탕으로 아래 업체의 수익 구조를 분석하고 시사점을 도출하시기 바랍니다.'라는 하나의 과제로 만들어 보겠습니다.

각각의 표와 그래프의 의미들을 모아 정리해 본 내용입니다.

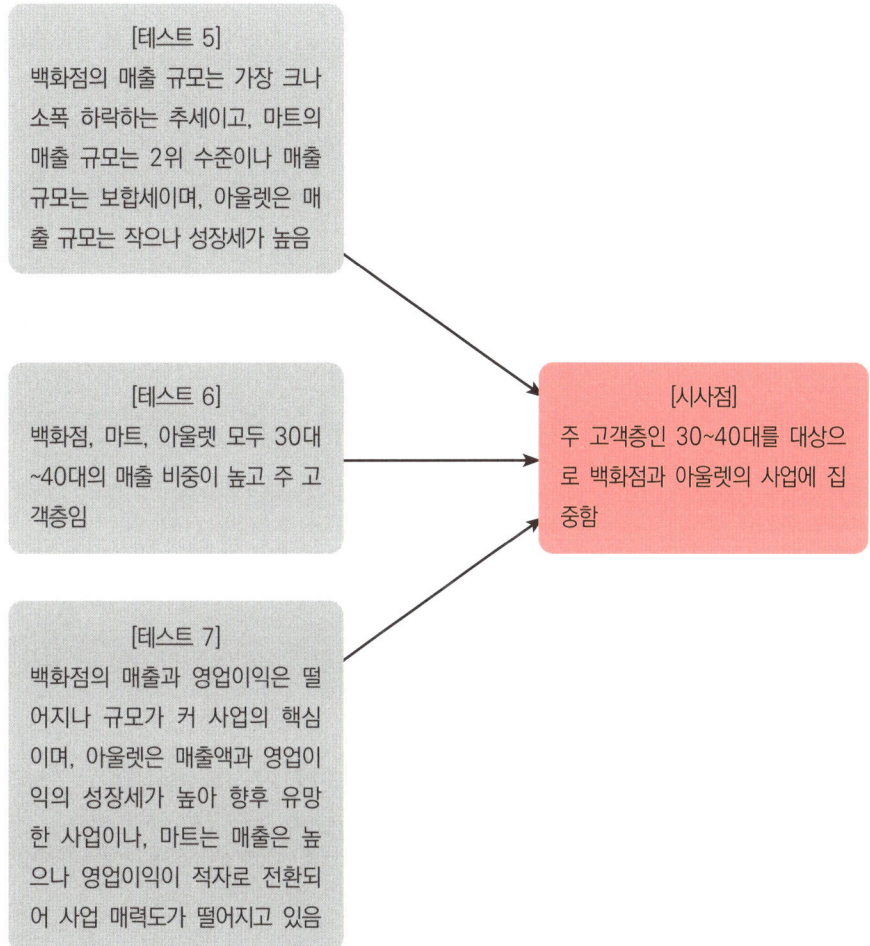

3개의 표와 그래프에 있는 의미들을 모아 하나의 결론을 도출하였습니다. 이렇듯 펼쳐져 있는 구체적인 의미들을 하나의 의미로 모아 가는(일반화) 방법이 귀납적 사고입니다.

이제는 지문을 중심으로 문단의 의미들을 분석하고 정리하는 작업을 해 보겠습니다.

◎ 중문 지문 분석

[테스트 8] 아래의 글을 분석하여 현황과 문제점 및 개선방안을 도출하시오.

"진정한 전통시장 활성화를 위해서는 실질적인 지원이 필요"

지난 15년간 전통시장 활성화 일환으로 시설 현대화 사업이 대대적으로 추진됐습니다.
그런데, 재래시장 많이들 이용하시나요? 저 또한 장을 볼 때면 대형마트로 발길을 옮기고 있는 실정입니다. 이처럼 전통시장 활성화 사업을 대대적으로 추진했음에도 불구하고 소비자들을 끌어들이는 데 한계를 드러내고 있습니다.

그러면 소비자들을 끌어들이려면 어떻게 해야 할까요? 전통시장 상인들의 서비스 개선 등의 의식 변화와 소비자들의 눈높이에 맞는 다양한 콘텐츠 개발로 대형유통업체와 차별화된 경쟁력을 갖춰야 합니다.

24일 경상북도에 따르면 지난 2008년부터 지난해까지 도내 전통시장의 시설 현대화 사업에 총 2,500억여 원이 투입된 것으로 나타났습니다. 시설 현대화 사업은 아케이드 설치와 주차장·고객 편의시설 구축에 집중되고 있었습니다. 올해에도 도내 8개 시·군의 9개 시장에 59억여 원이 시설 현대화 사업비로 투입될 예정입니다. 그러나 지난 2008년부터 매년 평균적으로 190여억 원가량이 전통시장 활성화를 위한 시설 현대화 사업에 투입됐음에도 불구하고, 도내 전통시장 매출 향상 등의 실질적인 효과는 기대에 미치지 못하고 있습니다.

중소기업청에서 발췌한 자료에 따르면 지난 2011년 전국 전통시장 총매출은 40조 1,000억 원(1,438곳)에서 2023년 20조 7,000억 원(1,502곳)으로 48%나 급감한 것으로 나타났습니다. 전통시장 한 곳당 평균 매출도 2011년 279억 원에서 2023년 138억 원으로 50.5% 하락했습니다. 이러다간 추억이 담긴 전통시장을 보지 못하게 될 수도 있겠습니다.

대형마트 의무휴일제 등의 새로운 변수가 발생했음에도 전통시장 활성화가 요원한 실정입니다. 대체 왜 그럴까요? 이는 전통시장 활성화 정책의 초점이 상인과 상가에만 맞춰졌기 때문입니다. 소비자들을 위한 특화된 상품 개발과 서비스 질적 향상, 홍보마케팅 등 '소프트웨어'에 대한 투자가 빈약해 고객 유치 효과에는 한계가 있는 것입니다.

정부가 매년 실시한 '전통시장 육성사업 성과평가 보고서'에서도 전통시장의 시설 위주 환경 개선이 매출 증대로 이어진 것은 10% 미만인 것으로 나타났습니다. 전통시장 활성화를 위해서는 시설 현대화 사업도 중요하지만 홍보·고객 유치 지원 등의 소프트웨어적인 측면에 대한 정책 비중의 확대와 상인들의 적극적인 참여를 유도할 필요성이 강조됩니다.

[답지 작성] 위 글을 분석하여 현황과 문제점 및 개선방안을 도출하시오.

과제 수행에 수고하셨습니다. 여러분이 작성한 답지와 제가 작성한 답지를 비교하여 스스로 피드백해 보시길 바랍니다. 다음에 제시된 [과제 1차 분석답지]는 인과관계 원칙을 활용하여 정리한 결과입니다. 일차적으로 글을 읽으면서 본 사안을 추진하게 된 배경, 지금까지의 사업추진 결과(현황, 문제), 사업추진 결과를 만들어 낸 원인(문제점), 본 사안을 해결하기 위한 제언들(개선방안)의 순으로 구분하여 작성한 결과입니다.

[과제 1차 분석답지] 도내 전통시장 활성화 방안

◎ 추진배경
   지난 15년간 전통시장 활성화 일환으로 시설 현대화 사업이 대대적으로 추진됐으나, 소비자들을 끌어들이는 데 한계를 드러내 이에 대한 방안이 요구됨

◎ 현황
   - 24일 경상북도에 따르면 지난 2008년부터 지난해까지 도내 전통시장의 시설 현대화 사업에 총 2,500억여 원 투입(매년 190억여 원 투입)
   - 올해에도 도내 8개 시·군의 9개 시장에 59억여 원의 시설 현대화 사업비가 투입될 예정
   - 이와 같은 투자에도 도내 전통시장 매출 향상 등의 실질적인 효과를 거두지 못하고 있음
   - 2011년 전국 전통시장 총매출은 40조 1,000억 원(1,438곳)에서 2023년 20조 7,000억 원(1,502곳)으로 48%나 급감(자료: 중소기업청)
   - 전통시장 한 곳당 평균 매출도 2011년 279억 원에서 2023년 138억 원으로 50.5% 하락했음
   - 정부가 매년 실시한 '전통시장 육성사업 성과평가 보고서'에서도 전통시장의 시설 위주 환경 개선이 매출 증대로 이어진 것은 10% 미만인 것으로 나타남

◎ 문제점
   - 시설 현대화 사업은 아케이드 설치와 주차장·고객 편의시설 구축에 집중되고 있음
   - 전통시장 활성화 정책의 초점이 상인과 상가에만 맞춰졌음. 대형마트 의무휴일제 등의 새로운 변수가 발생했음에도 전통시장 활성화가 요원한 실정
   - 소비자들을 위한 특화된 상품 개발과 서비스 질적 향상, 홍보마케팅 등 '소프트웨어'에 대한 투자가 빈약해 고객 유치 효과에는 한계가 있음

◎ 개선방안
   - 전통시장 상인들의 서비스 개선 등의 의식 변화와 소비자들의 눈높이에 맞는 다양한 콘텐츠 개발로 대형유통업체와 차별화된 경쟁력을 갖춰야 한다는 지적
   - 도내 전통시장 활성화를 위해서는 시설 현대화 사업도 중요하지만, 홍보·고객 유치 지원 등의 소프트웨어적인 측면에 대한 정책 비중 확대와 상인들의 적극적인 참여를 유도할 필요성이 강조됨

이제는 위의 글을 유목화하고 새로운 개념과 언어로 정리하여 보겠습니다.

[과제 2차 분석 모범답지] 도내 전통시장 활성화 방안

◎ 추진배경
  지난 15년간 전통시장 활성화 일환으로 시설 현대화 사업이 대대적으로 추진됐으나, 소비자들을 끌어들이는 데 한계를 드러내 이에 대한 개선방안이 요구됨

◎ 현황
- 전국 전통시장 매출 급감
  - 2011년 전국 전통시장 총매출은 40조 1,000억 원(1,438곳)에서 2023년 20조 7,000억 원(1,502곳)으로 48%나 급감(자료: 중소기업청)
  - 전통시장 한 곳당 평균 매출도 2011년 279억 원에서 2023년 138억 원으로 50.5% 하락
    (자료: 중소기업청)
  - 전통시장의 시설 위주 환경 개선이 매출 증대로 이어진 것은 10% 미만인 것으로 나타남(자료: 정부 '전통시장 육성사업 성과평가 보고서')

- 경상북도 전통시장 투자 효율성 부진
  - 24일 경상북도에 따르면 지난 2008년부터 지난해까지 도내 전통시장의 시설 현대화 사업에 총 2,500억여 원 투입(매년 190여억 원 투입)
  - 올해에도 도내 8개 시·군의 9개 시장에 59억여 원의 시설 현대화 사업비가 투입될 예정

◎ 문제점
- 시설 위주의 환경 개선
  - 시설 현대화 사업은 아케이드 설치와 주차장·고객 편의시설 구축에 집중되고 있음
  - 전통시장 활성화 정책의 초점이 상인과 상가에만 맞춰졌음

◎ 정책방향
  소비자들을 위한 특화된 상품 개발과 서비스 질적 향상, 홍보마케팅 등 '소프트웨어'에 대한 투자 강화

◎ 개선방안
- 홍보, 마케팅 강화
  - 도내 전통시장 활성화를 위해서는 시설현대화 사업도 중요하지만, 홍보·고객 유치 지원 등도 요구됨

- 콘텐츠 개발
  - 전통시장 상인들의 서비스 개선 등의 의식 변화와 소비자들의 눈높이에 맞는 다양한 콘텐츠 개발로 대형 유통업체와 차별화된 경쟁력을 갖춰야 한다는 지적
  - 소프트웨어적인 측면에 대한 정책 비중 확대와 상인들의 적극적인 참여를 유도할 필요성이 강조됨

위의 작업은 분석 작업을 통해 현황과 문제점, 개선방안을 계층적으로 분리하였고, 유목화를 통해 사안들을 명확히 구분하고 유목화 문건의 의미인 제목을 도출하면서 전체 문건을 정리, 구조화한 예입니다.

기본적인 분석 작업을 통해 상황을 정리하는 귀납적 사고의 접근이었습니다.

이제부터는 분석의 결과를 도출하는 또 하나의 방법인 연역적 사고에 대해 학습하도록 하겠습니다.

② 연역적 사고

연역적 사고(Deductive Thinking)는 귀납적 사고의 상대적 개념으로 일반적인 사실로부터 구체적인 사실로 도달하게 한다고 하여 확산형 사고로 불리기도 합니다. 귀납적 사고가 분석을 통해 의미들을 도출하고 결론에 이르렀다면 연역적 사고는 상황의 전체(현황, 문제점, 개선방안, 장애요인 등)를 여러분들의 경험에 기반을 두어 생각해 보는 것을 말합니다.

여러분들은 하루에도 수십 번의 판단과 의사결정을 합니다. 이러한 의사결정 과정에서 매번 분석하시나요? 아니면 경험에 기반을 두어 판단을 하시나요? 우리는 점심을 고르거나 친구의 생일 선물을 살 때도 의사결정을 합니다. 이러한 의사결정에서는 분석보다는 경험에 기반을 두어 판단하는 것이 대부분입니다. 물론 근처에서 점심을 먹어 본 경험이 없거나 친구의 생일 선물을 사 본 경험이 없다면 인터넷을 뒤져 분석하는 작업이 필요하겠지요.

업무 과정에서는 어떠한가요? 고객이 접객 요원의 서비스에 문제가 있다고 불만을 제기했다면 처음 드는 생각은 무엇인가요? 조직 내 회의 문화에 문제가 있다는 의견이 있다면 어떻게 해결해야 할까요? 경험이 많은 분들이라면 이러한 문제상황에서 바로 현황과 문제점을 도출하실 수 있습니다. 물론 경험이 없는 신입 사원들은 문제를 분석하기 위해 문헌 연구도 하고, 교육도 받고, 선배들의 조언을 듣기도 합니다만 경험이 많은 역량평가 대상자 여러분들은 상황에 대한 가설(假說)을 세우고 해결을 위한 방안들을 도출할 수 있습니다.

일반적으로 아주 생소한 상황이 아니면 경험에 기반을 두어 분석 단계 없이 전체 상황의 선후관계, 이해관계, 상관관계 등을 고려하여 의사결정을 합니다. 이때 우리는 추론(推論) 또는 추리(推理)라는 판단의 정당성을 확보하기 위한 단계를 거치는데 추론과 추리는 같은 의미로 '경험한 것을 통하여 경험하지 않은 것을 미루어 짐작해 보는 것'을 말합니다.

대표적인 방법이 3단 논법으로, 'A는 B이다, C는 A이다, 따라서 C는 B이다.'라는 논리적 전개로 결론을 도출하는 방법입니다. '사람은 죽는다→소크라테스는 사람이다→그러므로 소크라테스는 죽는다.'라는 표현을 예로 말씀드릴 수 있습니다. 연역적 사고는 귀납적 사고보다 접근이 쉬워서 문제해결에서 많이 쓰이는 일반적인 논리 전개 유형입니다.

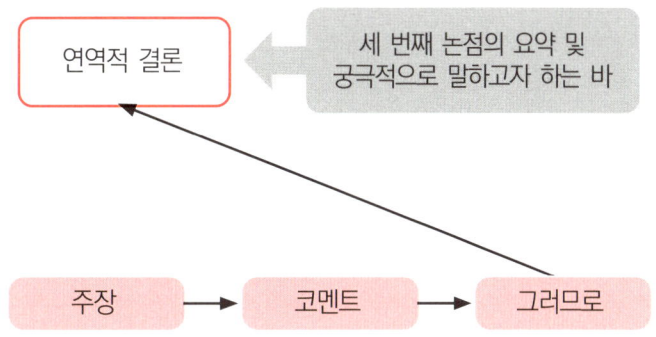

연역적 사고와 더불어 많이 활용되는 사고 기법이 직관(直觀)입니다. 연역과 비슷하지만, 또 다른 사고 기법인 직관은 상황의 결론과 본질을 짧은 시간에 도출할 수 있습니다. 연역은 특정한 과정 또는 연이은 절차가 요구되지만, 직관은 그렇지 않다는 점에서 연역과 구분됩니다. 쉽게 말씀드리면 연역은 경험에 기반을 두지만, 직관은 그렇지 않은 경우가 많습니다. 아리스토텔레스는 "본질은 직관으로만 파악할 수 있다.", 데카르트는 "최고의 관념은 직관을 통해서만 경험할 수 있다."라고 했습니다. 그래서 많은 경영자가 혼란한 경영 상황에서의 의사결정에 직관을 많이 사용한다고 합니다. 하지만 역량평가 장면에서 직관은 육감(六感)에 가까워 판단에 오류가 많으므로 사용치 않음이 타당합니다.

'통찰에 빨리 도달하기 위해서는 경험을 기반으로 하는
연역적 추론을 활용하는 방법이 유용합니다.'

◎ 경험의 활용

여러분들은 하루에도 수없이 많은 '경험에 기반을 둔 판단'을 합니다. 즉, 현재 여러분들의 업무 장면에서의 문제해결은 거의 대다수가 연역적 사고에 기반을 두고 있고, 이를 기반으로 현재의 위치로 성장할 수 있었습니다.

하지만 대다수가 역량평가 장면에서는 이를 활용하지 않는 것입니다. 이는 판단의 오류가 무서워서 여러분들이 가지고 계시는 매우 유용한, 핵심적인 역량을 사장(死藏)하고 있는 것입니다. 실제로 여러분들의 업무와 일상생활에서 연역적 접근을 통한 문제해결이 귀납적 접근보다 절대적으로 많습니다.

이제는 실제 사례를 가지고 말씀드려 보겠습니다. 예를 들어 '출산율 제고를 위한 방안 수립'이라는 과제가 제시되었다면 전제는 출산율이 낮다는 것이고(결과, 현황) 문제점(원인)은 여러분들이 어렵지 않게 추론, 판단할 수 있으리라고 봅니다. 지금부터 2분의 시간을 드리겠습니다. 곰곰이 생각해 보십시오.

▷ 과제명: 출산율 제고방안 수립
- 전제(추진배경, 현황): 부모들이 아이들을 낳지 않아 인구수가 줄어들고 있음
- 문제점(원인): 왜?

기본적으로 부모들이 아이들을 낳으려 하지 않은 이유는 육아 비용이 너무 많이 들어서, 경력 단절이 두려워서, 즐기고 싶어서 등의 현실을 말할 수 있을 것이고, 좀 더 들어가 본다면 결혼을 하는 젊은이들이 적어서, 인구가 줄어 나타나는 자연적인 현상 등을 말할 수 있을 것입니다. 한 걸음 더 들어간 '결혼을 하는 젊은이들이 적어서, 인구가 줄어 나타나는 자연적인 현상'까지 제시한다면 본안에서 벗어나 범위가 너무 넓어지기에 '육아 비용이 너무 많이 들어서, 경력 단절이 두려워서, 즐기고 싶어서' 정도를 문제점(원인)으로 생각할 수 있을 것 같습니다. 위의 추론에 의한 결과는 여러분 수준의 경험과 상식이 있다면 누구나 도출 가능한 결과이기도 합니다.

과제명	출산율 제고방안 수립
전제	부모들이 아이들을 낳지 않음
문제점(원인)	• 육아 비용이 너무 많이 들어서 • 경력 단절이 두려워서 • 즐기고 싶어서

위의 추론 과정을 통해 과제의 핵심을 도출해 내고 전체의 상황과 구조를 파악하였습니다. 추론을 활용하라고 하면 많은 분들이 잘못된 결과를 만들 거라는 두려움에 활용을 꺼리시는데, 기본적으로 과제를 만들어 내는 과정과 범위를 생각하신다면 우려는 줄어들 것으로 판단됩니다.

기획보고 과제의 개발은 상황의 사례를 수집하는 것부터 출발합니다. 사례의 선정 과정은 아래의 절차에 의해 개발됩니다.

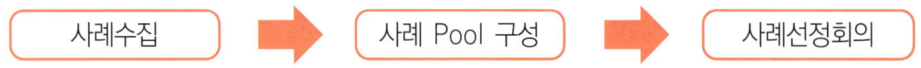

사례를 수집하기 위해 다양한 직무 관련 자료들을 분석합니다. 정책 사례집, 관련 논문 및 학술 자료, 최근 대내외 이슈, 직급별 직무 관련 자료 등을 분석하여 1차 선정하고 사례 Pool을 구성한 후 최종 선정의 흐름으로 과제 사례를 확정합니다.

역량평가의 전제는 '역량평가를 통과한 평가 대상자가 승진하여 성과를 낼 수 있느냐'입니다. 즉, 평가 과제는 승진한 이후의 직무 상황 내(內)에 있어야 한다는 의미입니다. 예를 들어 중앙부처 과장급 평가라고 한다면 과장들이 수행하는 직무 상황 내에 있어야 하지 차관급 또는 주무관급의 직무 상황이 주어져서는 안 된다는 것입니다.

위의 흐름을 보시면 여러분들에게 제공되는 과제들은 기본적으로 여러분들을 둘러싼 정부 정책 등의 외부적 이슈 또는 여러분들이 속해 있는 조직 내의 문제들을 다룬다는 것을 알 수 있습니다. 이는 지극히 상식적이고 일반적인 내용이라는 것입니다.

[테스트 9] 아래의 과제 제목을 통해 문제점(원인)을 추론(유추)하여 보십시오.

> ▷ 과제명: 전통시장 활성화 방안을 수립하시오.

전통시장 활성화 방안을 수립하라는 것은 전통시장이 활성화되어 있지 않다는 전제가 있습니다(여기에서의 전제는 추진배경이자 현황이기도 합니다). 그리고 방안 수립이라는 지시문이 있기에 본 과제는 보고서를 작성하면 됩니다.

전통시장이 활성화되지 않은 이유는 여러분들이 전통시장에 가지 않은 이유에서 찾아보면 쉽습니다.

과제명	전통시장 활성화 방안 수립
전제	전통시장 활성화가 미진함
문제점(원인)	• 차량 접근성이 떨어진다(주차장이 없다). • 상품의 구색이 떨어진다(백화점처럼 찾고자 하는 모든 상품이 있지 않다). • 상품의 신뢰도가 떨어진다. • 가격의 신뢰도가 떨어진다(정찰제가 아니다). • 상품의 반품과 AS가 어렵다. • 직원들이 친절하지 않다. • 전체적으로 어둡다. • 쇼핑의 이동 동선이 좋지 않다. • 볼거리, 즐길 거리가 없다.

일단 제가 생각해 본 문제점입니다. 1차적으로 위의 작업을 하였다면 한 걸음 더 들어가 위의 추론 이슈들을 유목화해 보겠습니다. 종합적으로 본다면 인프라, 상품, 사람, 프로그램으로 그룹핑(Grouping)이 가능합니다.

- 인프라 미비
  - 차량 접근성이 떨어진다(주차장이 없다).
  - 전체적으로 어둡다.
  - 쇼핑의 이동 동선이 좋지 않다.
- 상품의 신뢰도 미비
  - 상품의 구색이 떨어진다(백화점처럼 찾고자 하는 모든 상품이 있지 않다).
  - 상품의 신뢰도가 떨어진다.
  - 가격의 신뢰도가 떨어진다(정찰제가 아니다).
  - 상품의 반품과 AS가 어렵다.

- 직원들의 교육훈련 미비
  - 직원들이 친절하지 않다.
- 콘텐츠/프로그램 미비
  - 볼거리, 즐길 거리가 없다.

[테스트 10] 아래의 과제 제목을 통해 문제점(원인)을 추론하여 보십시오.

▷ 과제명: 부하직원을 동기부여 하시오.

부하직원 동기부여 과제는 조직관리 리더십을 판단하는 중요한 이슈로 거의 모든 기관에서 다루는 주제입니다. 본 과제는 부하직원의 동기가 떨어져 있다는 것이 전제입니다. 평가 대상자인 여러분들도 조직 내에 근무하면서 의기소침하여 업무에 대한 의욕이 떨어졌던 경험이 다들 있으실 것입니다. 그때를 생각하시면서 부하직원들이 왜 업무에 몰입하지 못하는지 생각하시면 문제점을 쉽게 도출할 수 있습니다. 원인은 크게 직무적, 개인적 원인으로 귀결됩니다. 아래의 표를 참조하여 주십시오.

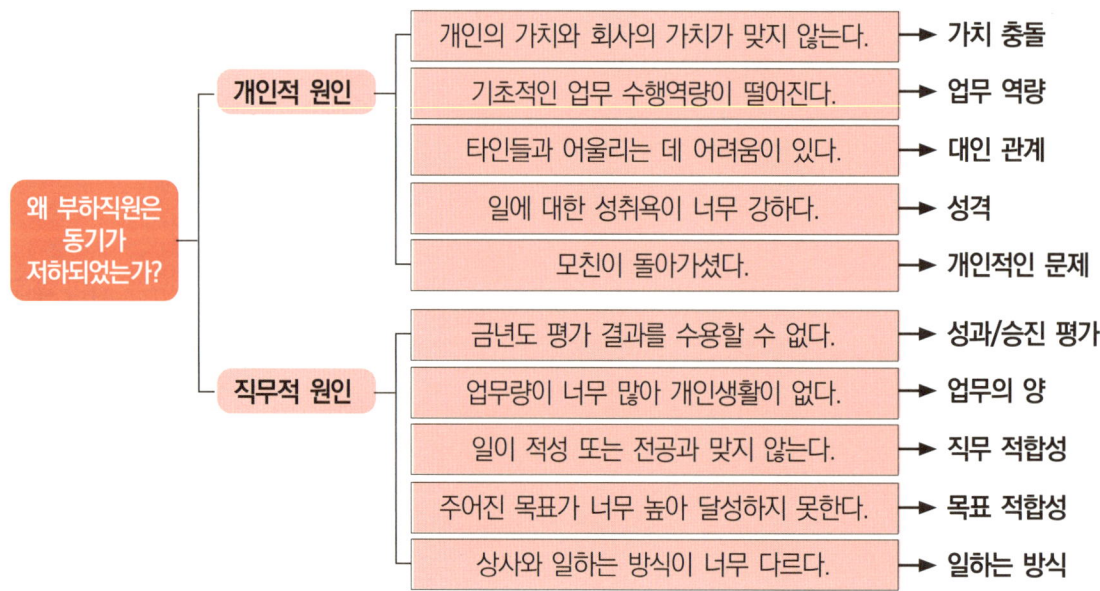

부하직원들의 동기부여를 위해서는 동기가 저하되는 원인을 파악하여야 하는데 그 원인은 지극히 상식적이며 여러분들도 이미 경험하여 다 아는 사안들임을 알 수 있습니다. 조금만 생각을 하면 효과적으로 과제의 문제점들을 파악할 수 있습니다.

나이가 들어 가면서 분석력(독해)은 떨어지지만, 사고력(추론)은 높아집니다. 이를 '결정성 지능'이라고 하는데 다음 장에서 자세히 설명드리겠지만 사고력은 경험이 많을수록 높아지고 90대에 이르러도 퇴화가 되지 않는다고 합니다. 이는 경험이 많아서 상황에 대한 생각의 폭과 깊이가 달라짐을 의미합니다.

그러기에 여러분들이 현재 직장에서 주로 사용하는 역량은 분석역량이 아닌 사고역량임을 말씀드리며 역량평가 장면에서도 꼭 활용하시기 바랍니다.

특히 30분 정도의 짧은 시간에 보고서를 완성해야 하는 인사혁신처 과장급 평가와 한국전력 1~2급 역량평가 등에서 효과를 크게 발휘할 수 있습니다.

연역적 사고는 경험으로부터 높은 수준(High Normal)의 결과를 만들어 낼 수 있습니다. 추론적 사고는 문제점과 원인을 찾을 수 있을 뿐만 아니라 전체의 상황을 파악하고 구조화하는 데 탁월합니다. 즉, '전체 판세를 읽는', '숲을 볼 수 있는' 효과적인 방법으로 귀납적 사고와 함께 사용되어야 함을 말씀드립니다.

◎ 연역적 사고의 실전 적용

좀 더 들어가 인사혁신처 과장급 역량평가에서의 과제의 제목들을 살펴보겠습니다.

'쌀 소득 직불금 부당 수령 근절 대책' 과제의 현황과 문제점은 무엇일까요?
현황은 '쌀 소득 직불금 부당 수령 사례가 증가하고 있다.'입니다. 구체적인 사실들은 부당 수령 사례가 증가하고 있다는 데이터가 제시될 것이고 관련된 신문 기사가 있을 것입니다.
문제점은 무엇일까요? 정부가 국민과 국가를 위해 쌀 직불금 정책을 운영하고 있는데 잘 운영이 되고 있질 않은 것입니다. 즉, 정부가 잘못하고 있는 것을 찾아내어야 하는데 일반적으로 정부가 국민의 생활에서 부당함이 넘칠 때 쓰는 방법이 무엇인가요?

바로 '단속'입니다. 일차적으로 떠오르는 문제점은 '단속 미비'입니다.
그리고 일반적으로 이러한 정책들을 펼칠 때는 국민들에게 홍보를 하는 것이 정부의 중요한 정책실행입니다. 즉, 두 번째의 문제점은 '홍보 미비'입니다. 국민들에게 부당하게 직불금을 수령하면 안 된다는 것을 홍보했어야 한다는 것입니다.
추가적으로 부당 수령에 대한 체벌이 약해서 그렇다고도 볼 수 있습니다. 그렇다면 이는 체벌 규정 미비 즉, '제도 미비'입니다. '단속 미비', '홍보 미비', '제도 미비' 세 개의 문제점이 나왔습니다. 그런데 '단속 미비'와 '제도 미비'는 제도라는 측면으로 유사한 부분이 있습니다. 그래서 '제도 미비'로 유목화를 한다면 결론적으로 본 과제의 문제점은 '제도 미비'와 '홍보 미비' 두 개로 모아집니다.
이러한 접근으로 하나를 더 풀어 보겠습니다.

'위조 상품 유통근절 대책' 과제입니다. 여러분들의 경험으로 현황과 문제점은 무엇일까요?

◦ 현황

◦ 문제점

위조 상품이 무분별하게 유통되고 있어 국민들의 삶을 피폐하게 하고 있습니다. 관련 현황은 '위조 상품 적발 건수의 증가'와 '위조 상품 민원 건수의 증가'로 모아질 수 있습니다. 위 건과 관련하여 정부가 무엇을 잘못하고 있는 것일까요? 쌀 소득 직불금 부당 수령 과제와 같이 '제도 미비'와 '홍보 미비'로 판단됩니다.

기존에 출제되었던 **'노인상대 사기성 물품판매 근절대책'**, **'불법 저작물 근절 대책'** 등도 같은 문제점으로 도출될 것입니다.

약간 관점을 바꿔서 **'다문화 축제 활성화 방안'** 과제의 현황과 문제점은 무엇일까요?

축제가 활성화되어 있지 않다는 전제가 있으므로 현황은 '축제 참가 인원이 너무 작다.' 즉, 예상한 인원보다 적게 참가한다는 숫자가 표시될 것입니다.

문제점은 무엇일까요? 여러분들이 축제 참가를 한다면 가장 고려하는 사항은 무엇인가요? 바로 볼거리가 있냐는 것 아닌가요? '콘텐츠 미비'입니다. 두 번째 문제점 또한 여러분들이 금방 생각해 낼 수 있는 것입니다. '홍보 미비'입니다. 몰라서 못 가는 것이지요? 세 번째 문제점은 '인프라 미비'를 들 수 있을 것입니다. 접근성, 편의시설, 숙박시설, 식당 등이 해당되겠지요.

그렇다면 **'해외환자 유치를 통한 의료관광산업 활성화 방안'**이라면 어떨까요?
'홍보/광고 미비', '콘텐츠 미비', '인프라 미비' 등으로 귀결될 수 있을 것입니다.

위와 같은 접근은 교육청의 사무관 평가에서도 유용하게 활용될 수 있습니다. 발전사 3급 초급간부 평가 또한 같은 선상입니다. **'공공기관 청렴도 제고방안 수립'**이라는 과제라면 어떻게 해야 할까요? 여러분들이 속해 있는 기관에서 무엇을 잘못하고 있는 것일까요?

경험적으로 '김영란법'을 떠올리면 쉽게 접근할 수 있을 것입니다.

◦ 현황: 청렴도 위반 사례의 증가

◦ 문제점: 청렴인식 미비, 체벌규정 미비, 매뉴얼 미비

위의 문제점이 타당하시나요?

저는 생각이 조금 다릅니다. 앞서 말씀드린 바와 같이 여러분들이 잘못한 것이 아닌 소속기관이 잘못하고 있는 것을 생각해야 합니다. 좀 더 생각하시면 '청렴인식 미비'라는 이슈는 원인이 아니고 결과입니다. 원인은 소속기관이 뭘 잘못하고 있느냐로 '청렴교육훈련 미비'가 되고 이에 대한 결과로 '청렴인식 미비'가 만들어진 것입니다. '체벌규정 미비', '매뉴얼 미비'는 '제도 미비'라는 측면으로 묶을 수 있을 것 같습니다.

이러한 연역적 기법으로 더 깊이 접근하면 여러분들 과제를 바라볼 때 생각할 수 있는 몇 가지가 있습니다.

기획보고서의 고객은 누구인가요? 기획보고서는 누구를 위해 작성되는 것일까요?

그 답은, 국민 또는 조직 구성원들입니다. 위의 과제 제목들을 생각해 보십시오. 인사혁신처 과장급 역량평가의 발표 주제는 국민들을 위한 것입니다. 다문화가족, 장애인, 노인, 청년 등 모두가 국민입니다. 교육청 사무관 기획보고서 역량평가 또한 마찬가지입니다. 공공의 이익을 목적으로 하는 공공기관 또한 공익적인 목적의 보고서가 많습니다.

그리고 조직 내부의 현상을 다루는 것입니다. 청렴도, 조직문화 개선 등의 주제는 모두가 조직 구성원들을 위한 주제입니다.

기획보고서에는 항상 방안을 제시하라고 합니다. 방안의 방향은 무엇일까요?

그 답은, 낮추고, 높이고, 없애고, 새로 만들고, 맞추어 주고에 있습니다. 활성화 방안 수립이라면 현재의 현황이 기준에 비해 낮다는 것입니다. 그래서 올려 주어야 합니다. 저감 방안 수립이라면 현재 너무 높기에 이를 낮추어 주어야 합니다. 설립방안이라면 없기에 만들어 주어야 합니다. 이런 것들을 생각하면서 대응할 필요가 있습니다.

기획보고서에서 주로 다루는 주제들은 사회, 경제, 정치, 문화, 기술 등에서 어느 영역을 다루는 것일까요?

그 답은, 사회적인 일반 현상과 조직 내부의 문제입니다. 과제는 절대로 정치적인 문제를 다루지 않습니다. 또한 기술적인, 경제적인, 문화적인 특성들은 다루지 않습니다. 사회적인 일반 현상만을 다룹니다. 세월호 사건, 이태원 사건 등은 사회적인 이슈들이지만 정치에 부담을 주는 민감한 주제들로 평과 과제로는 절대 다루지 않습니다. 그리고 조직 내부의 문제상황들을 다룹니다. ESG, 안전관리, 고객만족도 향상방안 등은 모두 조직 내부에서 해결해야 하는 상황들입니다.

그러기에 주로 나오는 문제점의 영역은 아래와 같습니다.

- **제도 미비(법령, 법규, 규정, 제도, 시스템, 지원, 매뉴얼 등)**
- **홍보/계도 미비**
- **인프라 미비(시스템 등)**
- **콘텐츠 미비(프로그램 등)**
- **교육훈련 미비**
- **수요예측 미비**

제도 미비와 홍보 미비는 아주 자주 나오는 문제점들입니다. 제도 미비의 영역은 매우 넓습니다. 관련 법령, 법규, 규제, 규정, 시스템, 매뉴얼 등을 포괄하는 큰 의미입니다. 지원 미비는 큰 범주에서는 제도 미비의 영역입니다. 지원이라는 것은 제도적인 뒷받침이 있어야 가능하기 때문에 그렇습니다. 수요예측이란 문제점도 상황에 따라 제도의 영역으로 볼 수 있습니다.

여기에서 시스템이란 단어에 유의할 필요가 있습니다. '시스템 부재'라는 단어를 많이 사용하게 되는데 시스템이란 두 가지의 영역이 있습니다. 하나는 소프트웨어적인 시스템입니다. 역량평가제도는 보이지 않는 문서로 만들어진 시스템입니다. 성과관리제도 또한 마찬가지이죠. 하지만 하드웨어적인 해킹방지 시스템 등은 인프라적인 요소입니다. 시스템이라는 개념은 너무 포괄적이기에 제도적인 것과 인프라적인 시스템으로 나누어 구성하는 것이 적절하다고 생각합니다.

홍보/계도 미비 또한 단골 고객입니다. 홍보와 교육을 혼동하시는 분들이 많은데 홍보는 대외적으로 하는 것이고 교육은 내부적인 진행하는 것입니다. 예를 들어 변화관리를 위해 대외적으로 국민, 고객들에게 홍보와 계도를 하는 것이고 내부의 구성원들에게는 교육훈련을 실시하는 것입니다.

콘텐츠 미비는 활성화 방안 등에서 광범위하게 쓰이는 주제로서 놀거리, 볼거리, 먹을거리 등을 통칭 콘텐츠라고 하고 교육 프로그램에 내용이 없다는 등의 이슈들도 콘텐츠 영역으로 봅니다.

인프라 미비는 엄밀히 말하면 소프트웨어적인 인프라와 하드웨어적인 인프라를 말할 수 있는데 여기에서는 하드웨어적인 요소들을 지칭하고 있고 소프트웨어적인 요소들은 제도 미비의 영역으로 구분하고 있습니다. 도로, 항만, 공항 등의 사회간접자본 요소들과 주차장 불비, 교통의 어려움 등의 접근성 미비 또한 인프라의 영역으로 간주하고 있습니다.

마지막으로 수요예측 미비는 미래 상황에 대비할 때 많이 쓰이는 요소입니다. '**중소기업 안정적인 해외 원자재 수급 대책**'이라는 과제가 나온 적이 있었는데 문제점으로는 '정부의 해외 원자재 수요예측 미비'로 생각되었습니다. 정부가 중소기업을 위해 전 세계적인 원자재 수요와 공급 상황을 분석하여 제공했어야 한다는 것입니다. 제도적인 측면으로도 생각될 수 있으나 과제가 미시적이어서 제도적인 측면에서 분리하여 생각해 보았습니다. '**이공계 과학기술 인재 육성 방안**' 또한 마찬가지의 개념으로 접근하였습니다. 이공계 인재가 향후에 얼마나 필요한지에 대한 수요를 예측하고 대응했어야 하나 그러지 못했다는 것입니다.

이외에 조직과 인력, 예산을 다루는 '자원 미비'라는 영역이 있을 수 있습니다. 하지만 이는 주로 제도 측면의 요소로 판단됩니다.

앞서서도 말씀드렸지만, 역량평가를 왜 실시하는지를 생각한다면, 승진을 하여 성과를 낼 수 있느냐를 평가하는 것입니다. 그러기에 평가는 승진 이후의 모습을 보고자 하는 것이고 과제의 범위는 승진하는 자리의 직무 범위 내에 있어야 한다는 전제가 깔립니다.
그러기에 과제는 여러분들의 경험을 고려하여 구성됩니다. 경험이라는 것은 여러분들의 직무적 경험으로 말하는 것으로 연역적인 접근은 여러분들의 통찰력을 배가시킬 것입니다.

제5강

기획보고서 작성 방법론

제5강
기획보고서 작성 방법론

◎ 분석(파악)과 정리

기획보고 작성은 지문으로 제공된 과제를, 목적에 따라 내용을 '**분석, 파악하여 정리**'하는 과정입니다.

과제는 표지부터 상황개요, 조직의 비전과 전략, 조직도, 지시문이 담긴 이메일, 조사보고서, 신문 기사, 전문가 칼럼, 조직 구성원들의 대화, 타사 및 해외 사례 등으로 구성되어 있습니다. 이렇게 제공된 다양한 정보들의 의미들을 파악하여 유목화하는 과정을 거치면서 목차를 잡고 내용을 기술하는 것입니다. 정리하는 과정인 것이지요. 이런 과정에서 연역적, 귀납적 접근이 사용됩니다.

헝클어진 정보 → 파악하여 정리

'파악(把握)'을 한다는 것은 의미들을 도출하는 과정으로 이는 '분석(分析)'이라는 단어의 의미와 유사합니다.

'정리(整理)'는 '체계적으로 분류하고 종합함'의 의미로 문제상황 전체를 구조화한다는 뜻으로 **'분석하고 구조화(개념화)'**하는 과정을 통해 보고서의 형태와 내용이 만들어집니다.

상황 파악이 되질 않으면 정리가 될 수 없습니다. 그래서 대다수의 평가 대상자들이 정리가 안 된다는 푸념을 합니다. 여러분들의 고민이 여기에 있는 것이지요.

과제를 정리할 때는 원칙이 있습니다. 내용이 빠짐이 없어야 합니다. 그러면서 분류와 유목화가 이루어져야 합니다. 바로 MECE(Mutually Exclusive and Collectively Exhaustive)의 원칙입니다. 맥킨지 컨설팅의 컨설턴트인 '바바라 민토(Barbara Minto)'는 『논리의 기술』이라는 책을 통해 MECE의 원칙을 제시했고, 기획보고서 작성의 핵심 이론으로 자리를 잡았습니다.

이제는 좀 더 구체적으로 '어떻게 파악하고 정리할 것이냐'입니다.

여러분들이 평가장면에서 접하게 되는 과제는 지문으로 제공되며 위에서 언급한 다양한 내용의 정보들이 포함되어 있습니다. 그중 가장 먼저 제공되는 내용이 상황개요입니다.

> ■ 상황개요
>
> · 오늘은 2025년 7월 17일 금요일입니다.
> · 귀하는 국가의 다양한 주요 환경정책들을 연구하는 '<u>한국환경기획위원회(가상조직)</u>'의 환경연구단에 속한 이승찬 차장입니다.
> · 환경연구단은 전 세계적인 흐름인 환경에 대한 국민들의 관심을 증대시키고 탄소중립의 생활화를 위하여 **'생활 속의 탄소저감'** 사업을 추진하고 있습니다. 그러나, 사업 추진 과정에서 여러 가지 문제점들이 대두되고 있습니다.
> · **'생활 속의 탄소저감'** 사업 추진 개선안을 마련하여 다음 주 월요일 임원 회의에서 보고할 예정입니다.
> · 이에 제공된 자료들을 바탕으로 **첫째, 현재 추진 중인 '생활 속의 탄소저감' 사업의 현황과 문제점을 파악**하고 **둘째, 이를 개선할 수 있는 방안과 구체적인 실행계획**을 담은 보고서를 작성해야 합니다.

위의 상황개요에서는 '생활 속의 탄소저감' 기획보고서를 작성하는 것이고, 발생된 문제상황이라는 것을 알 수 있으며, 보고서의 내용에는 '현황과 문제점 및 개선방안, 실행계획'이 담겨 있어야 한다는 것을 지시하고 있습니다. (여러분들은 지시문에 기반을 두어 목차를 작성해야 합니다. 지시한 목차는 평가를 위해 구성하는 것으로 이를 지키는 것은 매우 중요합니다.)

위의 과제는 보고서의 틀을 제시하고 있습니다. '현황과 문제점, 개선방안'이라는 목차를 중심으로 정리하라는 것입니다.

여기에서 우리는 중요한 것을 하나 짚고 넘어갈 필요가 있습니다.

기본적으로 상황을 정리하는 데 있어서는 어떠한 방식이 있습니다. 하나의 예를 들어 저나 여러분들이 초등학교에 입학하여 배운 가장 기초적인 상황정리의 방식이 무엇이었나요?

바로 '육하원칙'이었습니다. 상황을 정리하기 위해 쓰는 아주 기본적인 방법론인 것이지요. 이외에도 서론·본론·결론, 기승전결 등 우리는 상황에 따라 정리하는 기법들을 사용합니다.

아래의 예를 하나 더 들어 보겠습니다.

> ■ 상황개요
>
> · 오늘은 2025년 7월 17일 금요일입니다.
> · 귀하는 국가의 다양한 주요 환경정책들을 연구하는 '한국환경기획위원회(가상조직)'의 환경연구단에 속한 이승찬 차장입니다.
> · 환경연구단은 환경문제에 적극 대응하기 위한 일환으로 '화이트 바이오' 분야에 참여를 검토하고자 합니다.
> · 또한 이 분야에 앞선 기술을 보유하고 있는 미국의 A사(옥수수 콩 기반), 유럽의 B사(바이오 플라스틱 기반), 일본 C사(미생물, 효소 기반) 3개 기업 중 우리나라의 상황과 가장 적합한 1개 기관을 선정하여 제휴하는 방안도 추진 중에 있습니다.
> · '화이트 바이오' 사업 추진방안을 마련하여 다음 주 월요일 임원 회의에서 보고할 예정입니다.
> · 이에 제공된 자료들을 바탕으로 **첫째, 화이트 바이오 분야 진출의 타당성을 분석하고 둘째, 제휴업체 선정안**을 담은 보고서를 작성해야 합니다.

위의 과제는 '사업타당성을 분석하고 제휴업체 선정안'을 담은 기획보고서 작성입니다. 화이트바이오 분야의 진출의 타당성을 담아야 하고, 제휴업체 선정의 안을 제시해야 하는 미래형의 과제입니다.

위 사안은 어떻게 정리될 수 있을까요? 즉, 사업의 타당성과 제휴업체를 선정하기 위해 '어떤 방법론을 쓰는 것이 적절한가?'입니다.

타당성 분석이라면 저는 PEST(Political, Economic, Social and Technological)에 기반을 둔 '환경분석' 기법 또는 'SWOT(Strength, Weakness, Opportunity, Threat) 기법'을 고민할 수 있을 것 같습니다. 물론 과제 내의 주어진 정보를 좀 더 확인해 봐야 하는 상황이긴 합니다만 제 경험적으로는 그렇습니다.

또한 제휴업체 선정은, 선정을 위한 주요요건을 도출하고 우리에게 가장 유리한 업체가 어디인지 비교분석을 하여 제시하고 보완사항 또는 잠재적인 문제점이 있다면 이에 대한 극복방안을 제시할 것 같습니다.

**이렇듯 상황을 정리는 한다는 것은 어떠한 방법론이 있습니다.
이는 독해를 하는 과정과는 다른 관점입니다.**

여러분들이 현업에서 작성하는 모든 보고서는 방법론이 존재합니다. 다만 여러분들이 그것을 잘 모르고 작성하는 경우가 많습니다. 예를 들어 현황과 문제점을 다루는 보고서가 어떤 방법론에 의해 작성되는지 아는 분들은 많지 않습니다.

역사 이래로 상황을 정리하는 기법들은 수만 가지가 만들어졌습니다. 여러분들이 수행하는 업무는 학교에서 가르치는 학문의 연장선입니다. 학문이라는 것은 궁극적으로 관련된 사항들을 정리하는 기법을 포함하고 있습니다. 자연과학이든 사회과학이든 모든 학문은 각 영역에서 분석, 정리하는 방법론을 가지고 있습니다.

이러한 방법론은 누군가에 의해 만들어진 것이고, 그들을 우리는 뛰어난 사람이라고 합니다.

하버드대 경영학과 교수인 마이클 포터(Michael Eugene Porter)는 산업과 사업을 분석하는 기법으로 [7]'5 Forces' 기법을 제시하였습니다. 이는 경영학을 전공한 사람이라면 모를 수가 없는, 외부환경 분석을 위한 방법론으로 사용되고 있습니다.
또한 교육공학이나 교육학에서 교육과정개발의 방법론으로 [8]'ADDIE' 모형이 사용됩니다.

이렇듯이 지능이 뛰어난 기획자들은 현상을 정리하기 위한 방법론들을 개발하였습니다. 여러분들이 가능하다면 이러한 천재들처럼 현상을 정리할 수 있는 방법론을 만들면 더 이상 바랄 것이 없겠습니다만 타인들이 만들어 놓은 좋은 방법론을 사용하는 것도 매우 훌륭한 접근입니다.

천재처럼 맞닥뜨린 현상을 정리하는 지능을 가지고 있지 않다면 까다로운 과제 내용을 분석하여 정리하는 기법을 단번에 도출하기는 어렵습니다.

◎ 경험과 결정성 지능

이를 극복하는 방법은 단 하나, **본인이 경험을 해 보는 것입니다.**

---

7) 5 Forces 모델은 경쟁자, 대체품의 위협, 구매자의 협상력, 신규 진입자의 위협, 공급업체 협상력을 분석하여 산업 및 사업의 경쟁의 강도를 파악하고, 사업의 외부환경을 분석하는 기법.
8) ADDIE 모형은 분석(Analysis), 설계(Design), 개발(Development), 실행(Implementation), 평가(Evaluation)의 5단계로 구성된 교수 체계 수립 및 교육과정개발 방법론.

"아는 만큼 보인다."라는 의미가 바로 여기에서 나옵니다. 이를 '결정성 지능(Crystallized Intelligence)'이라고 하는데 이 결정성 지능은 유전적인 요인과 살아가면서 쌓은 경험이 포함된 지능으로 나이가 들어 가도 감소하지 않는다는 이론입니다. 또한 다른 관점에서는 '연역적 접근'의 개념과 유사합니다.

카텔(Cattell)은 유동성 지능(Fluid Intelligence)과 결정성 지능 이론을 제창하였는데 유동성 지능은 타고나는 것을 말하고 결정성 지능은 후천적으로 경험을 통해 형성되는 것을 의미합니다.

생물학자들은 인간의 지능은 타고난 것이라고 말을 하고 뇌과학자들은 6세 이전에 완성된다고 하는데 이는 유동성 지능을 언급한 것으로 보입니다. 유동성 지능은 10대 후반에서 20대 초반에 절정을 이루다 이후부터는 쇠퇴합니다. 하지만 결정성 지능은 경험, 교육, 훈련 등의 학습을 통해 형성되며 인생의 후반부까지 꾸준히 개발될 수 있습니다.

현장에서 근무 중인 여러분들은 업무를 통해 많은 경험을 쌓았습니다. 그러기에 관련 업무에 관해서는 모르는 것이 없고 업무 관련 사항을 분석할 때나 결정할 때 경험치를 사용하여 정리가 빠르게 진행되게 됩니다. 역량이 뛰어난 모습을 보여 주는 것입니다.

하지만 기획보고서를 정리하라고 하면 답답해지죠. 경험이 많지 않기 때문입니다.

기획보고서를 작성하는 데 있어 기획실에서 보고서를 자주 써 본 사람은 경험이 많기에 쉬운 작업이 됩니다. 하지만 경험이 없는 사람은 매우 힘든 작업이 될 수밖에 없게 되는데 이를 극복하는 방법은 기획보고서를 써 보는 경험 즉, 기획보고서를 정리하는 기법을 배우면 일은 쉬워집니다.

앞서 말씀드린 경험에 기반을 준 연역적 접근은 결정성 지능임을 알 수 있습니다.

기획보고서를 작성함에 있어 사용되는 방법론은 알고 보면 아주 많은 것은 아닙니다. 몇 가지만 배워 두시면 응용하여 사용할 수 있습니다.

이제부터 방법론과 관련된 내용들이 제공됩니다. 명확히 익히시고 습득하셔서 현장에서 업무 추진할 때와 역량평가 장면에서 사용하시면 됩니다.

1 기획보고서의 기본 구조

저는 20대 때 첫 직장에서 '문제해결과 의사결정' 교육과정에서 배운 KT 기법(Kepner-Tregoe Analysis)에서 큰 충격을 받았습니다. 3박 4일간 진행된 무척 지겨운 교육이었지만 지금도 일상을 살아가면서 활용하는 문제해결의 근간이 되었습니다.

또한 컨설팅 회사에서 근무하면서 '전략경영'을 실천하게 되었습니다. 하바드대 경영학 박사 출신의 서울대 교수님이 오너였던 컨설팅펌은 전략경영이라는 주제로 기업 컨설팅 시장을 휩쓸었습니다. 지금도 그분이 주창하셨던 Plan-Do-See 개념은 선명히 기억에 남습니다.

이후 우연한 기획에 구소련 출신의 학자에 의해 만들어진 문제해결 기법인 '트리즈(TRIZ)'를 접하게 되었고, 또 6 시그마(Six Sigma)를 알게 되었으며, 맥킨지 컨설팅의 7단계 접근(7 Step Approach)을 학습하였습니다.

제가 경험한 학습의 결과에서, 세계적인 학자들에 의해 만들어지고 다듬어진 넓은 의미의 문제해결의 핵심은 3가지입니다. '**문제해결(Problem Solving)**', '**의사결정(Decision Making)**', '**실행(Implementation)**'을 말합니다. 그리고 기획보고서에는 3개의 관점이 담겨야 합니다.

좁은 의미의 '문제해결'이라 함은 현재 발생된 문제상황에서는 발생의 '핵심원인'을 파악하여야 한다는 것을 말하고 미래에 발생될 문제상황에서는 어떤 상황이 발생될지에 대한 '시사점'이 도출되어야 합니다.

'의사결정'은 발생된 문제의 원인을 어떤 방안으로 개선할 것이냐? 미래의 문제에 어떻게 대응할 것이냐? 어떤 대안에 '선택과 집중'을 할 것이냐를 설계하는 것입니다.

'실행'은 성과로 연결되어야 한다는 의미로 실행이 담보되어야 합니다. 그러지 않고서는 성과를 기대할 수 없습니다. 효율적인 실행을 위해 목표와 각 단계별의 일정과 결과 이미지를 명확하게 하는 작업입니다.

기획보고서의 목적은 현재 또는 미래의 문제를 해결하는 과정으로 반드시 위의 3개의 관점이 포함되어야 하며, 한 발짝 더 들어가 5개의 절차로 세분화할 수 있습니다.

그래서 3대 관점이 담긴 기본보고서의 단계를 아래와 같이 제시하고자 합니다.

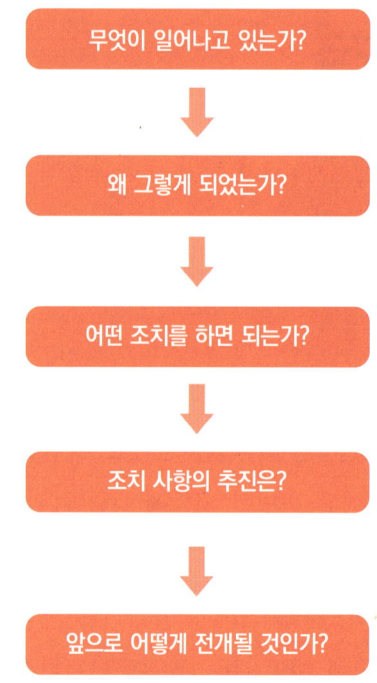

위의 5단계는 기획의 핵심으로 여러분들이 꼭 기억하셔야 할 부분입니다.

'기획의 1단계'는 '무엇이 일어났는가? 무엇이 일어나고 있는가?'입니다.

발생된 문제이든 발생될 문제이든 '문제상황을 정의'하는 것입니다. 문제상황이 잘못 정의되면 기획의 목적이 달라지기에 기획이 다른 방향으로 가 버릴 수 있습니다.

'기획의 2단계'는 '왜 그렇게 되었는가? 어떻게 될 것인가?'입니다.
발생된 문제에서는 '문제점(원인)'을 찾는 것이고, 발생될 문제라면 '시사점'을 찾는 것입니다. 문제해결의 핵심으로 이 부분을 찾질 못하면 문제해결은 될 수 없습니다.

'기획의 3단계'는 '어떤 조치가 필요한가?'입니다.
문제해결을 위한 방안을 수립하는 과정입니다. 방안을 수립한다는 것은 의사결정에 해당합니다. 여러 방안들 중 '어떤 방안을 제시할 것인가?(의사결정)', '어떤 방안에 중점을 둘 것인가?(선택과 집중)' 하는 전략적 판단이 요구되는 사안입니다.

'기획의 4단계'는 '조치 사항의 추진은?'입니다.
목표를 수립하고 각각의 방안들에 대한 실행계획을 수립하고 관리하는 과정입니다. Plan-Do-See의 관점에서 SMART에 입각한 목표를 수립하고, 관리 및 점검 방안과 평가를 위한 지표와 수준을 명확히 하는 작업입니다.

'기획의 5단계'는 '앞으로 어떻게 전개될 것인가?'

실행 이후에 나타날 수 있는 장애요인들을 분석하고 극복방안을 수립하는 과정입니다. 실행 과정에서는 다양한 이해관계자가 존재합니다. 이러한 이해관계자들의 요구사항을 파악하고 대응방안을 모색하는 것은 성과에 연결되기 위해 꼭 필요한 사항입니다.

위의 기획의 5단계는 기획보고서의 핵심입니다. 현재 정부와 공공부문의 기본적인 기획보고서의 흐름의 근간이 됩니다.

2. 현재(발생된) 문제상황 보고서의 작성

최근까지 국내에서 진행된 기획보고서 작성 역량평가는 상황이 발생된 보고서 유형이 전체의 80% 이상을 차지하고 있습니다. 이는 정부나 공공기관이 국민들의 삶의 질 개선을 위해 다양한 정책과 사업을 펼쳤으나 결과가 좋지 않아 이에 대한 개선이 필요하다는 문제상황인 것입니다.

정부나 공공부문의 보고서의 흐름은 아래와 같습니다.

위의 보고서의 목차에는 문제해결과 의사결정, 실행의 관점을 기반으로 기획의 5단계가 들어 있음을 알 수 있습니다.

'추진배경, 현황과 문제점'은 문제해결의 사항입니다. 방향과 개선방안은 의사결정 사항입니다. 목표와 세부실행계획은 실행의 관점이며, 장애요인 및 극복방안은 기획의 5단계에 해당됩니다.

추진배경은 문제상황을 명확히 정의해야 합니다. '무엇이 일어났는가? 무엇이 일어나고 있는가?'를 분명히 하여 상황의 범위와 목적을 설정합니다. 예를 들어 과제의 제목이 '층간소음 문제해결방안 수립'이라고 하면 '층간소음으로 인한 갈등으로 국민들이 고통이 가중되고 있어 이에 대한 해결방안이 요구됨'이며 이러한 문제상황은 정부 또는 지방정부가 다루어야 할 과제입니다.

현황은 구체적인 발생상황을 적시합니다. '층간소음 민원 발생건수', '층간소음으로 인한 폭력사례' 등이 주요 내용이 되며 현황은 정성적으로 표현될 수 있으나 숫자로 표시되는 것이 일반적입니다. 이러한 핵심 현황은 추후 구성해야 하는 '추진목표'와 연결됩니다. 현재의 상황이 높기 때문에 목표는 낮추어 줘야 합니다. 발생된 현재 문제유형은 인과 분석에 초점을 맞추어 진행되기에 현황과 문제점을 명확히 구분해야 합니다.

문제점은 '왜 그렇게 되었는가? 어떻게 될 것인가?'의 이슈입니다. 문제상황의 범위가 정부이기에 '정부가 무엇을 잘하지 못하고 있는가?'에 초점이 맞추어져야 합니다. 예를 들어 '아파트 입주민들이 아래층의 주민들에 대한 배려가 부족하다.'라는 문제점이 발췌되었다면 이는 국민들이 잘못하고 있다는 격이 됩니다. 정부의 관점에서 '주민들이 왜 상대방에 대해 배려를 하지 않는가?'를 고려한다면 상황은 달라집니다. 즉, '정부가 무엇을 잘못하고 있는가?'를 생각해야 한다는 것입니다. 기획보고서에서 문제점을 찾는 것이 핵심입니다. 문제점을 명확하게 하질 못한다면 실패한 보고서입니다.

개선방안은 '어떤 조치가 필요한가?'입니다. 문제점들 즉, 원인들을 해결하기 위해 필요한 방안이 무엇인가입니다. 과제 내에는 문제점을 해결하기 위해 타사사례나 해외 국가들의 사례 등을 인용해 방안을 제시해야 합니다만 그렇지 않은 수도 있는데 이럴 경우에는 여러분들의 경험을 사용하셔야 합니다. 또한 '해결을 위해 어떤 방안을 내놓을 것이냐?', '여러 방안들 중에 어디에 우선할 것이냐?'는 의사결정 사항으로 전략적 판단이 요구됩니다. 개선방안은 문제점과 매치되어야 합니다.

'조치사항의 추진은?'은 실행과 관련된 사항입니다. 방향과 목표를 잡고 제시된 방안들을 언제까지, 어떤 결과를 만들어 낼 것인가를 명확히 하고 실행이 잘 이루어지고 있는지 중간점검 하고 피드백하는 과정입니다. 층간소음 문제를 해결하기 위한 정책의 방향의 초점을 어디에 둘 것인지는 매우 중요합니다. 제도개선에 둘 것인지? 아니면 홍보와 계도에 둘 것인지는 정책적 판단이 필요한 사항입니다. 과제의 내용을 잘 분석하고 경험을 활용하여 판단해야 할 부분입니다.

'앞으로 어떻게 전개될 것인가?' 실행 과정 또는 이후 나타나는 잠재적인 문제의 해결입니다. 이러한 장애요인은 과제 내에 제시되지 않는 경우가 대다수입니다. 그러기에 여러분들의 경험을 기반으로 작성하게 되는데 여기에서 평가 대상자의 생각의 깊이가 많이 차이 납니다. 일반적으로 '예산과 인력'의 문제를 장애요인으로 제시하곤 하는데 이는 하수(下手)의 접근입니다. 층간소음 문제에서의 장애요인은 본 사안을 둘러싼 이해관계자들을 고려하는 것이 좋습니다. 기획이란 항상 역기능과 순기능이 있습니다. 이해관계자들의 반발들을 고려한다면 잠재된 또 다른 문제점들을 도출할 수 있습니다.

이제는 구체적으로 풀어 가는 방법들을 제시해 보겠습니다.

기획보고서 작성에는 수기로 기술하는 방식과 컴퓨터로 타이핑하는 방식 두 가지를 사용합니다. 요즘은 주로 타이핑하는 방식을 많이 쓰는데, 수기로 작성하는 경우 작성 이후 주로 발표와 인터뷰가 진행되기에 타이핑할 내용을 간략하게 작성한다고 생각하시면 됩니다.

과제를 받게 되면 페이지를 확인하고 과제에 사인을 하는 등의 사전 활동이 있게 되고 이때에 평가대상자들의 스트레스는 극에 달하게 됩니다. 긴장하지 말라는데 내 몸은 말을 듣지 않습니다. 이러한 현상은 여러분들은 인지하지 못하지만 자연스러운 것으로 대다수의 평가 대상자들은 평상심을 잃어버립니다.

(1) 보고서의 목적 설정

여러분들은 과제를 받게 되면 가장 먼저 과제의 표지 제목과 다음 장의 상황개요를 읽게 됩니다. 상황개요 내용은 '내가 어디에 소속된 누구이고, 과제상황의 일시, 대강의 상황, 내가 제출해야 할 보고서의 제목과 내용이 무엇인지'가 제시되고 하단에 보고서 작성 방법이 기술되어 있습니다.

페이지를 넘기면 소속된 기관의 비전과 조직도, 스케줄 등이 제시되고 상사로부터 지시 내용이 담긴 전자우편을 보게 되는데 상사의 지시문은 '○○**발전소에 안전문제가 발생하여 긴급회의를 진행하였고 이에 홍길동 차장은 첨부된 자료들을 검토하여 현황과 문제점을 파악하고 방안을 수립하시오.**' 등의 내용이 있게 됩니다.

여러분들은 제시된 상황들을 꼼꼼히 파악하면서 '본 보고서를 왜 작성하느냐?'부터 명확히 해야 합니다.

기획보고서 작성 시 많은 분들이 '어떻게 작성할 것이냐?'에 집중하는 경우가 많은데 이는 작성의 목적을 명확하게 이해하지 못하는 것으로 기획보고서의 방향이 달라지는 큰 오류를 발생시킵니다. 이때 앞서 공부한 경험을 활용한 연역적 사고가 유용하게 활용될 수 있습니다.

문제해결의 첫 단추는 문제상황을 정의하는 것이고, 기획의 목적을 명확히 하는 것부터 출발입니다. 왜 하는지를 먼저 고민하고 어떤 방법론으로, 어떤 절차에 의해 진행할 것인지 고민해야 합니다.

장창수의 기획보고 및 발표 역량평가

> ■ 상황개요
>
> · 오늘은 2024년 12월 21일입니다.
> · 귀하는 **한양시 지역사회복지과 이경민 사무관**입니다. 지역복지과는 어제 발표된 과별 성과평가 결과, 작년의 B(양호)등급에서 C(보통)등급으로 떨어졌으며 이에 관해 오늘 오전에 전체회의를 개최했습니다.
> · 회의에서는 평가 하락의 원인이 과의 주 업무 중 하나인 '지역사회발전' 부문에서 뚜렷한 성과가 없어 최하점(5.5점)을 받은 것 때문이라는 결론에 이르렀습니다.
> · 이는 그동안 진행해 왔던 화산면 농촌마을 지원사업이 뚜렷한 성과 없이 지지부진한 것이 결정적인 요인이며, 이에 화산면 농촌마을 지원사업의 진행상황을 검토하여 문제점을 파악하고 개선안을 마련하기로 하였습니다.
>
> · 귀하는 관련 자료들을 바탕으로 **첫째, 현재 화산면 농촌마을 지원사업의 현황과 문제점을 파악하고 둘째, 이를 개선할 수 있는 방안**에 관한 보고서를 작성해야 합니다.

위의 과제상황개요를 보면서 본 과제의 목적이 무엇인지 파악하여 주십시오.

위와 같은 과제상황이라면 대다수 평가 대상자들은 '화산면 농촌마을 지원사업'에 초점을 맞추어 자료를 분석하게 됩니다. 하지만 지원사업을 통해 궁극적으로 달성해야 할 목적이자 성과는 무엇일까요?

여러분들이 현업에서 실제로 이와 같은 상황에 있다고 한다면 무엇을 가장 염두에 둘 것 같으신가요?

위의 글을 유심히 보시면 지역사회복지과는 '화산면 농촌마을 지원사업'이 지지부진하여 성과평가 결과가 B(양호)등급에서 C(보통)등급으로 떨어졌음을 볼 수 있습니다.

즉, 여러분들이 궁극적으로 달성해야 할 성과이자 목적은 소속된 지역사회복지과의 성과평가 결과를 최소한 작년 수준인 B(양호)등급으로 올려놓아야 한다는 것입니다. 그러기 위해 수단으로 '화산면 농촌마을 지원사업'의 개선방안이 필요한 것입니다.

물론 혹자들은 지시문에서 '화산면 농촌마을 지원사업'의 개선방안을 수립하라고 했기에 지시문에 충실하여야 한다고 말합니다. 물론 맞습니다. 하지만 이는 평이한, 남들과 비슷한 답일 수밖에 없습니다.

여러분들이 참여하는 역량평가는 상대보다 뛰어나야 합니다. 그래서 저는 두 가지의 목적을 취하라고 말씀드리고 싶습니다. 지원사업도 개선하고, 성과평가 결과도 올리라는 것입니다.

도입단계에서 한번 훑어보겠다는 가벼운 마음은 버리시고 토씨 하나도 놓치지 않는 집중력을 발휘하셔서 과제의 목적과 방향을 잡아야 합니다. 물론 옆자리에서는 타이핑이 시작되는 상황에 평상심을 유지한다는 것은 매우 힘든 일이지만 시작 10분이 역량평가의 결과를 말할 수 있습니다.

(2) 가설 세우기

보고서의 목적이 대강 잡혔다면 이제는 가설을 세워 보는 단계입니다. 앞서 배우신 연역적 기법을 사용하셔서 본질적인 의미와 전체의 구도를 도출하는 과정으로 이러한 접근을 '가설 기반(Hypothesis Driven) 검증'이라고 하는데 경험을 기반으로 세웠던 가설을 사실적인 정보를 바탕으로 명확하게 검증하는 과정을 말합니다.

안전사고가 발생되었다는 과제가 제시되었다면 그 결과(현황)는 안전사고가 발생이 된 것이고, 그 원인(문제점)은 여러분들의 현업에서의 경험에 답이 있습니다.

답은 '매뉴얼 미비, 관리체계 미비, 교육훈련 미비, 설비 노후화' 등으로 나올 수 있습니다. 이렇게 접근하면 짧은 시간에 핵심을 잡을 수 있습니다.

물론 경험에 없는 과제들이 출현하기도 합니다. '화산면 농촌마을 지원사업'의 문제점은 일단 '지원 미비'가 떠오르기는 합니다만 너무 추상적이어서 첨부된 내용들에 대한 검토가 필요해 보입니다.
특히 인사혁신처의 발표(OP) 역량평가처럼 검토 시간이 30분밖에 되질 않는다면 연역적 사고에 기반으로 둔 가설 기반 접근은 매우 유용합니다. 이러한 기법을 사용하는 데에도 꾸준한 연습이 필요합니다.

(3) 목차 구성하기

위에서 언급한 바와 같이 요즘 과제들은 상황개요와 지시문에서 구성해야 할 대강의 목차를 제공해 줍니다. 여러분들이 작성해야 하는 것은 기획보고서 작성입니다. 하지만 보고서마다 과제의 특성에 맞추어 목차를 다르게 제시하는 경우가 있으니 과제에서 제시한 목차를 우선하여야 합니다. 과제에서 제시된 목차들의 파악되었다면 타이핑을 먼저 합니다.

발생된 과제의 유형에는 주로 현황과 문제점, 개선방안 등을 작성하라고 지시합니다. 그럼 기본적으로 현황과 문제점, 개선방안 목차를 먼저 작성하고 나머지는 기획보고서라는 관점에서 추가 삽입해 주면 됩니다. 재차 강조하지만, 여러분들이 과제의 목차를 임의적으로 구성하지 말라는 것입니다. 지시한 내용을 중심으로 작성하고 효과적인 보고서가 되기 위해 '정책방향과 전략목표, 세부실행계획, 기대효과, 행정사항' 등을 추가하시면 됩니다.

큰 목차가 되었건 세부 목차가 되었건 목차의 구성을 스토리라인(Story Line)이라고 하는데 이는 스토리텔링(Storytelling)을 의미합니다. 기승전결, 서론·본론·결론, 배경·현황과 문제점·개선방안 등 전체 스토리의 흐름을 어떻게 전개할 것이냐는 기획의 중요한 장면입니다.

큰 것에서 작은 것으로, 먼 곳에서 가까운 곳으로, 과거에서 현재로, 중앙정부에서 지방정부로, 중점에서 차선으로 등을 예로 삼아 스토리의 흐름은 자연스럽게, 논리적으로 유지되어야 합니다.

보고서의 목차를 구성하셨다면, 제목과 지시문을 살피면서 경험과 사실을 기반으로 상황을 정리해 보십시오. 가설을 세우고 이를 검증하는 절차의 과제검토는 과제를 쉽게 파악할 수 있고 필요 있는 자료와 필요 없는 자료를 분리할 수 있습니다.

(4) 채워 넣기

이제는 본격적으로 과제를 풀어 가는 과정입니다. 일반적으로 전체과제의 내용을 10~20분 정도 읽어 보면서 내용을 파악하는 접근을 많이 하게 됩니다. 그런 과정에 색깔 펜으로 중요한 부분들을 칠하는 등의 작업을 진행하고 이러한 작업이 끝나면 타이핑하는 순서로 진행하는데 이러한 방법은 연습할 때는 유용합니다. 그러나 앞서 말씀드렸듯이 평가 장면에서 여러분들의 몸 상태는 평소와 완연히 다릅니다. 여러분들은 평가장에 들어간 순간부터 평소의 몸 상태가 아닙니다. 이를 유념하여야 합니다.

그래서 저는 목차를 구성한 다음 전체과제를 검토하지 말고 바로 타이핑을 하라고 권하고 있습니다. 이렇게 되면 타인들의 타이핑 소리에 휩싸일 염려도 없습니다. 경험하신 분들은 아시겠지만 옆자리에 위치한 동료들의 타이핑 소리는 매우 민감하게 들립니다.

페이지를 넘기며 읽게 되는 각 페이지에 담긴 지문과 표와 그래프의 의미를 파악하여 연결되는 목차에 채워 넣는 작업입니다. 과제의 앞쪽에 배치되어 있는 상황배경에는 추진배경과 관련된 중요한 내용들이 담겨 있습니다. 상사의 이메일로 시작되는(그렇지 않은 경우도 있음) 과제문건 안에는 추진배경과 현황, 문제점, 개선방안의 기본 자료들이 들어 있으며 과제 내용의 배치는 주로 추진배경 → 현황과 문제점 → 개선방안의 흐름으로 구성되어 있습니다.

과제 간의 유목화는 다음 차례에 하시고, 먼저 자료의 의미만을 파악하여 채워 넣는 작업을 수행하시기 바랍니다. 대강 과제의 범위 안에서 결과는 현황에, 원인은 문제점, 타사사례 등은 개선방안에 넣어 두십시오.

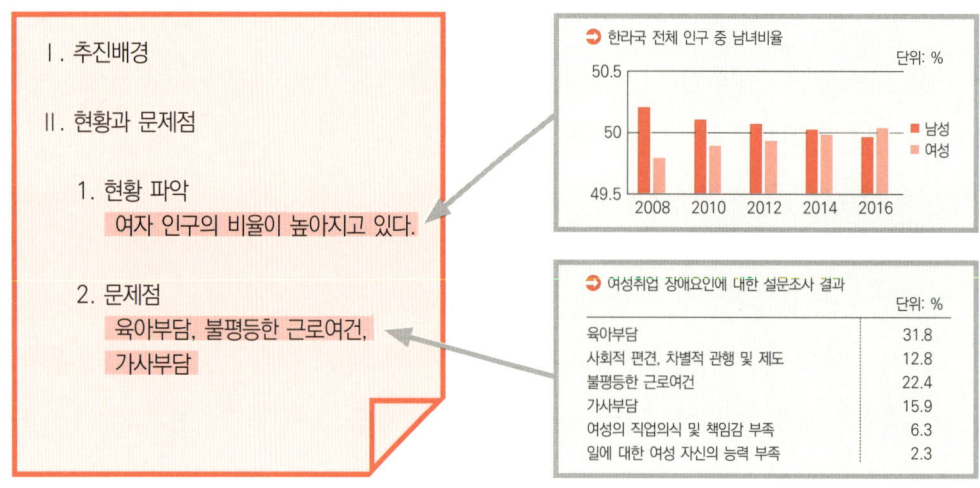

페이지를 넘겨 가면서 읽게 되는 지시문, 조사 결과 그래프, 신문 기사, 직원들과의 대화, 전문가 칼럼, 타사사례 또는 벤치마킹 자료들에는 현황, 문제점, 개선방안 외에도 목표가 제시되기도 하고 기획의 방향과 수행 일정 등이 제시되기도 합니다. 이러한 정보들이 발견된다면 다른 목차를 만들어서 그 안에 일단 채워 넣어 놓습니다. 이런 과정이 진행되면서 여러분들은 조금씩 정신이 돌아올 것입니다.

이렇게 타이핑을 먼저 치고 들어가면 앞서 말씀드린 MECE의 관점에 적합합니다.

과제를 살펴보고 중요한 의미들만을 색칠하여 정리하는 방법은 자칫 스스로의 블랙홀로 들어갈 수 있습니다. 본인의 소설을 쓸 수 있다는 것입니다. 사람은 본인이 보고 싶은 것만 보는 경향이 있습니다. 이를 '선택적 지각(Selective Perception)' 현상이라고 하는데 과제에서 제시된 사실적인 자료들에 기반을 둔 분석이 아닌 본인의 의지에 기반을 둔 편향된 자료분석이 발생될 수 있다는 것입니다. 이러한 현상은 과제를 풀어 가는 과정에서 비일비재하게 일어나는 현상입니다. 이러한 현상은 확증편향(Confirmation Bias)과 비슷합니다.

본인 중심이 아닌 자료 중심으로 타이핑에 집중하며 과제를 분석하고 정리하다 보면 편향된 오류는 줄일 수 있습니다.

◎ 현황과 문제점 분리

기본적으로 현재 발생된 문제상황이라는 것은 발생된 현황을 정확히 하고 발생의 원인을 찾아 해결하는 수순입니다. 국내 많은 부처와 공공기관의 보고서를 보면 대다수가 '현황과 문제점'으로 목차를 기술하는데 이는 문제점이 명확하지 않은 것입니다. 그러면서 문제해결을 위한 개선방안은 나오는데, 이는 문제해결의 올바른 접근이 아니라고 판단됩니다. 또한 시급히 해결되어야 할 사안이라고 생각합니다.

누구라도 문제해결의 첫걸음이 무엇이냐고 물어보면 문제점을 찾아야 한다고 말하는데 현재의 국내 공공부문의 보고서들은 문제점(원인)을 명확히 하지 못하고 문제를 해결하는 격이 되는 것입니다.

많은 분이 현황과 문제점의 기준에 대해 궁금해하시는 분들이 많아 이에 대한 명확한 기준을 제시합니다.

'부부가 싸워서 화가 난 아내가 처가로 가 버렸다.'

위의 문장에서 현황과 문제점을 분리하여 보십시오. 저는 많은 강의 장면에서 학습자들에게 현황과 문제점의 정의를 물어보면 이를 명확히 제시해 주는 분들을 본 적이 없습니다. 그냥 관행적으로 쓰고 있다는 것입니다. 과연 무엇이 현황이고 무엇이 문제점일까요?

위에서는 '부부가 싸웠다'가 문제점이고 '아내가 처가로 가 버렸다'가 현황입니다.

현황과 문제점은 인과관계(因果關係)로 판단하는 것이 타당합니다. 문제점은 '원인(Cause)'이고 현황은 '결과(Effect)'인 것입니다. 이제는 현황과 문제점을 분석할 때 문제상황에서 나온 결과가 무엇인지 먼저 고민하여 주십시오. 그럼 상황정리가 쉬워질 것입니다.

국내에서 실시되고 있는 발생된 문제상황의 기획보고서의 경우 문제해결 방법론은 인과 분석을 기반으로 하는 경우가 대다수입니다. '왜?'를 기반으로 한다는 것입니다. '이러한 결과는 왜 나왔는가? 왜? 왜? 왜?' 이렇게 진행하다 보면 핵심원인을 찾게 되고 그랬을 때 문제해결은 가능합니다. 이렇게 접근하는 방법을 '5 Why' 기법이라고 하는데 문제상황이 벌어졌을 때 '왜?'를 다섯 번 외쳐 보라는 것입니다.

인과관계 분석은 '왜?'의 관점 외에도 시간적으로도 차이를 보이는데 원인은 최소한 결과보다는 시간적으로 미리 발생합니다. '부부가 싸웠다'가 먼저 발생한 이슈입니다. 코로나바이러스가 발생되었습니다. 그 원인은 중국에서 먼저 발생이 되었다는 것입니다. 여러분들의 보고서 주제로 자주 나오는 '안전사고 저감방안'이라는 상황은 안전사고가 발생되었고 그 원인인 안전교육훈련 미비, 인프라 미비, 매뉴얼 미비 등은 안전사고가 발생되기 전에 미리 발생된 사항들입니다.

결과와 원인을 말하는 언어들이 많은데 정리를 해 본다면, 문제상황의 결과를 의미하는 언어들은 '실태, 상황, 현황, 현상, 문제' 등이 쓰이고 원인을 의미하는 단어들로는 '원인, 이유, 근거, 문제점' 등을 말합니다. '문제'라는 단어는 결과적인 의미로, '문제점'이라는 단어는 원인의 의미로 쓰임을 볼 수 있습니다.
국내에서는 현황→문제점→원인의 흐름으로 구성하는 경우가 많은데 이 같은 흐름에서는 원인을 제외하고 모두가 현황입니다.

원인과 결과의 과정 중에 중간단계에 쓰이는 단어가 있습니다. 바로 '추진경과 분석'입니다. 현재 진행 중인 사업이 '어떤 목적으로, 언제부터, 누구를 대상'으로 시행되었고 그 결과가 좋지 못하였다면 그 진행 중인 사업은 추진경과로 정리하면 적절합니다. 물론 이 또한 결과이기에 현황란에 기술하여 주면 됩니다.

외국의 사례나 국내 민간 부분에서는 현황과 문제점을 명확히 구분하는데 국내의 정부 및 공공부문의 보고서들을 보면 대다수가 '현황과 문제점'이라는 목차로 '원인과 결과'를 한데 묶어 버리는 우를 범하고 있는데 저와 같이 공부하는 여러분들은 현업에서 업무하실 때나 역량평가 기획보고서 작성 시 절대 유념하여 주시길 바랍니다.

현황과 문제점이 분리가 잘 안되는 분들을 위해 팁을 하나 드리자면, 과제의 마지막에 제시되는 타사의 사례 또는 해외의 벤치마킹 등의 개선방안을 정리하여 거꾸로 문제점화(化)할 수 있습니다. 국내의 과제들은 문제점과 개선방안을 매치되게 구성합니다. 그러기에 개선방안을 통해 문제점을 역으로 도출할 수 있습니다.

그러나 일부 기관의 과제에서는 개선방안이 제시되지 않는 경우들이 있으니 그때는 분석을 통해 정리하여 주시면 됩니다.

여러분들이 현황과 문제점에 대해 대략적으로 정리를 해 두었다면 이제는 좀 더 명확히 해야 하는 작업이 있는데 결과와 원인의 관점에서 결과가 왜 발생되었는지 생각하셔서 발생의 원인은 문제점의 목차에 결과는 현황의 목차에 정리하시면 됩니다.

(5) 유목화하기

이제는 각 목차별로 모아진 정보들을 세분류하고 유목화하는 작업입니다. 정보 간의 관련성을 파악하여 더 큰 의미덩어리로 만들어 가는 작업입니다. 귀납적 접근으로 정리가 되어 가는 과정입니다. 현황과 문제점, 개선방안의 목차 안에 있는 의미들을 유목화하는 작업입니다.

유목화하여 의미를 부여하는 작업은 개인의 관점(역량수준)에 따라 각각 다른 모습을 보입니다.

[예시] 유목화

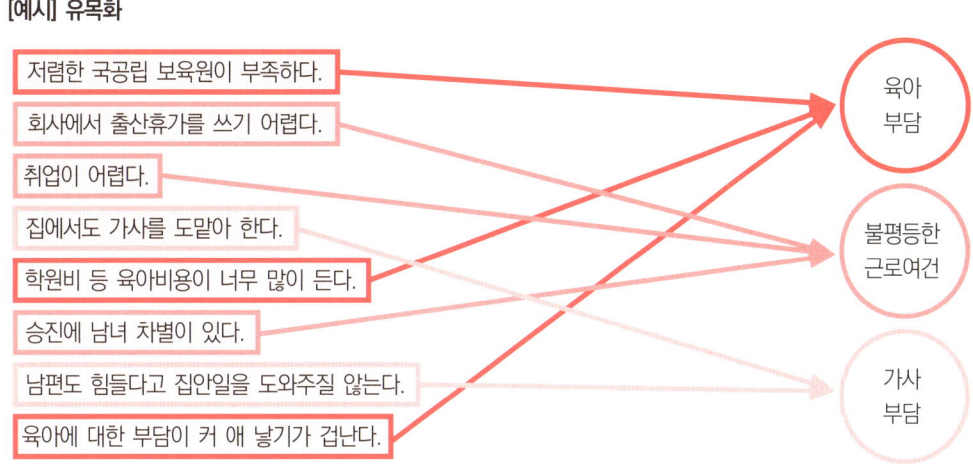

예를 들어, 위에 나타난 육아부담, 불평등한 근로여건, 가사부담을 각각 국가, 사회, 가정이라는 의미로 유목화하기도 하는데 이러한 작업은 어떠한 현상을 개념화, 구조화하는 인지/사고 역량의 핵심입니다.

진행 중인 유목화 작업에서 현황과 문제점, 개선방안을 중심으로 작업하시고 각각의 정보들을 해당하는 목차란에 명확히 정리하십시오.

여기에서 많은 분들의 고충이 현황과 문제점이 헷갈린다는 것입니다. 저도 과제를 풀 때 현황에 넣어야 할지 문제점에 넣어야 할지 고민될 때가 많습니다. 그럴 때는 도입 부분에서 연역적으로 추론한 내용을 상기하여 목차의 내용과 맞는지 확인하여 주십시오. 추론한 결과와 분석한 결과가 일치한다면 문제점은 잘 도출되었다고 생각할 수 있습니다.

(6) 가독성을 높이는 논리적 구조와 언어 및 표 사용

현황과 문제점, 개선방안 내에 스토리텔링 기법을 활용하여 세부 목차의 흐름을 유지하고 명료한 행정용어를 사용하여 소제목(주장)과 내용(논거)을 기술하고 평가자의 눈에 들어오기 쉬운 용어를 사용하여 깔끔하게 정리한다면 가독성 높은 좋은 보고서를 작성할 수 있습니다.

II. 현황과 문제점

1. 현황
(글로벌 감축 협약 체결)
- 교토체제: 1992년에 출범하였으며 2012년까지 5.2% 온실가스 감축 38개국 합의
- 칸쿤체제: 2016년 195개국이 참여하여 출범하였으며 2030년까지 자체적으로 감축 목표를 수립, 제출하며 2030년부터 5년마다 온실가스 감축에 따른 진전된 목표를 수립하여 제출해야 함

(국내 감축 목표 미달)
- 2010년 기준 20년까지는 25%, 30년까지 12%를 더해 총 37% 감축 목표를 제출함
- 발전, 산업, 수송, 건물 등 세부 분야별 25년까지의 감축 목표를 세웠으나 2021년 15년 대비 106% 증가함

(단위: 백만톤 CO_2eq.)

	2015년 기준	2025년 목표	2021년 배출량	15년 대비 증감율
발전	280	210	296	105%
산업	280	210	185	66%
수송	70	52.5	148	211%
건물	70	52.2	111	158%

여기에서 많은 분들의 고민이 머리에서는 뱅뱅 도는데 언어가 떠오르지 않는다는 것입니다. 서술형의 문장을 개조식으로 변화시키기 위해서는 함축적인 행정용어가 필수적입니다. 이 부분에서 현실적으로 행정직에 있는 분들이 역량평가에 유리합니다. 기술 내지는 운영, 연구개발, 영업 부문에 계신 분들은 행정용어로 사용하여 글을 작성하는 기회가 거의 없기 때문입니다.

어휘력을 향상하기 위한 최고의 방법은 여러분들이 자주 보고서를 작성해 보는 것입니다. 일기를 매일 쓰는 분들은 문장을 구성할 때 어휘력이 다릅니다. 그래서 초등학교 때 선생님이 일기를 쓰라고 하는 이유도 같은 맥락입니다. 평가를 앞두고 몇 번의 보고서를 작성하는 것은 도움은 되겠지만 크게 개선되지는 않습니다.

하나의 방법으로 역대 대통령들의 공약집 내지는 국정방향 보고서들을 읽어 보시는 것도 도움이 되는 것 같습니다. 그곳에는 많은 행정용어들이 사용되어 있습니다. 인터넷에서 검색도 쉬우니 찾아 보셔서 읽어 보시길 바랍니다.

표를 사용하는 것은 상황을 명확하게 전달하는 장점이 있습니다. 하지만 1페이퍼 보고서를 요구하는 일부 기관에서는 표 사용을 못 하게 하는 경우도 있습니다.

◎ 논리적 대응

효과적인 보고서의 핵심은 논리적인 구조가 명료하느냐의 차이에서 좌우되는데 먼저 논리에 대한 정의를 정리할 필요가 있습니다.

논리에서 논(論)이라는 글자는 '말씀 언(言)'과 '묶을 륜(侖)'으로 구성되어 있습니다. 말의 묶음을 의미하는 것이지요. 그리고 리(理)는 다스릴 리로 이치, 법칙, 규칙을 말합니다. 결국 논리는 '말 묶음의 이치"라고 해석되는데 솔직히 쉽게 와닿는 의미는 아닙니다.

이치를 좀 더 쉽게 표현하자면 '타당하여 설득력이 있음'이 적합하며 이는 '말이 되는 말'이라고 할 수 있습니다. 우리는 가끔 '와! 말 되는데'라는 표현을 씁니다. 이 의미는 타인의 말이 타당하여 설득력이 있는 것입니다.

"말도 안 되는 소리 하지 마."라는 표현은 논리가 부족하다는 의미이고, "말이 좀 되는 것 같은데?"라는 표현은 논리가 있긴 하나 부족하다는 뜻이 됩니다.

결국 논리적 대응의 의미는 상대가 수용할 수 있는 '말이 되는 말'을 만드는 것입니다. 기획보고서를 작성함에 있어 논리적 대응은 매우 중요합니다. 모 발전사의 초간고시에서는 평가지표에 '논증력'을 제시하고 있습니다.

> 정의: 제시한 대안에 대해 분명한 논거를 제시하고 논거 간 일관성을 유지한다.
>
> - 대안을 제시함에 있어 분명하고 타당한 근거(자료분석결과) 제시
> - 전체적인 기획방향하에 각 대안들이 서로 간에 논리적 연계성 확보
> - 초기 도출한 문제요소와 최종적인 대안, 기대효과 간 연계성 검토

논증(論證, Argument)

'논증'이라 함은 사전적인 의미로는 '어떤 판단의 진리성의 이유를 분명히 하는 일'이라고 정의합니다. 좀 더 쉽게 표현하자면 '주장에 대한 근거와 배경 이유를 명확히 함'이라고 할 수 있습니다. 주장은 그 근거나 이유, 배경의 타당함이 있어야 타인들의 수용성을 높일 수 있고, 이것이 갖추어졌을 때 논리적이라고 말할 수 있습니다.

주장만 있고 근거가 없는 때 우리는 '억지 주장'이라는 표현과 함께 심할 때에는 궤변(詭辯)이라고까지 합니다. 말이 안 된다는 의미로 논리적이지 못하다는 뜻입니다. 예를 들어 "우리 선생님은 영어를 잘하시나 봐."라는 표현과 주장은 그에 따른 이유가 따라와야 합니다. "왜냐하면 선생님의 서재에는 영어 원서로 된 책들이 많이 꽂혀 있거든." 우리는 이와 같이 주장과 근거가 명확하고 타당한 것을 논리적인 표현이라고 말합니다.

기획보고서 작성 시에 논증적 구조는 매우 중요합니다. 제시하는 현황과 문제점 및 개선방안의 세부 목차들은 주장입니다. 그러한 주장을 뒷받침하는 근거가 없다면 결코 논리적이지 못하고 좋은 점수를 취할 수 없습니다.

〈전국 전통시장 매출하락〉

- 2005년 전국 전통시장 총매출은 40조 1,000억 원(1,438곳)에서 2020년 20조 7,000억 원(1,502곳)으로 48% 급감
- 전통시장 한 곳당 평균 매출도 2005년 279억 원에서 2020년 138억 원으로 50.5% 하락
- 도내 전통시장(67곳) 매출 역시 하락세를 보이고 있음

주장함에는 항상 방향성이 있어야 합니다. 위의 사례는 현황의 소제목으로 전국 전통시장 매출이 하락하고 있다는 것을 주장하고 있습니다. 이처럼 '하락, 상승, 저감, 향상, 미비, 불비' 등의 방향이 제시되어야 합니다. '전국 전통시장 매출현황'이라고 쓰면 안 됩니다. 그러면 보고를 받는 분이 근거의 내용을 다 읽어 보고서야 좋다, 나쁘다를 판단할 수 있기에 보고를 받는 분 입장에서는 답답한 상황이 됩니다. 좋은 보고서는 명확한 주장과 이에 따른 근거를 제시해야 하는 것입니다.

(7) 문제점과 개선방안 연결하기

보고서는 기본적으로 문제를 해결하기 위한 문건입니다. 즉, 도출된 문제점들이 제거되거나 개선되어야 합니다. 개선방안이란 문제점들을 해결하기 위한 대안(Alternative)으로, 문제를 해결하기 위해서는 문제점과 대안이 서로 매치(Match)되어야 합니다.

예를 들어, 여성인력 활용방안에서 문제점들이 육아부담과 불평등한 근로여건, 가사부담으로 도출되었다면 개선방안에는 이것들을 해결할 수 있는 안(案)들이 나와야 합니다. 일차적으로 문제점이 명확하지 않다면 효과적인 대안이 나올 수 없기에 앞서 문제점을 명확히 하는 것이 핵심이라고 거듭 말씀드렸던 것입니다.

개선방안은 과제를 만들 때 문제점과 매치되게 구성하는 경우가 대다수이나 대안이 없는 과제에서는 평가 대상자들의 지식이나 기술을 사용해야 합니다. 또한 문제점과 개선방안이 반드시 매치되는 경우가 아닌 과제들도 출현하고 있는데 이런 경우에는 포괄적인 방안이 제시되기도 합니다. 예를 들어 '소통 부재'라는 문제점에 소통강화 교육과정을 제시하는 경우를 말합니다. 소통을 강화하기 위해 일반적으로 워크샵, 회식 등의 방법들이 있는데 이외에 교육과정 운영이라는 방법이 임의로 추가된 것입니다.

다시 말씀드리면 발생된 문제상황의 문제점은 '높거나, 낮거나, 있거나, 없거나, 어긋나 있거나'입니다. 그러기에 개선방안은 문제점의 반대 개념으로 가면 됩니다.

'육아부담'이라는 문제점은 '육아부담 경감'이라는 반대적인 표현을 사용하면 됩니다. 그러면서 관련된 논거들이 아래에 기술되면 됩니다. 논거에는 타사 및 해외 사례의 출처들을 구체적으로 제시하여 주시면 됩니다.

과제의 특성에 따라 개선방안을 전략과제, 추진방안, 추진과제, 실행과제, 실행방안 등으로 칭할 수 있는데 어떻게 부르든 현재의 문제점을 해결하기 위한 방안(方案)입니다.

(8) 정책방향 수립하기

앞서 말씀드린 바와 같이 과제는 추진배경, 현황, 문제점, 개선방안을 제시합니다. 물론 과제에 따라 개선방안을 제시하지 않은 경우도 있지만 그런 경우는 많지 않습니다.

'정책방향, 전략방향, 비전' 등의 내용은 제공되는 경우도 있고 그렇지 않은 경우도 있습니다.

정책방향은 추진사업의 큰 그림으로 사업이 나아가야 하는 목적이자 비전이며 사업의 지향점입니다. 정책방향은 한 문장으로 깔끔하게 정리하여야 하는데 과제의 앞 단에 나오는 국정지표, 부처 및 정책 비전 또는 전문가 칼럼과 신문 기사 등에서 향후에는 이런 방향으로 가야 한다는 지향점을 제시해 주기도 하니 참고하여 개념적으로 도출하시기 바랍니다.

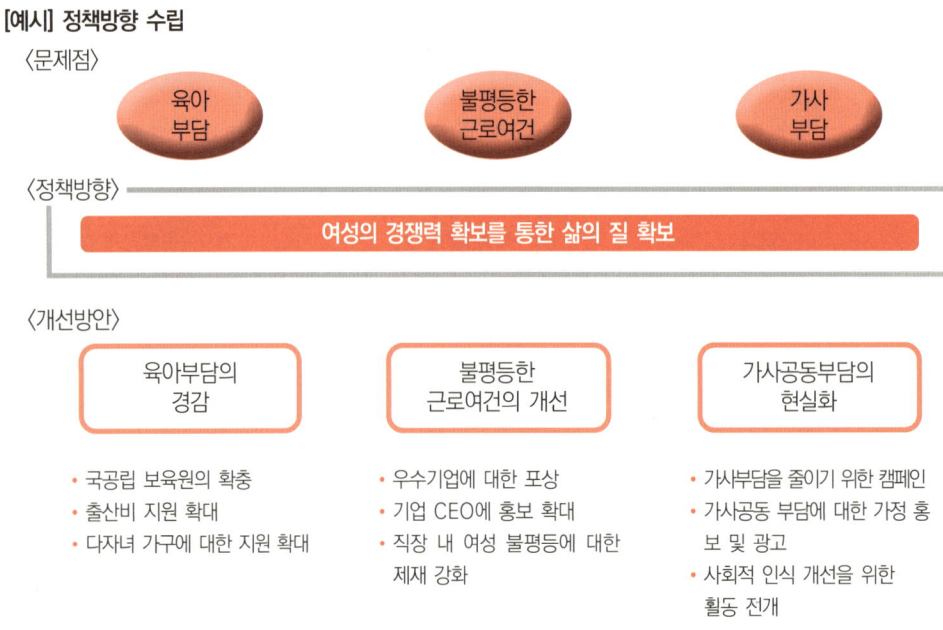

정책방향, 전략방향은 본 기획보고서가 달성해야 할 궁극적인 목적을 말합니다. 위의 내용에서는 '여성인력 활용방안 수립의 정책방향'을 '여성의 삶의 질 확보'에 두었습니다. 일부 다른 분은 '여성인력 확보를 통한 국가 경쟁력 확보' 또는 '여성인력 활용을 통한 인력난 해소', '여성인력의 취업률 제고' 등으로 표현하는 분들이 있습니다. 차이가 없는 듯하여도 있습니다. 어떤 표현이 가장 눈에 들어오시는지요?

방향은 목적이자 비전으로 사안의 본질을 통찰할 수 있어야 합니다. 여성인력 활용방안의 방향을 단순히 '여성을 산업현장으로 끌어들이겠다.'라는 목적을 넘어 '여성의 삶의 질' 관점에서 본 사안을 바라본다는 것은 경제적 이슈를 넘어 양성평등, 휴머니즘 등의 철학적 의미까지 포함하는 큰 방향임을 볼 수 있습니다.

방향의 설정은 기획의 매우 중요한 요소로서 기획자의 깊이와 넓이를 볼 수 있는 대목입니다.

또 하나의 방향의 개념은 '어디에 우선하느냐?'입니다. 목적 달성을 위해 '무엇에 우선할 것인가?', '어디에 초점을 둘 것인가?'입니다. 문재인 정부와 윤석열 정부의 대북정책의 목적은 같습니다. 남한 중심의 통일입니다. 하지만 초점을 둔 방향은 다릅니다.

또 하나의 예를 들어 '노인 사기성 물품 판매 근절방안 수립'을 기획한다고 하면 여러분들은 단속과 계도 중 어디에 우선하시겠습니까? 이는 목적 달성을 위해 어디에 초점을 둘 것인지 선택의 문제이고 의사결정 사항입니다. 의사결정을 하였다면 분명한 근거를 제시해 주어야 합니다. 그래야만 그 결정의 타당성을 확보하게 되는 것입니다.

대통령이 당선되면 국민들이 가장 먼저 기대하는 것이 '국정방향'입니다. 시장에 취임하면 '시정방향'을 제시합니다. 여러분들이 기관장으로 승진하게 되면 발표해야 하는 첫 번째가 '운영방침, 운영지침'입니다. 그분들은 고민을 할 것입니다. 고객만족, 업무 효율화, 청렴과 공정, 조직문화, 성과달성 등 중 어디에 집중할지를 그리면서 구체적인 목표를 제시합니다.

도출된 여러 가지 방안 중에 어디에 중점 내지는 초점을 둘 것인가는 기획자들이 가지고 있는 가치관에 기반을 둡니다. 가치관(價値觀)은 개인이 가지고 있는 의사결정의 기준입니다. 그러기에 역량평가를 통해 평가 대상자의 가치관을 엿볼 수 있는 것입니다.

어디에 우선을 둔다는 것은 전략적 관점에서 '선택과 집중'의 문제이기도 합니다. 여러 방안 중 핵심 사안에 자원 투입을 집중함으로써 효과성과 효율성을 극대화하겠다는 것으로 돌아가신 박정희 대통령은 대한민국의 국력 신장을 위해 산업화에 집중하였고 그중에 수출에 집중하였다는 것은 너무나도 유명한 일화입니다.

앞서 언급했지만, 과제 내에서는 일부 기관의 평가방식에 따라 방향을 제시해 주는 과제 유형들이 있습니다. 주로 회사의 비전이나 전략, 신문 기사, 전문가 칼럼 등에서 '이렇게 가야 한다'는 방향을 제시하는 경우들이 있기는 합니다만 반드시 그렇지는 않습니다.

우선순위를 둔다는 것은 일을 추진함에 있어 시간과 비용을 줄이며 목적을 달성하겠다는 것으로 평가지표에서의 '단계적 절차'를 의미하기에 꼭 유념해야 합니다.

일반적으로 사업의 우선순위를 판단하는 원칙은 있습니다.
여러분들도 잘 아는 중요도와 긴급도, 효율성(용이성)에 비추어 판단을 해주면 됩니다. 긴급성은 시간만 따지면 되는 것이고 효율성은 본인이 잘하여, 빨리할 수 있는 일이면 되는 것입니다. 핵심은 중요성을 판단하는 기준입니다.

여러분들은 조직 내에서 업무를 추진할 때 업무 우선순위의 중요도를 어떻게 판단하시나요?
업무란 것은 본인의 역할과 책임에 기반을 둔 본원적 업무들이 있고[9] 즉시로 상부에서 하달되는 업무 또는 타 부서의 협조 사안, 대민 조치 사안들이 있을 수 있습니다. 이를 긴급현안 업무라고 하는데 실제 여러분들은 본원업무와 현안업무 중 어디에 우선하시나요? 어떤 기준으로 중점업무를 선택하시나요?

---

9) 영업직군이라 하면 영업을 통해 매출을 올리는 것이고 생산직군이라 하면 생산을 하는 것이 본원적인 업무입니다.

모 기관에서 교육을 받으신 분께서 저에게 업무의 중요도를 판단하는 기준으로 업무 프로세스에 기반을 두어야 한다고 말씀을 하셨는데, 이는 조직 내의 업무의 흐름이 가장 중요하다는 의미로 받아들여집니다. 선행부서의 업무는 본인들의 부서로 오고 다음에는 후행부서로 옮겨지게 되는데 이러한 업무들이 가장 우선적으로 조치되어야 한다는 의미입니다. 물론 약간의 논리는 있지만 실제로 여러분들은 사무실에서 행하는 것과는 많은 차이가 있습니다.

여러분들의 업무 중요도의 기준에 가장 우선하는 것은 '지시자가 누구냐?'이지 않을까요? 팀장 지시사항과 본부장 지시사항 중 어디를 중요하게 다루어야 할까요? 타 부서의 협조업무 사항과 본부장의 지시사항 중 무엇에 우선해야 할 것인가는 여러분들이 사무실에서 가장 많이 경험한 암묵적인 원칙입니다. 그런데 이러한 여러분들이 지니고 있는 역량들은 평가 장면에서는 어디론가 가 버리고 없습니다.

업무의 중요도를 판단하는 기준은 아래와 같이 제시합니다.

- **프로젝트의 챔피언(지시자 또는 최종 의사결정권자)**
- **프로젝트에 투여된 예산 및 인력의 규모**
- **고객(국민) 또는 관련 이해관계자(언론, 관련 단체, NGO 등)의 관심도(여론조사 결과 등)**
- **정부 및 기관의 전략적 우선 사업(국정과제, 기관의 전략과제 등)**
- **협조업무와 본원업무 중 본원업무에 우선**

기획보고에서 방안의 중요도 우선순위도 위의 방법으로 정리하시면 편합니다.

(9) 세부실행계획의 수립

세부실행계획은 기획보고의 매우 중요한 요소입니다만 상당수의 평가 대상자들이 이를 놓치는 경우가 많습니다. 대안을 설계하면 다 된 것으로 아는데 이는 기획의 개념을 잘 모르는 것입니다. 앞서 말씀드린 바와 같이 기획은 실행하여 성과를 담보로 하여야 합니다. 그러므로 실행계획이 꼭 담겨야 합니다. 실행계획은 기본적으로 성과관리(Performance Management)의 개념을 명확히 알아야 하는데 성과관리는 기본적으로 Plan→Do→See의 개념으로 출발합니다.

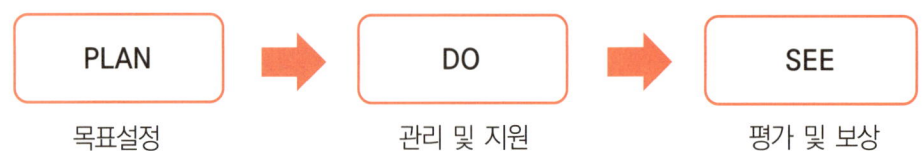

위의 개념 외에 PDCA(Plan-Do-Check-Action) 이론을 사용하는 기관들도 많은데 약간의 차이는 있지만 기본의 뼈대는 위의 이론입니다.

성과관리라고 하면 매우 어렵게 생각하시는데 여러분들이 소속된 기관에서는 이미 성과관리를 하고 있습니다. 가장 일반적인 예가 MBO(Management By Object)와 BSC(Balance Score Card) 제도이며 최근에는 OKR(Objective Key Result) 제도가 적용되고 있습니다.

여러분들은 연초에 성과목표를 수립합니다. 개인 목표, 부서 목표, KPI(Key Performance Indicator)라는 이름 아래 목표가 수립됩니다. 그런 후 부서장을 중심으로, 목표를 기반으로 관리를 하는데 여러분들은 내부규정에 의해 분기별 내지는 반기별 성과점검 회의를 하게 되고 성과점검 회의에서 성과달성 여부에 따라 혼나기도 하고 초과달성이 되었다고 칭찬을 받기도 합니다. 그러면서 성과목표를 높이거나 낮추는 등의 조정을 하죠.
연중 성과관리 과정은 계속되고 연말이 되면 목표 달성의 결과에 대해 성과평가를 받습니다.
이러한 과정이 목표에 의한 관리(MBO)의 과정입니다.
대다수의 조직 구성원들이 수용은 하지 않습니다만 평가는 이루어지고 평가를 기반으로 S-A-B-C-D의 평가 결과를 받고, 평가 결과에 의해 부서 또는 개인의 인센티브가 달라집니다.

◎ 목표설정

바른 목표는 조직의 비전과 연계된 역할과 책임(Role & Responsibility) 또는 성과책임(Accountability)에 기반을 둡니다. 이러한 목표는 성과에 많은 영향을 미친다는 많은 연구 결과들이 있습니다.
구성원들이 공감하는, 명료한 목표는 성과에 많은 차이를 발생시킵니다.

[10]헬리겔과 슬로컴(Hellriegel & Slocum)은 조직 및 개인이 달성해야 할 목표가 적합하게 설정되어야 하고, 개인의 수행 목표는 다음과 같은 기준을 충족해야 한다고 주장했습니다.

1. 수행 목표는 분명하고 세밀하며 모호하지 않아야 한다.
2. 수행 목표는 필요조건을 정확하게 기술해야 한다.
3. 수행 목표는 조직의 정책과 절차에 일치해야 한다.
4. 수행 목표는 경쟁성을 지녀야 한다.
5. 수행 목표는 기대, 동기부여, 도전감을 유발할 수 있어야 한다.

---
10) 한국심리학회, "목표 설정 이론(Goal Setting Theory)" 심리학용어사전, 2014.4.

위의 연구들을 뒷받침하여 나온 목표기술의 이론이 SMART 원칙입니다. 여러분들도 한 번쯤은 들어보셨을 법한 단어인데, 최근 목표기술의 가장 효과적인 방법론으로 일반화되어 있는 기법입니다.

SMART 기법
• Specific: 구체적으로 • Measurable: 측정 가능하게 • Achievable: 달성 가능하게 • Result Based: 결과 지향적으로 • Time Bound: 기간을 정해서

목표를 기술하라고 하면 목적과 목표가 혼돈된 추상적인 기술이 대다수입니다. '건강을 회복하겠다', '좋은 아빠가 되겠다' 등은 목표가 아니고 목적입니다.

목적	건강을 회복하겠다.
목표	일주일에 1회씩 북한산에 올라 3개월 내에 몸무게를 현재보다 30% 낮추겠다.

목적	좋은 아빠가 되겠다.
목표	아들이 초등학교 입학 전까지 매일 동화를 30분씩 읽어 주어 책 읽는 습관을 가지도록 해 주겠다.

'영어를 잘하겠다.'는 추상적인 목표보다는 '나는 영어 실력 향상을 위해 3개월 내에 토익 점수를 750점으로 올리겠다.'라는 목표가 영어 실력 향상에 도움이 되는 것은 당연하겠지요. 이렇듯 바른 목표의 기술은 목표달성을 위한 절대적 요소입니다.

국내외의 거의 모든 기업과 기관에서 비전을 수립합니다. 그리고 이에 비전 달성을 위한 전략을 수립하는데 비전은 큰 범위의 목표, 전략은 비전을 달성하기 위해 실행해야 할 작은 단위의 목표라고 말할 수 있습니다.

역량평가 장면에서 세부실행계획은 성과관리 역량을 평가하는 기준이 되며 바른 목표기술은 평가의 필수요소입니다. 목표기술의 원칙, SMART를 꼭 기억하시길 바랍니다.

또한 좋은 목표의 설정은 구성원들과의 합의하에 설정되어야 한다는 것이 원칙입니다. 목표를 기술하는 것과 구성원들과 함께 고민하고 합의하여 설정한다는 것은 다른 의미인데 목표는 반드시 구성원들과 소통과 합의에 의해 도출되어야 합니다. 그래야만 공정성을 유지하여 구성원들의 목표몰입을 유도할 수 있습니다. 팀의 목표를 수립할 때 팀장의 독단적인 의사결정에 의한 수립은 구성원들에게 내적동기를 끌어내기에는 역부족이 됩니다. 집단의 목표는 구성원들이 스스로 참여하여 자발적으로 수립된 목표가 가장 이상적입니다.

◎ 목표에 의한 관리 및 점검

수립된 목표는 점검과 피드백, 지원, 조정을 하는 관리체계에 기반을 두고 실행되어야 합니다. 구성원들과 함께 SMART에 의해 수립된 팀의 목표는 각 구성원들에게 할당됩니다. 개인들의 목표에는 월별 달성수준이 제시되어 있고 관리자는 월별, 분기별 성과점검 회의를 주재합니다. 이러한 회의를 통해 관리자는 구성원들의 목표실행의 수준을 점검하고 수준에 대해 피드백을 진행하며, 지원이 필요한 사안이 있다면 지원을 하고 목표수준을 초과 달성 하거나 목표달성이 힘들어 보이는 구성원들에 대해서는 목표를 조정하여 줍니다.

이런 일련의 과정은 여러분들이 속해 있는 모든 조직에서 시행되고 있는 제도로서 이미 여러분들은 알고 계시는 사안입니다. 조금만 살펴보시면 여러분들도 이미 성과관리의 실행자입니다.

기획보고 작성 시, 반드시 실행계획란에 '성과점검 방안'이라는 세부 목차를 넣어 주어야 합니다. 어렵게 생각하지는 마시고 여러분들이 현업에서 하시는 것처럼 아래와 같이 작성하시면 됩니다.

○ 성과관리 방안(타기관들과 협업을 통해 진행되는 상당한 규모의 사업)
  ◦ 3개 각 기관의 국장급 1명씩 총 3명이 참여하는 성과점검단 운영
    - 2023년부터 분기별 활동보고서를 기반으로 점검단에 의한 이행평가 회의 운영
    - 성과 미진 사항 발생 시 지원 및 대응방안 모색

○ 성과점검 방안(내부적으로 실시되는 조직문화 개선 등의 사업)
    - 관련 부서 책임자 기반 비상임 TF 구성, 매월 점검회의 운영 및 피드백

물론 과제의 사안에 따라 구성해야 하는 TF(Task Force)나 점검 주기는 다를 수 있음을 생각하시고 작성하시면 됩니다.

◎ 성과평가

성과평가는 해당 성과의 결과 이미지라고 말하는 '지표'와 '달성수준'에 의해 평가됩니다. 성과의 지표와 수준은 목표를 수립할 때 이미 작성을 하게 되는데 지표와 수준의 예는 다음과 같습니다.

지표	매출 1,000억 원
수준	S: 1,200억 원, A: 1,000억 원, B: 900억 원, C: 800억 원, D: 700억 원

지표	정책기획서의 작성과 실행
수준	S: 정책의 실행, A: 장관승인, B: 차관승인, C: 국장승인, D: 정책의 기획

지표를 수립할 때 영업직군이나 생산직군들처럼 명확하게 정량화할 수 있는 직무들은 지표수립이 용이합니다만 기획직군이나 프로젝트에 참가하는 분들의 지표와 수준은 정성적이어서 구체화하기 쉽지 않은데 어려운 지표를 설계할 때는 결과 이미지를 그려 보십시오. 그러면서 작성하는 것이 가장 이상적입니다.

성과를 평가할 때 구성원들과 합의는 매우 중요한 과정입니다. 합의는 국내의 성과관리가 실패하는 여러 요인들 중 하나로, 구성원들이 평가 결과를 수용하지 못한다면 성과관리가 구성원들의 동기를 부여하지 못함으로 인해 실패했다고 봐야 합니다. 이를 '평가의 괴리(乖離)'라고 표현합니다. 평가를 통해 구성원들은 성취에 대한 내적 만족감과 외적인 인센티브를 기대하는데 이러한 기대가 허물어졌을 때 많은 실망과 분노를 표출하죠. 평가 시즌에 헤드헌팅 업체가 바쁘다는 것은 공공연한 비밀입니다.

이런 평가의 괴리를 줄이려면 목표에 의한 관리가 철저히 진행되면 됩니다. 목표를 기반으로 구성원들과 관리자들이 지속적으로 소통을 한다면 구성원들은 본인들의 평가 수준은 이미 다 알고 있습니다. 점검을 하고 피드백을 하는 과정에서 구성원들은 본인들이 무엇을 잘하고 있고 무엇을 잘 못하는지 충분히 인지할 수 있습니다. 관리자들과 구성원들 간에 목표와 관련한 소통이 없이 평가 시즌에 통보하는 식으로 "자네의 달성수준은 C이네."라는 통보는 구성원들에게 좌절감을 안겨 주고 구성원들은 씁쓸한 마음에 술 한잔하면서 상사와 회사를 안주 삼아 불공정을 토로합니다. 성과관리가 성공하기 위해서는 목표에 의한 관리가 왜 중요한지를 명확히 이해해야 합니다.

성과관리역량은 모든 리더들이 반드시 알아야 하는 절대요소입니다. 그러기에 국내의 모든 기관과 기업에서 요구하는 역량입니다. 목표관리, 성과지향, 실행력 등으로 이름만 달리할 뿐 꼭 출제된다는 것을 잊지 마십시오.

◎ 기획보고서 세부실행계획 작성

세부실행계획을 어렵게 생각하시는 분들이 많은데 쉽게 접근해 보겠습니다.

실행계획에서의 세부목표는 개선방안이 그대로 내려옵니다. 실행계획에서의 목표를 별도로 잡아야 한다는 생각을 하시는 분들이 계시는데 개선방안이 실행의 세부목표가 됨을 잊지 마십시오. 이 또한 목표이기에 SMART 원칙에 의해 구성됩니다.

일반적으로는 아래의 내용이 포함된 표로 구성하면 좋은 점수로 연결될 수 있습니다.

개선방안	세부과제	추진일정	평가지표	달성수준	협력부처
무엇을	구체적으로	언제까지	무슨 성과를	얼마나	누구와
교육훈련강화	리더십 함양교육	10월 말까지	교육내용 현업 실천율	교육내용 실천율 50%(운영횟수)	인재원

층간소음 문제를 해결하기 위한 실행계획의 예시입니다.

○ 추진일정 및 성과지표

개선방안	세부과제	추진일정	평가지표	달성수준	협력부처
정부 규제의 강화	층간소음 규칙 보완	2025년 한	규칙의 시행	입법완료	국토교통부
	시공사 규제 신설	2025년 한	규제의 시행	규제의 시행	국토교통부
	소음 유발 제재 신설	2025년 한	규제의 시행	규제의 시행	국토교통부/ 법무부
협업 체제 강화	관련 부처의 민원대응 일원화	2023년 한	고객만족도	고객만족도 80% 이상	국토교통부/ 조정위원회
	생활환경분쟁 전담 기구의 신설	2024년 한	전단기구의 신설 및 운영	고객만족도 80% 이상	국토교통부/ 조정위원회
문화의식 개선	자율적인 분쟁해결 유도	2023년 한	규약 및 매뉴얼 개발 후 실시	공동주택 30%에 실시	국토교통부/ 지자체
	홍보 및 교육훈련강화	2023년 9월 한	홍보 및 교육훈련 실시	인지율 20% 향상	행안부/ 지자체

실행계획을 수립할 때 위의 방법처럼 진행할 수도 있습니다만 프로세스 중심으로 실행하는 경우도 있습니다.

모든 일은 단계가 있습니다. 그러기에 단계적으로 진행한다는 의미로 생각하시면 됩니다. 일반적으로 기획이란 아래의 단계를 기본으로 실행합니다.

분석 > 설계 > 개발 > 실행 > 평가

모든 일의 추진에는 절차가 똑같을 수 없습니다. 다른 보고서에 들어 있던 아래의 간단한 실행계획을 참고하여 주십시오.

| 정부의
지원TFT 신설
(2023/11) | 기업들의
요구분석
(2023/2) | 제도수립 및
예산확보
(2023/11) | 지원신청서
접수 및 지원
(2023~) |

◎ 추가 사항

○ 실효성 제고방안
  ◦ 정책반응(만족, 실행)도 모니터링
    - 전문여론 조사기관을 통한 정책 효과성에 대한 국민 여론조사
    - 여론 및 각 이해관계자들의 반응도 조사

일반적으로 모니터링으로 말하고 있는, 실행방안들에 대해 고객이자 수혜자들에게 물어보는 조사는 기획의 실효성을 제고하는 주요한 방법입니다. 고객들이 본 기획의 방안들을 잘 알고 있는지, 만족하고 있는지를 조사하여 실행 중인 방안들을 수/개정한다면 좀 더 실제적 효과를 높일 수 있습니다. 정부의 정책기획안에는 '국민수용도 조사'라는 것이 들어 있는데 이는 정책의 수혜자인 국민들이 정책에 대하여 얼마나 수용하고 있는지를 조사하는 것으로 모니터링과는 유사한 의미입니다.

성과점검과 모니터링을 혼돈하시는 분들이 있는데 성과점검은 방안들의 실행이 잘 진행되고 있는지 내부 또는 협력기관들이 모여 목표한 실적 사항을 점검하고 피드백하는 것이고, 모니터링은 고객들을 대상으로 기획안에 대안 반응을 조사하는 것으로 명확히 구분하셔야 합니다. '점검 및 모니터링'이라는 목차를 사용하는 경우는 이에 대해 혼동하는 경우라고 생각됩니다.

외에 '추진조직', '추진예산', '홍보방안' 등을 추가로 넣을 수 있습니다. 과제 내에서 추진조직을 수립하라는 과제 유형도 보았는데 그럴 경우에는 추진조직 구성안을 꼭 넣어 주셔야 합니다. 사례는 뒷장에 있는 예시보고서들을 참조하여 주십시오.

위의 방법들은 주로 시간과 작성 페이지의 양을 많이 주는 평가에서의 방법론이고 검토 시간이 짧은 인사혁신처 평가, 산업부 산하기관 상임이사 평가, 한국전력의 1~2직급 평가에서는 위의 방법을 현실적으로 사용할 수 없습니다. 1.5페이지 정도로 간단하게 골격만 작성해서서 이어지는 발표와 질의응답에서 파악된 전체 내용을 전달해 주시면 됩니다.

개선방안들을 세부목표화하여 일정을 수립할 때 장/단기 일정으로 대략 수립하는 분들도 있습니다. 물론 구체적으로 일정을 넣어 주면 좋습니다만 시간 관계로 일정을 구체화하기 힘든 분들은 '장/단기'라도 구분하여 꼭 설정해 주셔야 하는데 일정을 수립할 때 아래의 기준을 참조하시되 여러분들의 아이디어를 넣어서 논리적으로 구성하여 주십시오.

- 제도개선: 국회 비준이 필요한 제도개선 사항은 2년 정도의 기간이 필요합니다. 장기계획에 속합니다. 대응 매뉴얼 수립 등 내부적인 제도 수립은 1년 정도면 가능합니다. 중기계획에 속합니다.
- 홍보강화: 홍보 및 광고는 자체 예산으로 가능하므로 즉시 시행이 가능합니다. 단기계획에 속합니다.
- 설비/인프라 구축: 규모에 따라 다르지만 1년이면 가능합니다. 중기계획에 속합니다.
- 콘텐츠/프로그램 강화: 3개월 내 강화가 가능합니다. 단기계획에 속합니다.
- 교육훈련 강화: 본 방안은 자체 예산으로 가능하므로 즉시 시행이 가능합니다. 단기계획에 속합니다.
- 자원(인력 및 예산) 확충: 본 개선방안은 규모에 따라 추경예산의 확보 등의 장기적인 과제가 될 수 있고, 자체 예비비 운용으로 가능한 수준이면 즉시 시행이 가능한 사안입니다. 보편적으로 추경 편성을 요구하는 사안이 많으므로 중기계획에 속합니다.

실행의 일정은 여러분들이 판단하시어 논리적으로 타당하게 작성하여 주시고, 발표와 질의응답을 하시는 분들은 작성하게 된 근거를 생각하시고 계셔야 합니다. 평가사들이 질문할 때 근거가 없다면 여러분들은 곤경에 빠질 수 있음을 늘 상기하십시오.

기획방향 수립에서 말한 중점 추진사항과 단기적 실행방안은 접근이 다름을 이해해야 합니다. '제도개선방안'은 중점 추진사항이지만 단기적으로는 운영할 수 없는 사안입니다. 즉 단기실행방안과 중점사항은 다르다는 것을 유념하셔야 합니다. 그래서 기획방향과 개선방안에서는 선택과 집중의 관점에서 접근하셔야 하고 실행계획에서는 장단기적인 운영을 고려하여 기술하여 주십시오.

(10) 기대효과

기대효과는 정성적으로 구성을 하다 보면 추진배경 또는 기획방향 등과 겹치는 경우가 많고 정량적으로 구성을 하다 보면 목표와 일치하는 경우가 많습니다. 기대효과는 본 정책이 실시된 후 나타나게 되는 이해관계자들의 효익(Benefit)을 생각하시면 됩니다. 예를 들어 '고객 정보 유출 재발 방지방안 수립'이라 하면 이해관계자들은 '기관', '고객', '구성원'입니다.

▷ 기대효과
- 기관: 고객 정보보안 강화를 통한 기관의 이미지 제고
- 고객: 고객 정보보안에 대한 신뢰 구축
- 구성원: 고객 정보보안에 대한 경각심 고양

사안에 따라 장/단기의 기대효과를 기술하는 분들도 있습니다. 이 또한 방법이라고 생각하는데 가능하면 위에 기술된 추진배경, 방향과 목표와 겹치지 않도록 구성하는 것이 좋습니다.

(11) 장애요인 및 극복방안

장애요인 극복방안은 실행 시 발생될 수 있는 문제 또는 잠재적인 문제들을 말합니다. 주로 관련 부처 및 외부 이해관계자들의 반발 또는 내부의 예산과 인력의 부족 등을 이야기할 수 있는데 사안에 따라 달라질 수 있습니다.

평가자의 관점의 핵심은 개선방안을 실행할 때 나타날 수 있는 문제들을 얼마나 인지하고 있는가에 초점이 있습니다. 이는 개선방안을 수립할 시에 향후에 나타날 수 있는 문제들까지 고려한 의사결정이었는가를 판단하는 사안이므로 절대 간과하시면 안 됩니다.

향후에 발생될 문제들이 떠오르지 않을 때는 기본적으로 연관되어 있는 이해관계자들을 생각해 보십시오. 사업 진행 시에 반발이 예상되는 이해관계자들을 생각한다면 장애요인은 좀 더 쉽게 생각할 수 있습니다. 예를 들어 '층간소음 문제해결방안 수립'의 과제라면, 문제점은 공동주택의 층산을 두껍게 할 수 있는 법령 개정이 개선방안으로 될 수 있습니다. 본 개선방안에는 다양한 이해관계자들이 얽혀 있지만 가장 먼저 떠오르는 대상은 공동주택 건설사들입니다. 건설사들의 관점에서 층간의 두께가 두꺼워진다는 것은 주택의 건설 시에 비용이 많이 든다는 것입니다. 또한, 이러한 문제는 궁극적으로 주택을 구매하는 국민들에게 전가된다는 것도 고려해야 합니다.

> ▷ 장애요인 및 극복방안
> - 집값 상승: 층간소음 규정강화로 인한 건설비의 증가에 따른 집값 상승
>   → 건설사에 대한 세제혜택을 통한 건설비 증가 완화
>   → 건설사에 층간소음 완화 기술을 제공하여 건설비 증가 완화

내부 이해관계자들을 통해 풀어야 하는 예산과 인력의 문제는 일반적으로 나타날 수 있는 장애요인입니다. 하지만 조금만 고민을 하시면 내부 이해관계자들의 문제보다 더 심각한 문제를 찾아낼 수 있습니다. 이렇듯 잠재적인 문제를 가지고 접근함으로써 기획자의 깊이와 넓이를 보여 줄 수 있습니다.

과제를 진행하실 때 의사결정이라고 말하는 각각의 개선방안들이 만들어 내는 역기능과 순기능이 있습니다. 각 개선방안들의 순기능은 기대효과가 되고, 역기능은 장애요인이 됩니다. 이러한 관계를 생각하시면서 과제를 바라보면 좀 더 쉽게 기대효과와 장애요인을 도출할 수 있습니다.

(12) 추진배경 기술하기

추진배경은 보고서의 마지막 흐름에 작성하는 것이 효과적입니다. 추진배경을 작성하려면 전체의 맥락과 내용을 파악하여야 하는데, 보고서의 초입에 작성할 경우 자칫 시간이 낭비될 수 있으니 마지막 단계로 작성하는 것이 효과적입니다.

추진배경은 본 보고서를 작성하게 된 배경과 이유, 개선방향과 목적이 기술되어야 합니다. 또한 결재자의 욕구가 유발될 수 있도록 중요성과 절박성이 묻어 나와야 하며, 보고서를 작성하는 시점에서 볼 때, 왜 이 정책을 추진하지 않으면 안 되는지에 대한 내용들이 서술되어야 합니다.

추진배경의 구성원칙(BRAP원칙)

Background	배경	추진사업의 현황과 배경
Reason	이유	사업이 추진되어야 하는 구체적인 이유
Alternative	개선방향	추진사업 개선방안의 개략적인 방향성
Purpose	목적	추진사업의 궁극적인 목적

추진배경은 주로 과제의 앞부분에 위치한 상황개요와 상사로부터 온 지시문에서 찾을 수 있습니다. 30분의 짧은 과제들은 간단하게 발췌해도 되지만 80~240분씩 시간을 주는 과제들은 좀 더 고민하여 다듬을 필요가 있습니다.

(배경)	○ 최근 공급 과잉으로 한우의 산지 가격은 계속해서 하락하는데도 불구하고 소비자들이 체감하는 한우 소비자 가격은 그대로인 현실에서
(이유)	○ 축산 농가와 소비자가 모두 피해를 보고 있으므로
(개선방향)	○ 한우 소비자 가격을 합리화하고 한우 유통 질서를 확립하여
(목적)	○ 소비자 만족도와 한우 농가의 소득을 증대시키고자 함

(13) 제목에 부제 달기

제목에 부제 달기는 정책기획보고서 작성 중 마지막 단계로, 시간의 여유가 있을 때 할 수 있는 작업입니다. 90분 이내로 답안 작성을 하시는 분들은 시간 관계상 구성이 힘들고, 3시간 정도의 답안 작성을 하시는 분들은 여유 시간을 보시고 작성하시길 바랍니다. 보고서의 제목에 부제를 다는 것은 내용을 이해하기 쉽게 하고, 본 보고서에 대한 흥미를 끌어낼 수 있습니다. 부제는 자료 내에 있는 목적과 방향을 담은 내용을 한 줄로 작성해 주시면 됩니다.

국민의 여가활동 증가에 따른

휴양림 서비스 개선방안(안)

(14) 예시 보고서 검토

아래의 보고서는 4페이지로 작성된 예시 보고서입니다. 여러분들의 보고서 작성에 도움이 되시길 바랍니다.

다정한 이웃사촌을 만드는
층간소음 문제해결방안 수립

〈추진배경〉 환경정책실장 지시, 2025년 3월 12일

급증하고 있는 층간소음으로 인한 민원과 분쟁사건으로 국민들이 고통을 받고 있는 작금의 상황에서 국민들의 안락한 생활환경을 위한 제도개선과 문화의식 개선을 통해 이웃사촌 간의 미덕이 있는 삶의 질을 확보하고자 함

I 현황 및 문제점

□ **현황**
  ○ **층간소음 민원 접수 건수의 급격한 증가**
   · 층간소음 민원 건수 2020년 245건에서 2024년 15,455건으로 급속히 증가
   ※ 이웃 간의 살인 사건 등 강력사건 발생건수 증가

□ **문제점**
  ○ **정부 규제의 현실성 결여**
   ('공동주택 층간소음 기준에 관한 규칙')
   · 국내 기준이 국제소음기준보다 3dB 완화되어 국제기준에 못 미침
   ※ 1분 등가소음 기준 비교(1분간 측정한 소음의 평균치)

주간	국제기준	국내기준	야간	국제기준	국내기준
	40dB	43dB		35dB	38dB

  ○ **정부 분쟁 중재기관들의 효과성 미비**
   · 환경부, 환경관리공단의 '층간소음 이웃사이센터'의 도움을 받기 위해 10월에 신청하였는데 4개월이 지난 1월에 방문하였으며 조정의 내용은 위층에 전화하여 조용히 해 달라는 수준임
  ○ **층간 소음에 대한 문화의식의 미비**
   · 이웃에 피해를 줄이기 위한 노력으로 별다른 주의를 하지 않는다 42%
   · 층간소음 예방 생활 에티켓 인지도는 들어 본 적 없다 14%
   · 들어는 보았으나 잘 알지 못한다 41%

〈 시사점 〉
□ 거주문화의 변화로 인해 우리의 전통의 미덕인 '이웃사촌' 문화의 퇴락
□ 정부의 정책의 미온적이서 국민들의 삶의 질이 낮아지고 있음

II. 비전 및 목표

비전	이웃 간 분쟁이 없는 안락한 삶의 질 확보
목표	2028 층간 소음 민원 200건 이하로 유지

III. 개선방안

> 〈 기본방향 〉
> (우선) 분쟁발생 시 화해조정에 초점을 맞춘 정부기구와 자율기구의 구조화
> (차선) 분쟁예방 차원에서 관련 제재 법규 신설과 인식전환 중심의 개선
> ※ 층간소음 문제가 기존에 지어진 복합주택에 대다수가 해당됨을 고려한 방향

□ 층간 소음에 대한 문화의식 개선(우선 1순위 과제)

　○ 아파트 관리단 차원에서의 자율적인 분쟁해결 유도: 층간소음 관리규약 신설 지원

　○ 의식개선을 위한 홍보 및 교육훈련 강화

　　· 홍보강화: 학생대상홍보, 사례집 발간 등/교육훈련 지원: 교육훈련 자료 제공 등

□ 정부 규제의 강화(우선 2순위 과제)

　○ '공동주택 층간소음 기준에 관한 규칙' 보완

　　· 국제소음기준에 맞추어 주간 40dB(현 43dB), 야간 35dB(현 38dB)으로 강화

　　· 2005년 이전에 지어진 아파트들에 대한 5dB 추가소음 인정 취소

　○ 주택 성능 등급제의 신설 및 기준의 강제화

　　※ 일본의 경우 주택성능 등급제를 시행하고 있으며 기준은 임의적으로 적용함

　○ 소음 민원 발생자 및 가전제품에 대한 벌금제 신설

　　※ 미국, 호주, 독일, 일본에서는 소음 발생 시 벌금 또는 구류형을 부과하고 있음

　　※ 유럽, 호주, 일본, 중국에서는 가전제품에 대해 소음등급제를 실시하고 있음

□ 중재기관들의 협업체제 강화(우선 3순위 과제)

　· 환경부, 국토교통부, 환경분쟁조정위원회의 민원대응 일원화

　· 생활환경 분쟁 전담 기구의 신설

◎ **과제실행 우선순위 검토**(※ 관련 부서 및 내용 전문가들의 협의를 통해 확정)

추진과제	중요도		시급도		실행용이도		계	우선순위
정부규제 강화	매우 높음	5	매우 높음	5	낮음	2	12	2
협업체계 강화	높음	4	높음	4	보통	3	11	3
문화의식 개선	매우 높음	5	매우 높음	5	높음	4	14	1

IV 세부실행계획

□ 추진일정 및 성과지표

전략	추진과제	추진일정	평가지표	달성수준	협력부처
정부규제의 강화	층간소음 규칙 보완	2027년 한	규칙의 시행	입법완료	국토교통부
	시공사 규제 신설	2027년 한	규제의 시행	규제의 시행	국토교통부
	소음 유발 제재 신설	2027년 한	규제의 시행	규제의 시행	국토교통부/ 법무부
협업체제 강화	관련 부처의 민원대응 일원화	2026년 한	고객만족도	고객만족도 80% 이상	국토교통부/ 조정위원회
	생활환경분쟁 전담 기구의 신설	2026년 한	전단기구의 신설 및 운영	고객만족도 80% 이상	국토교통부/ 조정위원회
문화의식 개선	자율적인 분쟁해결 유도	2026년 한	규약 및 매뉴얼 개발 후 실시	공동주택 30%에 실시	국토교통부/ 관련 공동주택
	홍보 및 교육훈련 강화	2025년 6월 실시	홍보 및 교육훈련 실시	인지율 20% 향상	국토교통부/ 관련 공동주택

□ 성과관리

○ **성과점검단 운영**

o 3개 각 기관의 국장급 1명씩 총 3명이 참여하는 점검단

· 2026년부터 분기별 활농보고서를 기반으로 점검단에 의한 점검활농 실시

□ 국민소통전략

○ **정책반응(만족, 실행)도 조사**

o 전문여론 조사기관을 통한 정책 효과성에 대한 국민 여론조사

o 여론 및 각 이해관계자들의 반응도 조사

V. 기대효과

□ 정부: 정부의 강력한 분쟁완화 의지로 정부 정책 신뢰도 제고
□ 사회: 층간소음 분쟁 완화로 건강한 사회 분위기 조성
□ 국민: 분쟁이 없는 건전한 이웃사촌 문화 구축

VI. 장애요인 및 극복방안

□ 기존의 복합주택에서 층간소음 문제 발생
　→ 문화의식 개선을 중심으로 한 정책의 우선 추진
□ 관련 법규 신설 이후 시공가 상승으로 집값 상승예상
　→ 시공사에 대한 세제혜택으로 집값 상승 억제
　→ 복층 구조 주택의 바닥 신기술 개발 및 제공

③ 미래(발생될) 문제상황 보고서의 작성

아래의 그림은 발생될 문제상황에 대한 기획보고서 예시입니다. 마찬가지로 앞서 말씀드린 3대 관점과 기획의 5단계가 들어 있음을 알 수 있습니다.

발생될 문제상황은 분석 부분에서 많은 차이가 있음을 알 수 있고 미래의 문제이기에 개선방안이 아닌 대응방안임을 볼 수 있습니다.

과거에는 기획보고서 역량평가 장면에서 거의 발생된 문제 유형이 나왔으나 최근에는 많은 변화가 있습니다. 일부 기관에서는 발생될 문제상황을 다루는 과제들이 나오고 있음을 유념할 필요가 있습니다.

또한 이러한 작성 방법은 현업 또는 일상에서도 매우 필요한 사안으로 꼭 기억하여 주시면 여러분들이 관련 문제상황에 부딪혔을 때 매우 유용하게 사용될 수 있습니다.

발생될 문제상황의 유형 또한 앞서 다룬 발생된 문제유형의 과제와 대강의 목차는 같습니다만 분석단계에서 많은 차이를 보이게 됩니다. 기존의 지시문에서 제시된 현황과 문제점 분석이 아닌 '대내외 환경분석', '사업계획수립' 등의 지시문은 다른 접근을 요구하기에 분석의 접근이 완연히 다를 수밖에 없습니다.

분석 부분을 제외하고는 '방향과 목표 수립', '세부실행계획 수립' 등의 목차는 기존의 방식대로 구성하시면 됩니다. 아래의 분석 기법들을 활용하여 주십시오.

(1) 대내외 환경 분석 보고서

아래는 국내 굴지의 공공기관 초급간부 역량평가 과제 지시문입니다.

문 제

1. 보고서 작성배경 및 상황

   □ 한국의 'A기업'(가상의 회사)은 발전, 송변전, 배전, 전력판매 등 국내외 전력사업 전반을 영위하고 있는 종합 에너지 기업이다. A기업은 지속가능 성장을 위한 ESG 경영전략이 필요한 상황이다.
   □ 귀하는 A기업 전략경영부의 '김 차장'으로서 아래와 같이 업무 지시를 받았으며, 이에 대한 보고서를 작성하여 본부 장에게 보고할 예정이다. 주어진 참고/고려사항과 제시자료를 활용하여 지속성장본부장에게 보고할 ESG 경영 추진 방안을 1장으로 작성하시오.

   ◦ **(지시사항)** 기업의 ESG 경영 관련 '대내외 현황'을 분석하고 '추진전략', '향후계획'을 보고할 것

'대내외 환경'을 분석한다는 것은 우리를 둘러싼 외부환경의 변화와 우리 내부의 여건들을 분석하여 우리가 어디로 가야 하는지 방향을 잡고 구체적으로 무엇을 해야 하는지를 명확하게 하는 것을 말합니다.

이는 기존의 기획보고서에서 익숙한 '현황과 문제점'이라는 접근과는 완연히 다른 모습입니다. 즉, 현황과 문제점, 인과 분석적인 접근과는 다른 관점이라는 것을 명확히 이해하셔야 합니다.

앞서 말씀드린 바와 같이 기획보고서 작성이라 함은 '문제상황'을 정리함에 있습니다. 상황을 정리하기 위해서는 상황에 맞는 정리 기법이 필요합니다. 기존에 쓰이고 있는 상황정리 기법을 사용하든지 아니면 새로 만들어야 합니다.

기행문을 쓰든 소설을 쓰든 기승전결 등의 나름의 흐름이 있습니다. 그러듯이 기본적으로 문제해결과 의사결정을 하는 기획보고서 작성에서도 상황을 정리하는 기법이 있습니다. 기법을 사용하면 훨씬 쉽게 상황이 정리될 수 있습니다.

현황과 문제점을 분석하는 것은 '발생된 문제상황'으로 인과분석 기법을 사용해야 합니다. 하지만 대내외 환경을 분석하는 것은 주변 환경의 변화에 대응하는 '발생될 문제상황'이므로 인과분석 기법을 다루는 것은 적절하지 않습니다. 물론 미래에 발생될 수 있는 문제상황이더라도 인과분석 기법은 사용할 수 있습니다.

'미래의 대한민국은 인구가 지속적으로 줄어들 것이라는 큰 문제를 안고 있습니다. 이에 대한 대응방안을 수립하시오.'라는 과제가 나왔다면 이는 기정사실화된 예측으로 미래의 결과를 명확히 알 수 있습니다.

과제에는 2050년 미래의 줄어든 인구수가 제시될 것이고, 이로 인해 발생될 수 있는 경제적인, 사회적인, 안보적인 측면의 미래의 현황들이 제시될 것입니다. 이러한 미래 결과에 대한 원인으로는 '정부의 제도 미비, 홍보 및 계도 미비, 인프라 미비' 등이 추론될 수 있으며 이에 대한 대응방안을 제시하시면 됩니다.

본 사례는 발생된 문제에서 미래의 발생될 문제로의 연속선상에 있는 문제상황으로 인과 분석 기법을 사용하면 유용합니다.

'드론 현실화에 따른 대응방안을 수립하시오.'라는 과제가 나왔다면 드론으로 인한 개인 사생활 침해 사례 등의 정보들이 제시되며 향후 국민들의 삶이 어려워질 수 있음을 말할 것입니다.

현황은 '사생활 침해, 개인 및 국가의 정보 유출 사례 증가'라는 미래의 결과이며 문제점은 '정부의 제도 미비, 사용자에 대한 홍보 및 계도 미비' 등의 미래 상황을 추론한 원인들이 도출될 수 있습니다. 미래 상황이지만 인과 분석 기법이 사용된 것입니다. 이런 상황에서는 발생된 문제가 아니기에 개선방안이 아닙니다. 미래에 발생될 수 있는 문제에 대한 대응방안입니다.

하지만 위에 제시된 과제는 'ESG 경영 관련 대외 현황을 분석'하고 '추진전략'과 '향후계획'을 수립하라는 지시문입니다.

위의 대내외 환경을 정리하기 위한 적합한 기법은 무엇이 있을까요? 위 과제의 상세한 내용은 몰라 단정하기는 힘들지만 저의 경험으로 말씀드리자면 'ESG 관련 글로벌의 움직임과 정부의 정책방향, 국내기관 및 기업들의 행보 그리고 자사의 현재까지의 활동 등의 자료들이 제시되지 않았을까?' 생각해 봅니다.

위 과제에서 군이 문제점을 찾자면 해외 및 국내기업들에 대비하여 당사가 못하는 있는 점을 문제점화 할 수 있습니다. 하지만 이러한 목차 구성은 올바른 접근이 아닙니다. 만약 현황과 문제점의 목차로 정리한다면 누락된 정보와 자료들이 많아 자료의 전체 내용을 분석, 활용한다는 MECE 관점에 위배됩니다. 즉, 인과 분석, 현황과 문제점이라는 목차를 사용해서는 안 된다는 것입니다.

현황과 문제점은 결과와 원인이라고 말씀드렸습니다. 위의 과제에서 제시된 ESG 관련 해외 및 국내의 우수사례는 상황의 결과가 아닙니다.

인과관계는 결과에 원인이 직접적인 영향을 끼쳐야 합니다. 즉, 원인으로 인하여 만들어진 결과이어야 한다는 것입니다. 결과에 원인이 일부 영향을 미쳤다고 하면 그것은 상관관계입니다.

ESG 관련 국내외의 기업들의 대응이 우리의 문제점(원인)에서 기인했다고 할 수 없습니다. 그러기에 인과관계가 형성되지 않은 것입니다. 우리는 가만히 있는데 ESG 환경이 만들어지고 우수사례가 만들어진 것입니다.

위의 사례는 인과관계도 상관관계도 아닌 우리를 둘러싼 환경의 변화를 분석하여 이에 대응하자는 과제인 것입니다. 그러기에 전혀 다른 기법이 사용되어야 합니다.

◎ SWOT 분석

대내외 환경 분석 기법으로는 먼저 SWOT(Strength, Weakness, Opportunity, Threat) 분석을 말씀드릴 수 있습니다. SWOT 분석 기법은 여러분들도 현업에서 근무하면서 많이 들어 본 익숙한 단어일 것입니다.

여러분들이 소속되어 있는 조직들은 모두 비전과 경영전략을 가지고 있습니다. 이러한 경영전략은 왜 필요한 것일까요?

조직은 어떠한 목적을 가지고 사람들이 모인 집단입니다. 삼성그룹은 돈을 벌기 위한, 영리를 목적으로 하는 기업입니다. 하지만 '사랑의 열매'를 나누어 주는 사회복지공동모금회는 완연히 다른 목적을 가지고 태어났으며 이름처럼 사회복지를 위해 만들어졌습니다. 이렇듯 조직의 목적, 조직의 '존재의 이유'를 정의하는 것이 미션(Mission)입니다. 미션은 변하기가 매우 힘듭니다. 삼성전자가 돈을 벌지 않으면 어떻게 될까요?

비전(Vision)은 조직의 미래 모습을 말합니다. 미션과 비전을 혼동하는 분들이 많은데 미션은 "너 왜 태어났니?"이고 비전은 "무엇이 될래?"입니다.

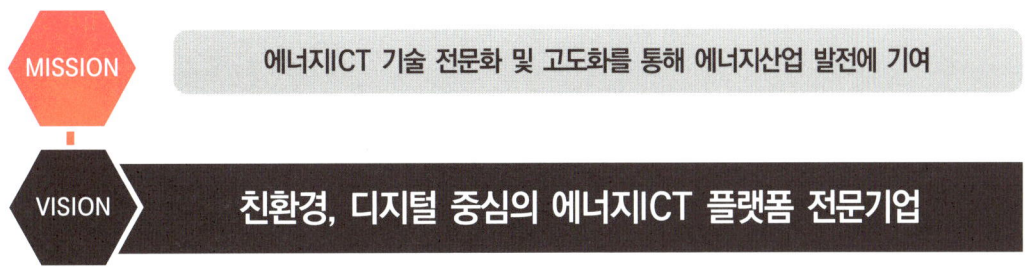

비전은 태생의 목적 내에서 '어떤 모습으로 어디까지 갈 것인지'를 규명하는 것입니다. 조직은 기본적으로 성장을 목적으로 하기에 비전은 변화합니다. 국내 1위를 했으면 그다음은 아시아 1위, 그다음은 세계 1위 이렇게 말입니다. 이렇게 성장하기 위해서는 주변의 변화를 잘 살펴보고 내부에서 무엇을 더 갖추어야 하는지 고민하여 대응방안을 수립해야 하는 것이겠지요.

제시된 예시는 한전 KDN이라는 회사의 미션과 비전입니다. 한전 KDN은 에너지산업 발전에 기여하기 위해 태어났고 에너지산업 발전에 기여하기 위해 플랫폼 전문기업이 되겠다는 것입니다.

경영전략은 기본적으로 미션과 비전을 달성함에 있습니다.

한전 KDN은 비전을 달성하기 위해 가장 중요하고 우선해야 할 4가지의 전략목표를 두었고 또 하위에 전략과제 12개를 두었습니다. 위의 그림은 한 기업의 경영비전과 전략을 '정리'한 것으로 기획부서에서 작성되었습니다.

계속 말씀드리지만 **'정리를 위해서는 기법'**이 필요합니다.

선택과 집중이라고 말할 수 있는, 위에서 언급한 4가지의 전략목표는 어떤 기법에 의해 도출되었을까요? 결론을 말씀드리면 위의 전략목표와 과제들은 SWOT 기법에 의해 정리되었습니다.

우리를 둘러싼 경영환경과 기업내부 여건에서 강점과 약점, 기회와 위협을 분석하여 비전 달성을 위한

'현재 발생된, 미래에 발생될 수 있는' 다양한 문제상황을 개선 또는 대응하기 위하여 만들어진 것입니다.

이러한 대외환경을 분석하여 사업의 기회를 찾고 대응방안을 수립하는 과제들은 과거에는 많지 않았습니다. 기획실 또는 상위 직급에 있는 분들이나 다루었던 고급 기법들을 이제는 모두에게도 요구하고 있는 상황으로 생각하시면 됩니다. 최근의 기획보고서의 난이도가 높아져 가고 있다는 것을 의미합니다.

SWOT 분석은 강점과 약점과 기회와 위협을 분석하는 기법으로 분석의 원칙이 있습니다. 강점과 약점은 우리 내부의 강점과 약점을 말합니다. 우리가 가지고 있는 특허, 지적재산권, 조직, 인력, 사업구조, 재정운영능력 등 다양한 관점에서의 강점과 약점을 도출합니다.

기회와 위협은 우리를 둘러싸고 있는 환경에서 오는 기회와 위협을 의미하는 것으로 우리를 둘러싼 국내외 경제, 사회, 정치, 문화, 기술, 경쟁관계 등 다양한 관점이 포함됩니다.

많은 분들이 이를 혼동하는 경우가 많은데 이는 SWOT 분석의 기본으로 꼭 기억하여야 하며, 그러기에 우리를 어디까지 설정할 것이냐가 매우 중요합니다.

위의 과제에서도 우리라는 범위를 'A기업'으로 할 것인지, 대한민국 정부로 한정할 것인지 명확히 해야 합니다. 그렇지 못하면 분석의 결과가 뒤엉켜 버립니다. 꼭 유념하여야 합니다.

◎ SWOT 실전

아래의 글을 SWOT 분석 하시오.

> 세계 최고의 안정성과 정시운행률을 보이는 서울교통공사는 새롭게 발전하고 있지만 두 개의 거대한 기관이 합병이 되면서 조직문화의 취약성이 대두되고 있다. 또한 서울시 인구의 급격한 고령화로 인해 무료승차 고객이 증가하면서 수익률이 떨어지는 것이 문제이지만 최근 학계에서 운행의 효율성을 높이는 발전된 ICT 기술이 출현되어 매우 다행스러운 일이다.

위의 글에서 강점과 약점, 기회와 위협을 도출하여 주십시오.

- 강점(Strength)

- 약점(Weakness)

- 기회(Opportunity)

- 위협(Threat)

SWOT 분석 시 가장 먼저 고민해야 하는 부분은 '내가 누구냐?'입니다. 나를 분명히 해야만 그래야 내외부가 명확해집니다. 위의 사례에서는 서울교통공사가 주체입니다.

위의 과제에서 서울교통공사의 강점은 **'세계 최고의 안정성과 정시운행률'**이며 약점은 **'취약한 조직문화'**입니다. 또한 기회는 **'효율성을 높이는 ICT 기술의 출현'**이고 위협은 **'고령화로 인한 무료승차 고객의 증가'**입니다.

SWOT 분석은 문제점이 아닌 시사점(Implication)을 도출합니다. 저는 시사점이란 '어떠한 현상을 총체적으로 암시(暗示)함'이라고 정의하는데 굉장히 어려운 단어입니다. 예를 들어 수출이 줄고, 국가의 부채는 많아지고, 물가 또한 상승하는 상황이 주는 시사점은 '국민들의 삶이 힘들어질 것'이라는 것입니다.

SWOT 분석에서는 강점과 약점, 기회와 위협을 비교 분석하며 시사점을 뽑아냅니다.

구분	기회 (O)	위협 (T)
강점 (S)	SO전략 강점을 가지고 기회를 살리는 전략	ST전략 강점을 가지고 위협을 최소화하는 전략
약점 (W)	WO전략 약점을 보완하며 기회를 살리는 전략	WT전략 약점을 보완하며 위협을 최소화하는 전략

위의 과제에서 SO전략관점에서의 시사점을 도출한다면 강점은 **'세계 최고의 안정성과 정시운행률'**이며, 기회는 **'효율성을 높이는 ICT 기술의 출현'**입니다. 강점을 가지고 기회를 살리려면 어떻게 하는 것이 좋겠습니까?

'ICT 기술의 적극 도입으로 안정성과 정시운행률 제고'라고 하면 어떨까요? 이렇듯 내외부의 현상을 비교 분석, 응용하여 새로운 내용을 도출하는 작업은 매우 창의적인 작업으로 많은 지능과 훈련을 필요로 하는 작업입니다.

위의 과제로 4개의 전략을 도출해 보겠습니다.

- SO: 세계 최고의 안정성과 정시운행률, 효율성을 높이는 ICT 기술의 출현
  → **ICT 기술의 적극 도입**으로 안정성과 정시운행률 제고

- ST: 세계 최고의 안정성과 정시운행률, 고령화로 인한 무료승차 고객의 증가
  → 서울시와의 협의를 통한 무료승차 부분의 **예산확충**

- WO: 취약한 조직문화, 효율성을 높이는 ICT 기술의 출현
  → 양사 통합을 위한 **조직문화 개선**

- WT: 취약한 조직문화, 고령화로 인한 무료승차 고객의 증가
  → 예산확보 및 조직문화 개선

위의 비교 분석을 통해 'ICT 기술의 도입, 예산확충, 조직문화 개선'의 **전략과제들이 도출되었습니다**. **ST전략 부분을 보시게 되면** '세계 최고의 안정성과 정시운행률, 고령화로 인한 무료승차 고객의 증가'라는 강점과 위협요인에 대해 상급기관인 '**서울시와의 협의를 통한 무료승차 부분의 예산확충**'이라는 시사점이 도출되었습니다. 이는 무료승차가 많아지면 수익률 저하로 이어질 것이고 이를 개선하기 위해서는 제도개선 또는 무료승차 부분에 대한 예산지원이 이루어져야 하기에 '**예산확충**'이라는 시사점이 도출되게 된 것입니다.

예산확충이라는 단어는 과제 내에 없었던 내용입니다. 여러분들은 일반적으로 과제 내에 나오는 내용들을 기반으로 보고서를 작성하라고 사전교육을 받았을 것입니다. 물론 틀린 말씀은 아니지만 위의 사례처럼 과제 내의 내용을 응용하여 시사점처럼 새로운 것이 도출되는 것은 전혀 문제가 되지 않고 고득점으로 가는 길입니다.

위의 분석에서 특이한 점이 보입니다. 기회로써 위협을 상쇄할 수 있다는 것입니다. 위협요소인 '**고령화로 인한 무료승차 고객의 증가**'로 떨어지는 수익률을 기회요소인 '**효율성을 높이는 ICT 기술의 출현**'으로 만회할 수 있다는 것입니다.

◎ 선택과 집중

그렇게 되면 최종 전략과제는 '**ICT 기술의 도입, 조직문화 개선**'으로 압축되게 됩니다.
이렇게 도출된 전략과제들은 중요성, 긴급성, 효율성의 관점에서 우선순위를 도출하게 됩니다.

전략실행의 우선순위를 도출하는 것은 '선택과 집중'이라는 전략적 판단이 요구되는 매우 중요한 작업입니다. 여러분들이 접하게 되는 소속기관 및 기업의 전략과제들은 위의 작업을 통해 도출된 것입니다. 중요성과 긴급성에 대해서는 앞서 설명드린 내용을 참조하여 주십시오.

일반적으로 4개의 전략 관점 중에 가장 먼저 우선되어야 하는 관점은 SO전략입니다. 우리가 강점을 지니고 있고 기회가 왔으니 가장 먼저 실시해야 하겠지요. 하지만 일반적으로 그렇다는 것이고 상황에 따라 다를 수 있음을 유념하여 주십시오.

여러분들이 과제를 접할 때 실행의 우선순위를 두는 것은 매우 중요한 것으로 꼭 빠뜨리면 안 된다는 것을 강조드립니다.

우리가 다루었던 현황과 문제점의 관점에서 문제점은 SWOT 중 어디일까요?

바로 약점영역입니다. 우리 내부의 부족한 부분이 문제점이 됩니다. 이러한 관점에서 보면 SWOT는 현황과 문제점을 포괄하는 큰 그림의 분석 기법임을 알 수 있습니다.

시사점에 기반을 둔 대응전략과 실행의 우선순위가 도출되었다면 이후 실행부분은 기존의 발생된 과제 유형과 같습니다. 비전과 목표를 수립하고 각 대응방안들의 세부실행계획을 작성해 주시면 됩니다.

역량평가를 임하는 여러분들 향후 관리자로 근무하실 분들이십니다. SWOT 분석은 상위관리자로 올라갈수록 더욱 요구되는 역량이니 이번 기회에 잘 배워 두시면 매우 유용할 것입니다.

SWOT 분석에 대해 좀 더 깊게 들어간다면 기법 사용 시 외부환경을 분석하기 위해 주로 쓰이는 기법이 5 Force와 PEST 기법입니다.

5 Force 기법은 하바드대 경영학과 교수인 마이클 포터(Michael E. Porter) 교수에 의해 만들어진 기법으로 우리를 둘러싼 5가지의 힘을 분석하여 우리의 상황을 분석하는 것입니다.

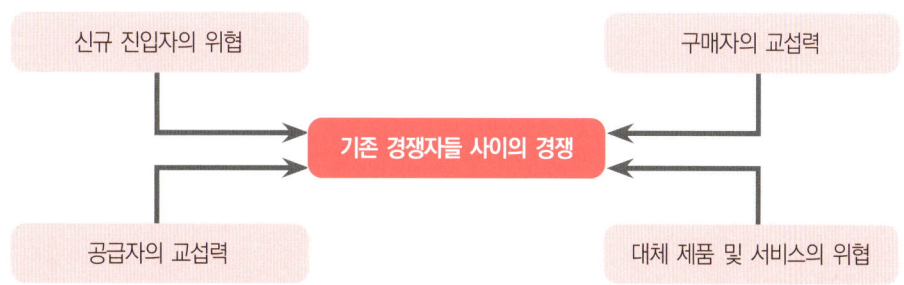

공급자, 신규 진입자, 구매자, 대체품, 경쟁자의 상황을 분석하면서 기회와 위협요인을 도출해 가는 과정입니다. 예를 들어 미중관계가 어려워지면서 중국이 대외 원자재 판매에 규제를 둔다면 이는 공급자의 교섭력이 커지는 것으로 우리에게 위협요인이 되는 것입니다. 아마 5 Force 기법을 사용하는 과제까지는 나오지는 않을 것이지만 참고로 하여 주십시오.

◎ PEST 분석

또 하나의 중요하게 바라봐야 할 대외환경 분석 기법은 PEST(Political, Economic, Social and Technological analysis) 기법입니다. 우리를 둘러싼 사회, 경제, 정치, 문화, 예술, 기술 등의 거시 대외환경을 분석하여 우리에게 오는 변화를 분석하는 것입니다.

우리나라 전기 공급을 독점하고 있는 '한국전력'은 전기차 시장의 확대에 따른 대응방안을 고민하고 있다. '대외환경'을 분석하고 '추진방안'을 수립하시오.

> 전기차에 대한 사회적인 인식은 친환경 산업이라는 관점에서 매우 좋아지고 있고 2013년 산업수요 대비 비중이 0%였던 전기차는 2019년 2.4%, 2025년에는 14.4%까지 높아질 것이다. 또한 기술의 발전으로 '1회 충전 주행거리(AER, All Electric Range)'가 많이 늘어나 1회 충전으로 서울에서 부산까지 갈 수 있다.
> 하지만 의회와 정부는 기존에 주어졌던 전기차에 대한 보조금, 세제혜택 등의 정책 지원을 줄여 갈 것을 천명하고 있다. 정부와 한전은 전기차 수요에 대응하는 전기차 충전소 등의 인프라 확충에 고민이 깊어지고 있다.

위의 글은 어떤 기법에 의해 정리가 가능할까요? 대외환경을 위에서 언급한 PEST의 관점에서 바라보면 정리가 상대적으로 쉬워질 것입니다.

위의 글을 PEST의 관점에서 대외환경을 분석하여 주십시오.

- 정치(Political)

- 경제(Economic)

- 사회(Social)

- 기술(Technology)

위의 글은 비교적 쉬운 과제이죠. 저는 아래처럼 PEST를 정리하여 보았습니다.

- 정치(Political)
    - 전기차에 대한 보조금, 세제혜택 등의 정책 지원의 축소

- 경제(Economic)
    - 전기차의 산업수요 대비 비중의 증가 2019년 2.4% → 2025년 14.4%

- 사회(Social)
    - 사회적으로는 친환경 산업이라는 관점으로 인식이 매우 좋아지고 있음

- 기술(Technology)
    - 기술력의 발전으로 1회 충전으로 서울에서 부산까지 갈 수 있음

대외환경 분석에 따른 시사점은 **'정부의 전기차 지원의 축소에도 전기차 시장이 확대되고 있다.'** 등으로 정리할 수 있고 이에 따른 추진방안은 **'정부와 한전은 전기차 충전소 등 전기차 수요에 대응하는 인프라 구축에 박차를 가해야 한다.'**로 정리될 수 있습니다.

PEST라고 하니까 반드시 정치, 경제, 사회, 기술만을 분석하는 것은 아닙니다. 여러분들이 과제의 상황에 따라 법적(Legal), 또는 환경(Environmental) 등의 이슈들을 더 얹혀도 됩니다. 법적인 이슈들이 추가되면 SLEPT로 부르고 여기에 환경이슈가 추가되면 PESTEL이 됩니다.

여러분들이 과제상황을 분석하고 수렴하다 보면 다양한 이슈들이 도출되는데 특정한 틀을 고정하지 말고 유연하게 자료를 기반으로 유목화하면 된다는 의미입니다.

예를 들어 우리 주변에 자주 나오는 이슈들이 글로벌 환경에 관한 것들입니다. 그러면 PEST 개념에 글로벌 이슈를 하나 얹어서 GPEST로 탄생시키면 되는 것입니다.

이렇듯이 여러분들은 과제들을 분석하는 과정에서 관련 정보들을 모아 의미덩어리로 그룹핑하는 과정을 진행하게 되는데 이러한 역량을 개념적 사고력(Conceptual Thinking)이라고 합니다. 상황을 정리하고 개념화하는 데 있어 매우 중요한 요소입니다.

앞서 말씀드린 5 Force 분석 기법은 마이클 포터라는 뛰어난 분이 환경을 정리하기 위해 만든 개념이라는 것입니다. 뛰어난 역량을 지닌 분들은 이렇듯 현상을 정리하는 이론을 만들어 냅니다.

최근 전 세계적으로 화제가 되는 경영 기법으로 환경, 사회, 지배구조를 의미하는 ESG(Environment, Social, Governance) 개념 또한 누군가가 만들어 낸 것입니다.

사람이 만든 개념이면 여러분들도 만들 수 있는 것이지요. 그러면 매우 뛰어난 역량을 지닌 분으로 평가를 받게 됩니다.

천재들에 의해 만들어진 정리하는 기법은 현상을 규정하는 프레임웍(Frame-Work)이 될 수도 있고 실행의 프로세스(Process)일 수도 있습니다.

내부의 강점과 약점을 분석하는 기법으로는 마이클 포터 교수가 제창한 밸류체인(Value Chain) 기법이 주로 사용됩니다.

구매 〉 제조 〉 물류 〉 판매 〉 서비스

원재료의 구매에서 기획과 생산, 물류/유통, 판매와 애프터서비스까지의 본원적인 사업의 흐름에서 우리가 가지고 있는 강점이 무엇인지를 분석하는 것입니다. 이러한 가치의 흐름은 기업마다 다릅니다. 예를 들어 공공조직 중에 하나인 교육청은 구매가 없을 수 있습니다. 무형의 서비스를 제공하기 때문에 그렇습니다.

기업들은 위의 흐름에서 본인들이 가장 강점을 보이는 사업(가치)은 수행하고 나머지는 외주(Outsourcing)를 주는데 한국전력은 한국수력원자력, 남동발전 등으로 발전 생산 부분을 분리(Spin-

Off)하였고 본인들은 전기의 물류와 판매, 서비스를 주업으로 수행하는 것입니다. 본인들이 가진 내부의 강점을 극대화하여 가치를 높이고자 하는 전략입니다.

본원적인 흐름 외에도 인적자원 관리, 연구개발, 조달 등의 지원 부분의 강점도 같이 파악하는데 이런 분석을 통해 기업내부의 '핵심역량'을 도출할 수 있습니다.

◎ 3C 분석

대내외 환경을 분석하는 또 하나의 기법으로는 미시적으로 고객과 경쟁사, 자사를 분석하는 3C(Customer, Competitor, Company) 기법을 말할 수 있습니다. 3C 기법은 마케팅에서 널리 사용하는 이론으로 대내외 환경 분석에서 유용하게 사용될 수 있습니다.

○ 3C 분석대상과 기준

고객	- 현재 및 잠재고객 - 관련 조직 등 이해당사자	- 타깃 고객은 적절한가? - 성장 가능성은 있는가? - 잠재수요는 어느 정도인가?
경쟁사	- 동종업계 경쟁사 - 전후방 대체재 산업에 속한 기업	- 현재 경쟁사, 잠재 경쟁사 진입 가능성은 어느 정도인가? - 경쟁사의 차별성은 있는가?
자사	- 기업내부 자원(조직, 재무 등) - 수행주체가 되는 제품, 서비스	- 기업내부의 조직문화는 좋은가? - 기술력은 어느 정도인가? - 시장인지도는 어느 정도인가?

아래의 글을 3C의 관점에서 분석하고 정리하여 주십시오.

'4차 산업시대를 선도하는 미래인재육성'이라는 미래비전을 달성하고자 보나시 교육청은 메타버스 전문학교 설립을 추진하고 있다. 이에 대내외 환경을 분석하여 시사점과 추진방안을 도출하시오.

> 미래에는 메타버스가 삶의 상당부분을 대체할 수 있는 플렛폼이 될 것이며 메타버스 공간 안에서의 활동이 확대될 것이다. 메타버스 안에서 2030년에는 주당 업무수행 3시간, 교육 및 엔터테이먼트 각 2.5시간 활용이 예상된다.
> 이에 A국의 경우 2020년 메타버스 학교 설립 후 2023년부터 매년 1만 명 이상이 메타버스 분야로 취업하고 있으며 모든 중고등학교의 교과수업 중 30%를 4차 산업형 교육시간으로 편성하고 있다.
> 하지만 보나시는 2024년 기준 200개 고등학교에 15만 9천 명이 재학 중에 있고 이 중 과학기술고 12%, 전문특성화고는 5%이며 나머지는 일반고이지만 보나시는 메타버스 인력 양성을 위한 제반 환경이 전무한 상황이다.

이 책을 읽고 있는 분들이 소속된 기관은 정부 또는 공공기관일 수 있는데 이럴 경우 고객은 국민들이 되고 경쟁사는 해외 사례가 될 수 있습니다. 예외적으로 국내에 경쟁적 상황이 있을 수 있으나 정부는 공공기관들을 경쟁적으로 만들어 놓지는 않을 것입니다. 예를 들어 2개의 건강보험공단을 만들지는 않는다는 것입니다. 그러면 예산낭비 등의 비난에 직면하게 됩니다.

○ 위의 글을 3C의 관점에서 대내외 환경을 분석하여 주십시오.

· 고객(Customer)

· 경쟁사(Competitor)

· 자사(Company)

○ 위의 환경 분석에 따른 시사점은 무엇인가요?

○ 귀하께서 생각하시는 추진방안은 무엇인가요?

어렵지는 않은 과제였습니다. 제가 생각하는 분석의 결과와 추진방안입니다.

· 고객(Customer)
  - 미래에는 메타버스가 삶의 상당부분을 대체할 수 있는 필수요소임

· 경쟁사(Competitor)
  - A국의 경우 2020년 메타버스 학교를 설립하여 전문인력을 배출하고 있음

· 자사(Company)
  - 보나시는 메타버스 인력 양성을 위한 제반 환경이 전무한 상황임

○ **시사점**
  - 보나시는 고객들의 요구에 부응하지 못하고 있고 경쟁국가에도 뒤처짐

○ **추진방안**
  - 적극적인 메타버스 인재육성체계 수립

대내외 환경 분석과 관련하여 SWOT, PEST, 3C 기법 등 3가지의 방법론을 다루어 보았고 이외에도 많은 기법들이 존재합니다.

앞서 말씀드렸듯이 다양한 기법들을 사용해 본 경험은 실전에서 유연하게 대응할 수 있습니다. 또한 많은 기법들을 다루어 봄에 따라 새로운 기법을 창출할 수도 있습니다. 이제는 과제들을 다루어 보면서 기획역량의 깊이를 더해 보겠습니다.

(2) 사업계획수립 보고서

국내 모 교육청 사무관 역량평가에서 제시된 과제 지시문입니다.

■ 배경상황

· 오늘은 2025년 1월 6일(수)이며, 귀하는 소망시 교육청 교육혁신정책과 한교혁 사무관입니다. 전 세계적으로 메타버스와 같은 미래 전문분야가 사회 각 분야에서 혁신적인 변화를 가져오고 있으며, 이에 따라 소망시 교육청에서는 미래전문인재 육성 노력의 일환으로 메타버스 전문 특성화고등학교의 설립을 추진하고자 합니다.
· 그런데 일부에서는 메타버스 전문 특성화고등학교를 별도로 설립하는 것에 반대하고 있습니다. 기존 특성화고등학교를 활용해서 메타버스 교육을 하면 된다는 의견과, 메타버스 분야 전문 특성화고등학교의 별도 설립은 효과성이 없다는 주장 등이 있습니다.
· 귀하는 주어진 자료와 각계의 의견을 종합하여 **'메타버스 전문 특성화고등학교 설립 기획안'**을 작성하여야 합니다. 메타버스 전문 특성화고등학교 설립의 필요성, 이에 따른 기대효과, 메타버스 전문 특성화고등학교 설립의 당위성이 설득력 있게 제시되어야 하며, 기존 특성화고등학교 중에서 한 개 학교를 메타버스 전문 특성화고등학교로 전환하는 방안과 별도로 신규 설립하는 방안의 장단점을 비교하여 어느 것이 더 효과적인지에 대한 의견이 포함되어야 합니다.

· **귀하는 앞으로 80분 동안 주어진 업무들을 모두 검토한 후 기획안을 작성하여 제출해야 합니다.**

'고등학교 설립 기획안 작성'이라는 제목은 기존의 역량평가에서 보기 힘든 과제 지시문입니다. 난이도가 매우 높은 과제로 아마도 '현황과 문제점' 분석에 익숙한 분들은 머리가 멍해졌을 것입니다. 이 정도의 난이도 수준이라면 기획실에 근무하는 분들이라도 힘들 것이라고 생각되고 관련 업무 경험이 없는 IT, 사서, 행정, 운영 등 다른 분야의 사무관 후보들은 거의 대응하기 힘든 과제 유형입니다. 이만큼 과제들이 어려워지고 있다는 것을 말해 주는 것 같습니다.

제목을 유심히 보시면 '고등학교 설립 기획안 작성'입니다. 고등학교를 새로 설립하겠다는 것인데 이때는 설립의 당위성이 설득력 있게 제시되어야 합니다. 그래서 여러분들은 주어진 자료들을 분석하여 설립이 왜 필요한지에 대한 논거들을 도출해 내야 합니다.
이와 같은 과제에서는 어떤 방법론이 적절할까요?

메타버스는 학교는 왜 지어져야 할까요? 그 이유는 환경이 변화하기 때문입니다. 우리를 둘러싼 환경 변화가 학교를 설립해야 하는 이유입니다.

이런 과제 유형에서는 PEST 분석 기법을 활용해 보시면 어떨까요? 물론 SWOT이나 3C 분석도 가능합니다만 우리 내부에서 아직 준비가 된 것이 없기에 자사의 강점과 약점이 없을 수 있습니다.

과제를 분석하면서 기술환경, 사회환경, 경제환경, 교육환경, 글로벌환경, 정부의 정책변화 등으로 구분하여 정리를 해 보는 것입니다. 그러면 '우리는 메타버스 고등학교를 설립해야 한다.'라는 시사점에 도달하게 될 것입니다.

왜? 학교를 설립해야 하느냐? 그 이유는 '기술이 변화하여 많은 사람들이 메타버스를 사용하고 있고 이를 기반으로 경제성이 높아지고 있으며 이에 세계적으로 다른 나라들도 뛰어들고 있어서 우리도 해야 한다.'라는 것입니다.

사업계획과 같은 과제 유형이 제시되면 경험이 없는 분들이 매우 당황하게 되는데 환경을 분석하는 단계에서 앞서서 배운 SWOT, PEST, 3C 분석 등이 유용하게 사용될 수 있습니다.

(3) 사업의 의사결정

위에서 사용된 모 교육청 사무관 역량평가 과제 지시문을 다시 인용하겠습니다.

> ■ 배경상황
>
> · 오늘은 2025년 1월 6일(수)이며, 귀하는 소망시 교육청 교육혁신정책과 한교혁 사무관입니다. 전 세계적으로 메타버스와 같은 미래 전문분야가 사회 각 분야에서 혁신적인 변화를 가져오고 있으며, 이에 따라 소망시 교육청에서는 미래전문인재 육성 노력의 일환으로 메타버스 전문 특성화고등학교의 설립을 추진하고자 합니다.
> · 그런데 일부에서는 메타버스 전문 특성화고등학교를 별도로 설립하는 것에 반대하고 있습니다. 기존 특성화고등학교를 활용해서 메타버스 교육을 하면 된다는 의견과, 메타버스 분야 전문 특성화고등학교의 별도 설립은 효과성이 없다는 주장 등이 있습니다.
> · 귀하는 주어진 자료와 각계의 의견을 종합하여 **'메타버스 전문 특성화고등학교 설립 기획안'**을 작성하여야 합니다. 메타버스 전문 특성화고등학교 설립의 필요성, 이에 따른 기대효과, 메타버스 전문 특성화고등학교 설립의 당위성이 설득력 있게 제시되어야 하며, **기존 특성화고등학교 중에서 한 개 학교를 메타버스 전문 특성화고등학교로 전환하는 방안과 별도로 신규 설립하는 방안의 장단점을 비교하여 어느 것이 더 효과적인지에 대한 의견이 포함되어야 합니다.**
>
> · <u>귀하는 앞으로 80분 동안 주어진 업무들을 모두 검토한 후 기획안을 작성하여 제출해야 합니다.</u>

위의 과제에서 '고등학교 설립에서 기존의 일반학교를 전환하는 방안과 새롭게 설립하는 방안 중 적합한 것을 선택'하라는 의사결정 내용이 포함되어 있습니다.

이는 여러 이해관계자들의 관점을 고려한 판단이 이루어져야 하는 상황으로 기획보고서 역량평가에서 자주 나오는 유형입니다.

의사결정에서 반드시 고려해야 할 사항은 **'결정의 당위성'**이 있어야 한다는 것입니다. 그리고 결정에 따른 **'장애요인들을 도출하고 이에 대한 극복방안'**을 제시해야 합니다.

과제에서 제시된 부처의 비전이나 추진전략에서 힌트를 얻기도 하고 신문 기고, 전문가 칼럼 등에서 판단의 기준들을 제시하는 경우가 있습니다. 이를 참조하여 판단의 근거를 세워야 합니다.

앞서 언급하였지만 기획서 작성 시 해결방안은 여러 이해관계자들의 이익을 도모하는 방향으로 접근되어야 하며 이는 본 기획의 추진배경이고 기대효과가 됩니다. 반대로 기획을 추진할 때 반드시 나타나는 모습이 역기능입니다. 모든 기획은 일장일단(一長一短)이 있습니다. 추진 시에 나타나는 내외부 이해관계자들에게 오는 역기능은 기획의 장애요인이 됩니다.

코로나바이러스가 범람할 당시 질병관리청은 수많은 고민들을 하였을 것입니다. 코로나바이러스 감염을 낮추기 위해 '사회적 거리두기' 정책을 실시할 수밖에 없었는데 이 같은 결정은 소상공인들에게는 엄청난 역기능으로 다가왔습니다. 풍선효과로 한쪽을 누르면 다른 한쪽은 부풀어 올라갑니다. 기획담당자는 의사결정 시에 장애요인을 잘 고려하고 극복방안을 수립하여야 합니다. 간단한 예시를 풀어 보겠습니다.

의사결정 예시과제

**평가대상자
이보나 사회정책관**

- 당신은 한라국 신임 국무조정실 사회정책관으로 부임한 이보나 정책관입니다.
- 지금은 2025년 8월 25일 오후 14시 20분입니다.
- 전임 정책관은 갑작스러운 건강의 문제로 병가 중이며 귀하는 전임 정책관의 추진업무 중 하나인 '2028년 에너지엑스포 개최도시 선정'과 관련한 의견을 오늘 중으로 보고해야 합니다.
- '2028년 에너지엑스포'는 국가적 사업으로 정부는 2025년까지 사업을 확정하기로 하였습니다. 본 사업은 지역사회 개발에 매우 효과적일 것으로 평가되어 많은 지자체에서 유치에 관심을 표명하였고 '경상남도 창의시'와 '전라남도 도전시'가 각축을 벌이고 있는 상황에서 '충청남도의 혁신시'가 유치경쟁에 뛰어듦으로 지역 간의 경쟁으로 치닫고 있는 상황입니다.
- 담당 차관은 오늘 오후 15시까지 개최도시 선정방안 보고를 요구하였고, 이에 귀하는 에너지엑스포 도시 선정 총괄담당자로서 의견을 보고해야 하나 바쁜 업무들이 많아 차관 보고까지 20분의 시간밖에 없습니다. 20분 동안 제시된 자료를 분석하여 간략하게 보고서를 작성해 주시기 바랍니다.

● 자료#1 관련 기사

에너지 엑스포 유치를 위한 광역 및 지자체들의 지역갈등

'충청남도 혁신시 뒤늦게 유치경쟁 합류 정부의 입지 결정 지연 지역갈등 부채질'

2028년 개최될 에너지엑스포 유치를 두고 해당 지방단체 간 유치경쟁이 치열하다. 경상남도 창의시와 전라남도 도전시가 각축을 벌였으나 충청남도의 혁신시가 경쟁 구도에 뒤늦게 합류하면서 에너지엑스포 유치가 과열 경쟁으로 번지고 있다는 주장이 일어나고 있다.

이처럼 에너지 엑스포 입지를 놓고 지역 간 유치경쟁이 조율되지 않고 있는 것은 정부와 정치권의 정치적 부담 때문이다. 각 광역단체 및 지자체장들의 선거 공약으로 에너지엑스포 유치를 내세우는 바람에 정치적으로도 매우 민감한 사항이 되어 있다.

이 때문에 지난 8월 12일 국회에 제출된 특별법 개정안이 9월 정기 국회를 통해 논의된다고 해도 지역 간 갈등 때문에 특별법 통과가 불투명해 당초 예정된 10월 입지 선정 발표가 12월로 2개월 연기될 가능성이 높다.

자료#2 오피니언

오피니언 [사설] 에너지 엑스포 유치경쟁 줄이려면…

정부가 주관하는 에너지엑스포 유치 도시 결정이 지연되면서 이제야말로 에너지엑스포 사업을 차질 없이 추진함과 동시에 지역 간 과열 경쟁을 잠재우는 특단의 대책 마련이 필요한 시점이라고 본다. 가장 우려되는 부분은 치열한 유치경쟁에 따른 부작용이다.

이미 유치 의사를 밝힌 도시들과 광역단체에서는 유치경쟁에 뛰어들어 홍보전을 방불케 하고 있다. 세미나 개최나 서명운동 전개는 기본이고 창의시, 도전시, 혁신시에서는 에너지엑스포 유치 추진 기구까지 구성해 가동할 정도다. 경쟁이 과열되다 보니 지역 간 갈등 조짐마저 나타나고 있다.

이런 와중에 땅값만 잔뜩 부풀려져 또 다른 후유증이 예고된다. 후보지로 물망에 오른 지역은 한차례 부동산 투기 광풍이 휩쓸고 지나갔으나 복병은 여전히 도사리고 있다. 국회를 통한 특별법 개정에서 유치도시 선정의 기준이 정해지게 되면 부동산 투기 바람은 다시 고개를 들 것이 분명하다.

우리는 대규모 국책 사업들이 지가 인상으로 차질을 빚는 경우를 누차 봐 왔다. 행여 부동산 투기가 차세대 산업의 걸림돌이 되지 않도록 완벽한 투기 차단책을 수립해 주기 바란다.

지방선거가 채 1년도 남지 않은 상황에서 일부 광역단체장들과 자치단체장들이 에너지엑스포 문제를 정치적으로 악용할 개연성은 얼마든지 있다. 에너지엑스포 유치를 빙자해 유권자와 접촉 횟수를 늘리고 세몰이용 이슈로 삼아서는 절대 안 될 일이다.

에너지엑스포 유치만큼 지역발전을 앞당길 만한 호재도 없지만, 도를 넘어선 지나친 유치경쟁은 자제해야 할 줄 알아야 한다. 또한 에너지엑스포 후보지가 공정하게 선정되게끔 확실한 규칙을 정하고 투명하게 결정함으로써 부작용을 최소화해야 할 것이다.

그러려면 이번 문제의 조율기관인 정부부터 객관성을 유지해야 마땅하다. 누구나 공감하는 최적의 안 마련을 위한 정부의 의지와 노력 그리고 올바른 판단을 기대해 본다.

● 자료#3 부하직원의 내부보고 이메일

| 답장 | 모두 답장 | 전달 | 삭제 | 목록 보기 | 미리 보기 | 인쇄 | 완전 삭제 |

제목	에너지 엑스포 개최도시 선정을 위한 조사자료		
보낸 사람	김조정 국민갈등조정과 과장	작성 일자	2025.08.25. 13:50
받는 사람	이보나 국무조정실 사회정책관		
내용	정책관님 안녕하십니까? 국무조정실 국민갈등조정과 김조정 과장입니다. 전임 정책관님이 지시하신 개최도시별 비교자료를 첨부하여 보고드립니다. 전임 정책관님은 '인구수', '주민 찬성률', '도시 접근성', '도시 숙박인프라', '산업연계성', '학교연계성', '관광연계성', '재정자립도', '예산확보의 용이성'을 기반으로 조사하라는 지시에 의해 작성하였습니다. 위의 조사 기준의 원안에는 '개최도시 시장의 리더십'과 '시청 직원들의 개최 적절성', '도시 기반인프라'도 포함되어 있었으나 무슨 이유이신지 위 사안은 지우라고 말씀하셨습니다. 어찌 되었든 전임 정책관님이 지시하신 내용을 조사하여 첨부하오니 참조하여 주시길 바랍니다. 국민정책갈등과 과장 올림		
첨부	3개 도시 비교 조사자료.hwp		

● **자료#4 3개 도시 비교 조사자료**

구분	경상남도 창의시	전라남도 도전시	충청남도 혁신시
인구수	42만	38만	35만
주민 찬성률	98%	95%	94%
도시 접근성	기차가 없고 수도권에서 버스로 4시간 20분, 부산에서는 버스로 1시간	기차 및 KTX가 운행하며 수도권에서 버스로 3시간 30분	수도권에서 버스로 2시간
도시 숙박인프라	호텔, 모텔 약 3,000실	호텔, 모텔 약 2,500실	호텔, 모텔 약 1,000실
에너지 관련 산업연계성	조선 산업 중심의 도시로 대규모 조선사 2개가 있으며 관련 산업이 발달되어 있음	대형조선사가 1개 있으며 한전 등 에너지 관련 대규모 기업들이 30분 거리에 위치하고 있음	대규모 화력발전소가 위치하고 있음
에너지 관련 학교연계성	에너지 관련 학과 및 연구단지는 없음	에너지 관련 국립대학 학과 2개, 사립대학 학과 4개가 있음	에너지 관련 사립대학 학과 2개가 있음
주변 관광연계성	섬으로 관광인프라가 풍부하며 국립공원을 접하고 있음	바다를 접하고 있으며 주변에 오랜 유적지 및 먹거리가 풍부하고 국립공원을 접하고 있음	서해안의 절경들을 접하고 있음
재정자립도	44.98%	21%	27.75%
예산확보의 용이성	경상남도로부터 적극적인 지원을 확보한 상황임	전라남도로부터 적극적인 지원을 확보한 상황이며 관련 기업들에서도 지원을 약속함	충청남도로부터 적극적인 지원을 확보하였음

아래에 제시된 답지양식에 국무조정실 사회정책관으로서의 귀하의 의견을 제시해 주십시오. 답지의 목차는 귀하께서 판단하여 구성해 주시고, 답지의 기술은 개조식으로 해 주십시오. 그리고 제시된 정보만을 기반으로 작성해 주시길 바랍니다.

● **이보나 사회정책관의 에너지 엑스포 도시 선정 의견 보고**

답지 작성에 수고가 많았습니다. 아래는 제가 작성한 답지입니다. 여러분들이 작성한 답지와 차이가 많이 있는지요?

● 이보나 사회정책관의 에너지 엑스포 도시 선정 의견 보고 답지

◎ 상황개요
2028년 개최되는 에너지 엑스포 운영과 관련하여 경상남도 창의시와 전라남도 도전시, 충청남도의 혁신시가 엑스포 유치에 나서면서 경쟁이 가열되고 있음. 오늘 중으로 개최도시 선정과 관련의견을 제시해야 함

◎ 선정 도시
전라남도 도전시

◎ 선정 근거

구분	의견	창의시	도전시	혁신시
인구 및 주민 찬성률	대동소이하여 비교하기 힘듦	-	-	-
도시접근성	엑스포 성공에 매우 중요한 요소임	1	2	3
숙박인프라	엑스포 성공에 중요한 요소임	3	2	1
산업연계성	엑스포 성공에 매우 중요한 요소임	1	3	2
학교연계성	엑스포 성공에 매우 중요한 요소임	1	3	2
관광연계성	엑스포 성공에 매우 중요한 요소임	2	3	1
예산확보	엑스포 성공에 매우 중요한 요소임	3	2	1
합 계		11	15	10

위의 답지는 간략하게 선정기준들을 숫자로 표현하여 근거의 배경을 명확히 하여 줌으로써 논리적인 접근을 하였다고 판단됩니다. 위의 과제에서 어느 도시로 의견을 제시하든지 정답은 없습니다. 선정된 도시가 왜 선정이 되었는지 배경과 논리가 타당하면 되는 것입니다. 저는 제 나름의 평가기준으로 중요도를 판단하였고 중요도에 따라 점수를 더해 '전라남도 도전시'라는 의견을 제시했습니다.

하지만 탈락한 2개 도시의 반발에 대해서는 아무런 방안이 없습니다.

위의 과제는 의사결정 과정에서 미래에 발생될 수 있는 잠재적인 문제들과 장애요인들까지 고려된 의견들이 있어야 합니다. 그래서 '불을 보듯 뻔한' 탈락한 2개 도시의 반발을 무마할 수 있는 의견이어야 한다는 것입니다. 즉, 미래에 발생될 수 있는 사안들까지 고려한 의견, 전략적 사고의 관점이 요구되는 과제인 것이지요.

아래의 답지를 참조하여 주십시오.

● 이보나 사회정책관의 에너지 엑스포 도시 선정 의견 보고 답지 II

◎ 상황개요

2028년 개최되는 에너지 엑스포 운영과 관련하여 경상남도 창의시와 전라남도 도전시, 충청남도의 혁신시가 엑스포 유치에 나서면서 경쟁이 가열되고 있음. 오늘 중으로 개최도시 선정과 관련 의견을 제시해야 함

◎ 선정 도시 의견: 전라남도 도전시

◎ 선정 근거

구분	의견	창의시	도전시	혁신시
인구 및 주민 찬성률	대동소이하여 비교하기 힘듦	-	-	-
도시접근성	엑스포 성공에 매우 중요한 요소임	1	2	3
숙박인프라	엑스포 성공에 중요한 요소임	3	2	1
산업연계성	엑스포 성공에 매우 중요한 요소임	1	3	2
학교연계성	엑스포 성공에 매우 중요한 요소임	1	3	2
관광연계성	엑스포 성공에 매우 중요한 요소임	2	3	1
예산확보	엑스포 성공에 매우 중요한 요소임	3	2	1
합계		11	15	10

◎ 도시 선정의 절차
- 에너지 엑스포 도시 선정 위원회(TFT) 운영
  - 창의시, 도전시, 혁신시, 정부의 관계자, 전문가 집단이 참여하는 선정위원회를 구성하여 2개월간의 선정 작업을 공동으로 수행하여 10월 말까지 최종 확정
- 선정기준의 추가
  - 기존의 9개의 선정기준에 '개최도시 시장의 리더십'과 '시청 직원들의 수용도', '도시 기반 인프라' 등을 추가함

위의 답지를 보면 선정 도시의 의견은 제시하지만, 확정안은 아님을 볼 수 있습니다. 차관으로부터 지시가 있어 사회정책관으로서 선정 도시의 의견을 제시하지 않을 수 없습니다.

앞선 답지와 다르게 3개 도시와 중앙정부, 전문가 집단이 참여하는 TFT를 운영하여 최종 선정 도시의 적절성을 확인하여 선정한다면 이후에 발생할 수 있는 반발을 사전에 차단할 수 있을 것입니다. 또한 정부에서는 10월 말까지 선정을 완료하려고 합니다. 이에 추진일정을 제시하였습니다.

위의 안은 정부의 원안의 일정을 충실히 이행하려는 의사(성과관리)도 포함되어 있고, 선정의 타당도를 높일 수 있는 선정기준의 내용도 포함시킴으로 인해 효과적인 정책 의견 제시가 이루어졌다고 판단됩니다.

위의 사례를 잘 기억하셔서 현업에서의 유사한 상황에서도 잘 대응하시고, 역량평가 과제상황에서도 유용하게 활용하시길 바랍니다.

제6강

기획보고서 발표와 질의응답

제6강
기획보고서 발표와 질의응답

앞서 말씀드린 것처럼 발표(OP)과제는 정책기획보고서를 작성하고 이를 발표하는 평가방식입니다. 그러나 최근에는 인바스켓 평가 시에도 정책기획 소과제를 발표하게 하는 경우도 늘고 있습니다. 이는 기존에는 발표와 인바스켓을 분리하여 진행하였으나 최근에는 이를 하나로 묶어서 진행한다고 보시면 됩니다.

발표 시간은 인사혁신처에서는 5분 발표와 15분간의 질의응답을 하고 고용노동부는 7분 발표하며 다른 기간에서도 일반적으로 8분 이내로 진행합니다. 5분 정도의 발표를 위해서는 1.5페이지 정도의 보고서 문안이 적당하며, 평소 발표를 연습할 때 5분의 발표 시간을 지키면서 실전처럼 연습하는 것이 매우 중요합니다.

발표(Presentation)를 시키는 이유는 기본적으로 의사소통 역량을 평가하는 데 목적이 있습니다. 평가사가 평가하기 위해서 질의응답을 하면 쉬운데 별도로 발표를 시킨다는 것은 평가 대상자의 발표내용을 '평가사가 알아듣고, 이해하고, 기억할 수 있느냐?'를 보고자 함입니다.
화자(話者)의 내용이나 의도가 청자(聽者)의 기억장치인 해마에 안착되는 것이 의사소통이고 이를 '정보처리 과정'이라고 합니다.

또한 역량평가에서 발표는 상사에게 보고하는 상황으로 이는 상사에게 정책사안과 관련하여 보고하고 결재를 득하는 과정인 것입니다. 발표는 1:1 소통으로 많은 청중들을 기반으로 진행하는 연설의 장면이 아니라는 것을 유념해야 합니다.
그러기 위해 상대가 나의 발표 내용을 잘 알아듣고 있는지 살펴 가며 발언을 해야 하는데 이런 과정을 '설득'의 과정이라고 합니다. 어떤 이들은 발표를 '설명'의 과정이라고 하는 분들도 있는데 이는 상사가 부하에게 하는 방식으로 현 상황에서는 적절치 않은 접근입니다. 발표는 화자 중심이 아닌 청자 중심으로 진행되어야 합니다.

발표 시에 여러분은 5분 이내에 상사 즉, 평가사를 설득해야 합니다. 그러기 위해 차분하게 상대와 눈을 마주치면서(Eye Contact) 상대가 알아들을 수 있도록 절대 빠르지 않게 장단고저의 목소리 톤을 유지하면서 내용을 명확히 전달해야 합니다. 제 경험에 의하면 많은 분들이 발표 시에 눈은 발표 문안에 고정한 채 상대가 듣든지 말든지 안중에 두지도 않으며 빠르게 읽어 나가는 분들이 있는데 이는 소통이 아닙니다. 기본적으로 여러분들이 자녀를 설득하는 장면을 연상하시면서 진행하시면 됩니다.

발표는 앞서 말씀드렸듯이 정보를 처리하는 과정입니다. 인간의 뇌에 있는 기억장치인 해마는 컴퓨터의 디렉터리처럼 수많은 폴더로 구성되어 있습니다. 그래서 해마의 모습을 기반으로 컴퓨터의 기억장치를 만들었다고 합니다. 이를 정보처리 이론이라고 하는데 여러분들이 전달하고자 하는 정보 또한 폴더 형태로 그룹을 지어 말을 하면 상대는 훨씬 정리(기억)하기가 쉬워집니다. 보고서들 또한 소통을 용이하게 하기 위해 단락을 두고 구성되어 있는데 그러기 위해서 발표의 내용도 단락을 지어 전달해야 합니다. 문서가 단락으로 구성되어 있듯이 말에도 단락이 있습니다.

'안녕하십니까? 도시개발과의 ○○○ 과장입니다. 지금부터 하명하신 사회적기업 지원 대책 방안에 대해 보고를 드리겠습니다.
　보고의 순서는 추진배경, 현황, 문제점, 해결방안, 세부추진계획, 기대효과입니다.
　먼저 추진배경입니다… 다음은 현황입니다… 다음은 문제점입니다… 문제점은 총 3가지로 도출되었는데 첫 번째 문제점은… 두 번째 문제점은… 세 번째 문제점은… 첫 번째 문제점으로 말씀드린 사안에 대한 배경은… 두 번째 문제점으로 말씀드린 사안에 대한 배경은……'

위의 예시와 같이 발표 시에 나의 발표가 어느 위치에 와 있는지 평가사에게 인지시키는 것도 매우 중요합니다. 지금의 발표가 두 번째 문제점의 배경을 설명하고 있다면 그 순서가 명확히 전달되어야 평가자의 인지가 쉬워집니다.

'이것도 문제이고요. 저것도 문제이고요. 게다가 …있고요. …까지 있습니다. 마지막으로는 … 또한 … 있습니다.'

위의 발표는 평가사가 아주 싫어하는 발표의 유형입니다. 평가사는 여러분의 발표에 고도로 집중하지 않습니다. 발표의 내용이 들리지 않으면 안 들린다고 작성을 하고, 장황하다고 느껴지면 장황하다고 작성할 뿐입니다. 따라서 평가사가 발표의 내용을 명확히 인지할 수 있도록 단락을 지어서 보고하는 것이 중요합니다. 추가로, 발표 시에 명확한 전달을 위해 판서를 병행하는 방법도 있으나 이는 오히려 발표자의 집중력을 흐트릴 수도 있으니 상황에 맞게 활용하시길 바랍니다.

또한 발표자의 자세 역시 중요한 요건 중 하나입니다만 5분의 짧은 발표에서 자세까지 신경을 쓰면서 발표를 하는 것은 권하고 싶지 않습니다. 상사에게 보고하듯이 자연스럽게 자세를 취해 주시면 됩니다. 안경을 내려 쓰거나 자세를 비스듬히(짝다리) 하는 등의 평가사를 자극할 만한 행동만 자제해 주시면 됩니다.

1 지시하신 ○○내용에 대해 보고를 드리겠습니다. 보고의 순서는… -중략- …입니다.
▶ 단락을 구분하여 발표해야 합니다. 그래야 평가자 입장에서 정보처리가 용이합니다.

2 중요포인트에는 강조 또는 반복을 하여 명확히 전달합니다.
▶ 문제점과 개선방안 등의 중요사항에 대해서는 강조하여 전달합니다.

3 발표는 설득의 과정입니다. 평가자가 이해를 하고 있는지 살피면서 내용을 전달합니다.
▶ 평가자의 눈의 위치와 끄덕임, 자세들을 보면서 차분하게 전달합니다.

질의응답은 여러분의 발표가 끝난 이후에 바로 이어서 진행되는데 발표와 마찬가지로 질의응답 또한 소통 과정입니다. 평가를 진행하다 보면 평가자의 질문 외에 다른 사항들을 부연하여 응답하시는 분들이 많이 계시는데 이것은 효과적인 대응이 아닙니다.

질의응답 시에 "본 사안의 문제점은 무엇입니까?"라는 평가사의 질문에 평가 대상자가 문제점과 함께 그 근거까지 모두 말해 버리는 경우를 자주 보곤 합니다. 평가사들은 역량을 평가하기 위한 질문을 준비하고 있습니다. 만약 하나의 질문에 여러 내용을 함께 답해 버리면 평가사가 준비한 질문을 하지 못하게 되어 더 어려운 질문을 받게 될 수 있습니다. 질의응답 시 명심할 것은 '묻는 말에만 답하자.'입니다. 두괄식으로 결론만 말씀하시면 다음 질문은 들어오게 되어 있습니다.

질의응답 시에 평가사는 A를 질문했는데 평가 대상자는 B 또는 C를 답하는 경우가 많습니다. 이는 고도로 긴장되어 있는 상황에서 평가 대상자의 직관과 선입견이 발동된 결과로 '이런 질문을 했을 거야.'라고 혼자서 판단하는 경우입니다. 소통이 안 되는 상황으로 평가 결과에 치명적인 영향을 미칩니다. 묻는 말을 정확히 파악하고 대답하기 위해서는 평가사가 질문을 던질 때 질문 내용을 기술하시기 바랍니다. 그 첫 번째 이유는 질문 내용이 무엇인지 정확히 파악하기 위함이고 두 번째 이유는 질문 내용을 잊지 않기 위함입니다. 다른 여백의 종이 위에 평가자의 질문 내용을 잘 기술하여 대응하시길 바랍니다.

그리고 질의응답 시 평가사의 질문에 성급하게 대응하지 않도록 유의해야 합니다. 질문에 성급하게 대응할 이유가 없는데도, 대다수의 평가 대상자는 즉답을 하려 합니다. 즉답은 본인이 질문 내용을 잘 알고 있다는 것을 과장하기 위해 보이는 행동입니다. 즉답을 한 번 하게 되면 계속 즉답을 하려는 경향을 보이는데, 이는 반드시 지양해야 하는 행동입니다. 아무리 잘 알고 있는 답이라도 5초 정도 다시 한번 생각하고 응답하는 침착함이 필요합니다.

또한 대답할 때도 발표와 마찬가지로 단락을 지어 설명해 주어야 합니다. 나열식으로 답을 하기보다는 단락을 지어 대응하여 평가사가 답변의 내용을 파악하기 쉽게 해 주어야 합니다.

가끔 평가사에 대해 반감을 품는 경우들이 있는데 이는 결코 바람직한 태도가 아닙니다. 평가사들이 간혹 어려운 질문으로 여러분을 힘들게 한다고 해도 그것은 여러분에게 개인적인 감정을 가지고 하는 것이 절대 아닙니다. 이러한 감정에 휘말리게 되면 효과적으로 평가에 임할 수가 없습니다. 평가사들은 여러분을 도우러 온 분들이라고 생각하고 존중하는 태도를 유지합시다.

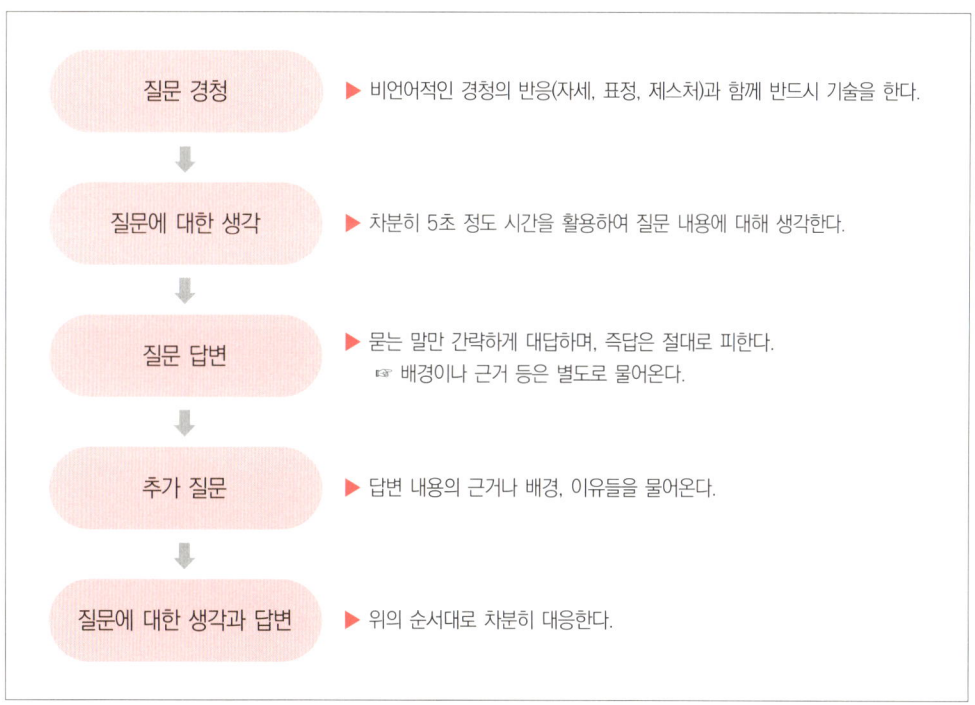

제7강

기획보고서 작성 실전

제7강
기획보고서 작성 실전

1. 분석과 발표(OP) 유형(인혁처, 산업부 상임이사, 한전 1~2급 등)

◎ 과제정보

제시된 과제명은 '교육정보화 지원사업 개선방안 수립'입니다. 본 과제는 기획보고서 작성과 발표과제로 제작되었습니다. 본래 기획보고와 발표과제는 별도의 과제 유형이 아닙니다. 서면으로 기획보고서를 제출하는 것이 '기획보고' 평가이고 자료검토 이후 발표와 질의응답이 진행되는 것이 '발표' 평가인 것입니다. 그래서 제공되는 과제는 같습니다.

본 과제는 인사혁신처 과장급, 교육청 사무관 진급 대상자, 발전사 초급간부 평가 대상자 등 기획보고와 발표를 진행하는 기관에서 모두가 사용할 수 있는 과제입니다. 다만 소속기관에서 요구하는 패턴에 맞춰 답지를 작성하시면 됩니다.

답지 작성을 수기로 작성하는 기관은 수기로, 타이핑을 하는 기관은 타이핑으로 진행하고, 페이지의 수량 또한 소속기관에 맞추어 작성하시면 됩니다.

운영시간 또한 소속기관의 형태에 따라 소속기관에서 요구하는 시간에 맞추어 진행하시면 됩니다. 과제에는 60분으로 되어 있으나 탄력적으로 인사혁신처는 30분, 남동발전은 90분을 사용하여 작성하여 주십시오. 다만 소속기관에서 진행하는 평가 과제에 비해 페이지 양이 많거나 적다면 임의적으로 시간을 조정하여 사용하시길 바랍니다.

그리고 작성 이후에 발표와 질의응답이 준비되었으니 발표를 하지 않은 기관에 소속된 분들은 이 부분을 감안하셔서 넘어가시고 예시답지 중심으로 스스로 피드백을 진행해 보십시오.

최근의 트렌드를 반영하여 난이도를 높인 과제입니다. 앞서 제시한 다양한 기법들을 활용하여 최선을 다해 주시길 바랍니다.

과제풀이

교육정보화 지원사업 개선방안

기획보고/발표
평가자대상자용

역할 및 상황 설명

**평가대상자
교육정보과 김지훈 사무관**

- 당신은 사랑시 교육청 교육정보과 김지훈 사무관으로 저소득층 청소년을 대상으로 한 교육정보화 지원사업을 담당하고 있습니다.

- 사랑시 교육청은 교육정보화 지원사업의 일환으로 지난 수년간 저소득층 청소년을 대상으로 PC 및 통신비 지원을 추진하여 계층 간의 정보격차를 해소하기 위해 노력하였습니다.

- 본 사업을 통해 계층 간 정보격차는 어느 정도 해소되었지만 지원 PC 활용 및 관리 등의 문제로 인해 전반적인 사업 성과가 저조하여, 2026년 교육정보화 지원사업 개선방안과 예산 효율화 방안 마련이 필요합니다.

- 교육정보화 지원사업을 담당하고 있는 당신은 60분 동안 자료를 분석하여 '교육 정보화 지원사업 개선방안' 보고서를 작성하여 발표 및 서면보고해야 합니다.

- 오늘은 2025년 11월 27일입니다.

주어진 자료를 충분히 분석하여, 보고서를 작성해 주시기 바랍니다.

● 자료#1 E-mail

| 답장 | 모두 답장 | 전달 | 삭제 | 목록 보기 | 미리 보기 | 인쇄 | 완전 삭제 |

제목	교육정보화 지원사업 개선방안 보고서를 작성하여 보내 주시기 바랍니다.		
보낸 사람	교육정보과 조형준 과장 〈blackpeople@sarang.hr〉	작성 일자	2025-11-27 13:31:21
받는 사람	교육정보과 김지훈 사무관 〈sazonejjazo@sarang.hr〉		
내용	김지훈 사무관, 급하게 처리해 주어야 할 업무가 있어서 메일 보냅니다. 김 사무관도 잘 알겠지만 사랑시 교육청에서는 1996년부터 진행된 교육정보화 지원사업을 통해 계층 간 정보격차를 줄이기 위해 노력해 왔고, 2021년부터 올해 10월 말까지 진행된 6차 사업이 마무리된 시점에서 조금 전 결과 보고가 있었답니다. 올해 새로 부임한 교육감은 본 사안에 대해 보고를 받고서 대상자들의 만족도가 너무 낮다며 많은 질책을 하시면서 적극적인 개선방안을 모색하라는 요구가 있었고 최소한 차년도의 지원 만족도를 60% 이상으로 올리라는 강한 지시가 있었답니다. 그래서 올 하반기부터 관련 업무를 담당했던 김 사무관이 이번 개선방안 보고서를 작성해 주었으면 합니다. 다른 업무로 많이 바쁘겠지만, 우리 부서 핵심사업과도 관련되는 내용이니 책임감을 가지고 임해 주길 바라며, 보고서에는 **현황과 문제점, 방향과 목표, 개선방안과 실행계획**이 담겨 있는 참, **차년도의 실행예산 수립**도 필요하니 이 부분도 같이 구성하여 제출하여 주십시오. 오는 11월 29일에 교육정보화 지원사업 개선방안에 대한 과장급 회의가 진행될 예정이니 바로 보고가 가능한 수준으로 오늘 중으로 '교육정보화 지원사업 개선방안 보고서'를 작성하여 전달해 주십시오. 그럼. 회신 기다리겠습니다.		
첨부			

● 자료#2 뉴스

저소득층 청소년에게 지원한 컴퓨터, 득인가? 실인가?

정부와 지자체, 교육당국이 저소득층 가정 어린이들의 정보화 능력을 높이기 위해 컴퓨터와 인터넷 통신비를 지원하는 정책이 오히려 학업성취도를 떨어뜨리고 있다는 연구결과가 나왔다. 사랑시 교육청이 지난 7월 사랑 시내 초등학교 4년생 5,000여 명을 표본 삼아 분석했더니 컴퓨터나 통신비 지원을 받는 학생들이 하루 평균 20분 더 컴퓨터 게임을 하고, 국어·영어·수학 평균 점수도 상대적으로 낮은 것으로 나타났다.

사랑시 교육청은 "형편상 컴퓨터 구입이 어려운 저소득층에 컴퓨터와 인터넷 통신비를 집중 지원했더니 오히려 공부 시간이 줄어드는 결과를 낳았다."라며 "사업 대상 학생들의 국·영·수 평균 점수가 일반학생보다 5점 정도 낮은 것으로 조사되는 등 컴퓨터 게임으로 인한 성적저하가 눈에 띄었다."라고 밝혔다. 정보격차를 줄이기 위해 추진한 저소득층 지원사업이 성적 차이를 심화시키는 역효과를 냈다는 것이다.

조사·분석을 맡은 박현정 사랑대 교수는 "컴퓨터 게임을 1시간 더 할수록 국·영·수 평균점수는 2.3점 낮아지는 것으로 나타났다."라며 "저소득층 가정 교육정보화 지원사업이 자녀들의 정보화 소양을 높이는 반면, 컴퓨터 게임에 빠져 성적이 떨어지는 현상은 뚜렷했다."라고 말했다.

사랑교육청은 "저소득층의 자녀들은 경제활동에 전념하는 부모들의 관리가 소홀해 컴퓨터 게임에 빠질 가능성이 크다."라며 "저소득층 가정 교육정보화 지원을 할 때 컴퓨터 사용의 통제력을 높이기 위한 방안도 함께 고안해야 한다는 결론을 얻었다."라고 했다.

하지만 맞벌이 저소득층 가정이나 한부모 기초생활수급 가정 등에서 자녀들의 컴퓨터 사용을 통제할 방법이 마땅치 않다. 그렇다고 이들 가정에 대한 정보화 지원사업을 접을 수도 없어 교육당국은 딜레마에 빠졌다.

일부에서는 이 같은 부작용을 줄이기 위해 지원대상인 저소득층 가정 부모들에게 인터넷 중독의 위험성과 컴퓨터 활용방법을 함께 교육해야 한다고 주장하나, 생계 꾸리기에 바쁜 부모들이 동참할지는 불투명하다.

[최인경 기자 thema12@bsbf.co.kr]

● **자료#3 교육정보화 지원사업 성과보고서**

6차 교육정보화 지원사업 성과보고서(일부)

Ⅰ. 사업개요
  □ 추진목적
   ○ 저소득층 학생에 대한 교육정보화 지원으로 정보격차 해소
   ○ 사회·경제적 불평등 해소를 위하여 정보접근 환경 개선
   ○ 사이버 가정학습 여건 제공으로 균등한 교육기회 제공

  □ 근거
   ○「교육기본법」제23조(교육의 정보화)
   ○「국가정보화 기본법」제31조(정보격차 해소 시책의 마련)
   ○「초·중등교육법」제60조의 4(교육비 지원)

Ⅱ. 주요내용
  □ PC 및 인터넷 통신비 지원
   ○ 지원 내용: PC 지원: 가구당 1대
              인터넷 통신비 지원: 매월 1만 7,400원 상당의 1회선
              (사랑시는 유해차단 S/W 설치 지원 없음)
   ○ 지원대상: 국민기초생활 수급자, 한부모가족보호 대상자, 법정 차상위계층, 기타 저소득층 자녀
   ○ 선정기준: 소득수준에 따라 순위별 선정
     - 1순위: 국민기초생활 수급자
     - 2순위: 차상위계층
     - 3순위: 전국가구 중위소득 100% 이하에 속하는 가구

Ⅲ. 연도별 교육정보화 실행예산 현황

2025. 11. 15.

구분		2022	2023	2024	2025	계
인원 (명/누계)	PC 지원	1,305	1,295	1,277	1,253	5,130
	통신비 지원	2,230	2,568	2,845	2,927	10,570
	계	3,535	3,863	4,122	4,180	15,700
금액 (백만 원)	PC 지원	1,044	1,088	1,126	1,160	4,418
	통신비 지원	401	485	565	610	2,061
	계	1,445	1,573	1,691	1,770	6,479

● **자료#4** 학생 및 학부모 대상 설문조사 (1/3)

교육정보화 지원사업 만족도
단위: 명, %

	학생		학부모 전체
	학생	학부모	
매우 만족함	45(7)	80(15)	125(11)
만족함	140(22)	112(21)	252(21)
만족하지 않음	268(42)	219(41)	487(41)
잘 모르겠음	179(28)	134(25)	313(27)
총계	632(54)	545(46)	1,177(100)

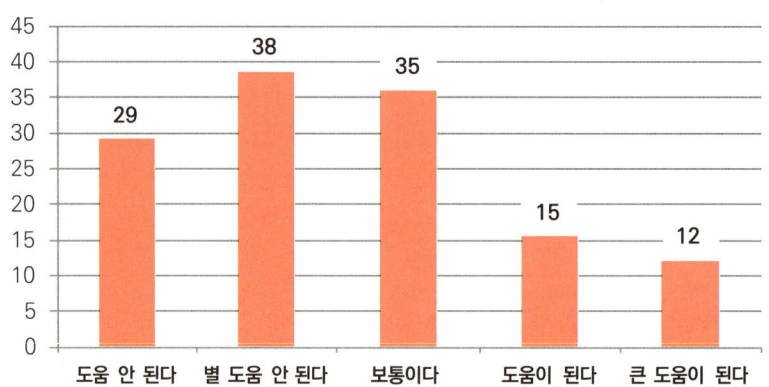

교육정보화 지원이 학습에 도움이 되는 정도 (단위: 명)

지원사업에 따른 성적변화결과
단위: 명, %

	학령			전체
	초	중	고	
올랐다	6	12	9	27(4)
변화가 없다	64	93	38	195(31)
떨어졌다	77	64	45	186(29)
잘 모르겠다	94	82	54	230(36)
총계	241(38)	251(39)	146(23)	638(100)

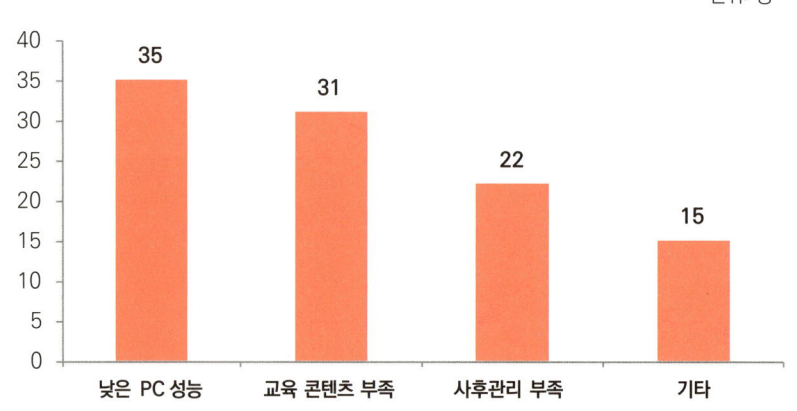

교육정보화 지원이 학습에 도움이 되지 않는 이유 (단위: 명)

자료#4 학생 및 학부모 대상 설문조사 (2/3)

지원학생 평균 컴퓨터 이용 시간

단위: 명, %

구분	성별		전체
	남학생	여학생	
1시간 이내	1,049	438	1,487(22)
1시간~3시간	1,439	1,416	2,855(43)
3시간~5시간	180	59	239(4)
5시간 이상	64	19	83(1)
사용 안 함	971	1,036	2,007(30)
총계	3,703(56)	2,968(44)	6,671(100)

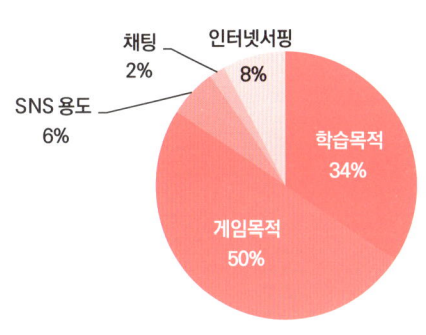

지원학생 컴퓨터 활용 목적

일반학생 평균 컴퓨터 이용 시간

단위: 명, %

구분	성별		전체
	남학생	여학생	
1시간 이내	1,370	1,570	2,940(46)
1시간~3시간	1,160	590	1,750(27)
3시간~5시간	130	210	340(5)
5시간 이상	160	50	21(3)
사용 안 함	590	540	1,130(18)
총계	3,410(54)	2,960(46)	6,370(100)

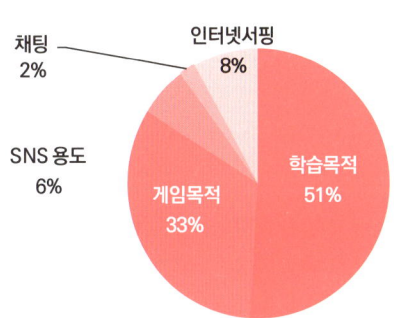

일반학생 컴퓨터 활용 목적

자료#4 학생 및 학부모 대상 설문조사 (3/3)

지원학생 유해사이트 차단 서비스 사용 여부

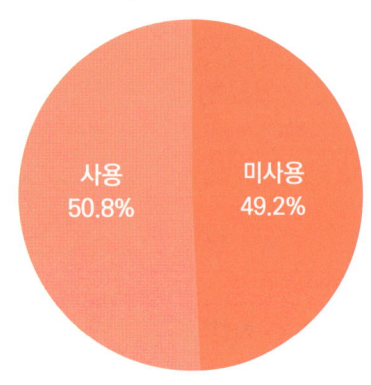

사용 50.8% / 미사용 49.2%

차단기능이 유해정보 차단에 도움 주는지 여부

단위: 명, %

도움이 된다	도움이 안 된다	필요하지 않다	잘 모르겠다
586 (47%)	502 (43%)	89 (8%)	21 (2%)

유해사이트 차단 기능 무력화 가능 여부

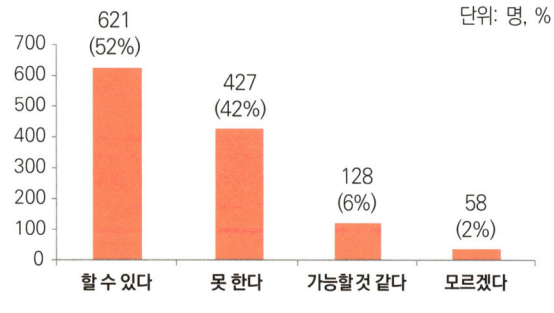

단위: 명, %

할 수 있다	못 한다	가능할 것 같다	모르겠다
621 (52%)	427 (42%)	128 (6%)	58 (2%)

유해정보 차단 서비스 작동 여부

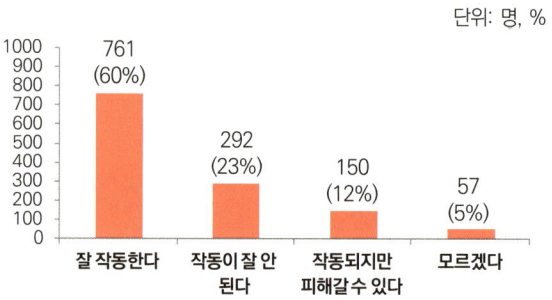

단위: 명, %

잘 작동한다	작동이 잘 안 된다	작동되지만 피해갈 수 있다	모르겠다
761 (60%)	292 (23%)	150 (12%)	57 (5%)

● 자료#5 **보도자료**

정부의 지원 PC… 게임이 목적?

저소득층 자녀의 게임중독 문제가 심각해지고 있다. 정부의 정보교육화 지원사업으로 PC를 지원받은 가정의 수가 많아진 가운데, 대부분의 저소득층 자녀들은 학습과 정보습득 용도와 다르게 게임을 목적으로 PC를 이용하고 있다. 작년에 시행한 지원 PC 이용 현황 및 활용 실태조사 결과에 따르면 적절한 관리와 가이드가 없어 원래의 취지와는 다르게 발생된 상황으로 10대 청소년 자녀를 둔 학부모들의 시름이 깊어지고 있다.

저소득층 자녀들은 홀로 집에 있는 시간이 많아지면서 게임중독의 유혹에 빠지는 경우가 급증하고 있으며, 연령대를 가리지 않고 나타나고 있다. 특히 고교생들이 컴퓨터 게임에 빠지면 좀처럼 헤어 나오지 못하는 경우가 많다는 것이 상담기관의 조사 결과이다. 어린 학생들의 경우 호기심이나 주변 친구들을 따라 게임을 시작했다가 절제하지 못하고 조급증, 정서불안, 분노 폭발 등 중독증세를 보여 학업성취도에 부정적인 영향을 끼치고 있다.

저소득층 자녀의 게임중독을 사전에 예방하기 위해 정부는 관리체계를 제시하여야 하고, 부모들 또한 적극적으로 관리에 나서야 한다.

게임중독 정도 비교 조사 결과

단위: 명, %

구 분	학생구분		총 계
	저소득층 학생	일반학생	
일반사용자군	238	420	658
	47.6%	84%	65.8%
잠재적 중독 위험사용자군	203	48	251
	40.6%	9.6%	25.1%
고위험 중독 사용자군	59	32	91
	11.8%	6.4%	9.1%
총 계	500	500	1,000
	100%	100%	100%

[구본현 기자 topclass@bnf.co.kr]

● 자료#6 교육정보화 지원사업 면대면 인터뷰

사업 대상 학생과의 인터뷰

조사원 안녕하세요. 만나서 반갑습니다. 송영수 학생, 지원받은 PC가 학업에 많은 도움이 된다고 생각합니까?

송영수 학생(14) 별로 도움이 안 돼요. 학교 끝나고 집에 와서 컴퓨터 게임만 하지 다른 건 별로 안 하는 편이에요. 기껏해야 컴퓨터로 학교에서 내 준 숙제만 해 가는 정도?

조사원 그렇군요. 중학교 2학년이라 이제 본격적으로 공부에 관심을 가질 거 같은데, 지원 PC로 인터넷 강의를 보거나 문제집을 내려받는 방법도 있지 않나요?

송영수 학생(14) 네, 저도 그 생각을 했죠. EBS 홈페이지에 들어가서 강의를 신청했는데, 무료도 있지만 제가 보고 싶은 것은 모두 유료예요. 비싼 것은 한 과목에 8만 원이요. 사설학원 인터넷 강의는 더 비싸요. 당장 방세도 내기 힘든데 저희 집 형편으로는 무리예요. 문제집 내려받는 것도 한 건당 1만 원, 2만 원… 지원받은 컴퓨터로 공부를 해야 하는데 게임만 하고 있으니 성적이 계속 떨어지는 것 같아요.

사업 대상 학부모와의 인터뷰

조사원 안녕하세요. 어머니, 지원받은 PC가 학업에 많은 도움이 된다고 생각합니까?

장아량 학부모(42) 네 처음에 컴퓨터를 받고 서는 무척 좋아하더군요. 처음에는 숙제도 하고 게임도 하고 나름 열심히 활용하는 것 같더니만 어느 순간부터 관심이 떨어지는 것 같더라고요.

조사원 관심이 떨어졌다는 말씀은 무슨 말씀이신지?

장아량 학부모(42) 한번은 친구들과 함께 게임을 하더니만 컴퓨터가 너무 느리다는 거예요. 그러면서 친구들에게 창피했다는 말을 하더라고요. 그리고 한번은 고장이 난 적이 있는데 어떻게 해야 할지 나도 모르다 보니 한참 동안을 사용하지 못한 경우도 있었어요. 어찌 되었건 작년에 지원받은 컴퓨터는 사용하지 않고 처박아 두고 있는 상황이에요.
교육청에서 무료로 주는 것은 좋지만 쓸 만한 것으로 줘야 하는데 아들에게 상처만 준 것 같아요.

자료#7 교육정보화 지원사업 홈페이지

교육정보화 지원사업

열린 게시판　전자민원창구　행정마당　정보마당　홍보마당　정보공개　교육청 소개

열린 게시판

▶ 자유게시판

공지 사항

국민 제안

공무원 제안

주민 참여

정책 토론

부조리 신고

번호	제목	작성자	작성일	조회수
824	교육정보화 지원사업의 적극적인 사후관리에 힘써 주세요	김동률	25. 7. 3.	52
823	교육정보화 지원사업이 무엇인지 궁금합니다	나문희	25. 7. 2.	961
821	지원 PC가 고장 났어요... 도와주세요			
820	왜 지금에서야 이 사업을 알았을까요			
819	사업 홍보가 시급합니다!			
818	**교육정보화 지원사업... 사후관리**			
817	통신비 말고 차라리 인터넷 지원을			
816	교육화 정보화 사업에 대해			
815	AS 문제 어떻게 해야 되죠?			
814	지원 PC의 유해차단 서비스			

> 중학생 남자아이를 둔 엄마입니다. 어려운 가정의 자녀들을 위한 교육청의 교육정보화 지원사업의 취지는 매우 좋다고 생각합니다만 지원 이후의 현실을 제대로 보고 있는지요?
> 며칠 전 집안에서 낯 뜨거운 상황이 있었습니다. 방에 들어왔는데 공부를 하고 있는 줄 알았던 아이가 깜짝 놀라며 당황을 하기에 컴퓨터 화면을 봤더니 아이가 음란물을 보고 있었어요.
>
> 엄마로서 고개를 어디에 두어야 할지… 당장 컴퓨터 버려 버리라고 했어요. 그리고…
>
> (게시물을 클릭해 주세요)

● 자료#8 **뉴스**

교육정보화 지원 학생 49.2% 유해사이트 노출

저소득층 가정 학생을 대상으로 한 '교육정보화 지원사업'이 여러 허점을 노출해 개선이 시급하다는 지적이다. 교육청은 교육정보화 지원사업을 위해 올해 전국 저소득층 1만 7,910가구의 초·중·고교생들에게 인터넷 사용료를 지원한다.

그러나 교육청은 지원 학생 중 51.8%(12만 6천명)에게만 음란물, 폭력물 등 부적절한 콘텐츠가 포함된 유해사이트 접속 차단 서비스를 제공하고 있다. 나머지 49.2%(11만 9,080명)의 학생들은 음란물 등의 유혹에 무방비 상태로 노출되고 있다.

교육청 관계자는 "학부모들도 인터넷을 사용할 수 있기 때문에 신청 가구에 한해 유해사이트 접속 차단 서비스를 제공한다."라고 밝혔다. 그러나 교육정보화 지원사업 대상은 학부모가 아닌 학생이어서 이 같은 해명은 설득력이 떨어진다.

또 저소득층 중에는 한 부모, 조손 가정 등이 많아 보호자의 자발적 감시가 어렵기 때문에 유해사이트 접속 차단 서비스를 일괄 지원해야 한다는 목소리가 높다. 하늘시, 파란시 등 11개 시·도는 지원 가구 전체에 유해사이트 접속 차단 서비스를 제공한다. 유해사이트 접속 차단 서비스 비용은 가구당 월 2,000원 안팎이다.

유해사이트 접속 차단 방법으로는 소프트웨어 방식을 주로 사용하는데 이는 사용자 컴퓨터에 유해정보 차단을 위한 보안 소프트웨어를 설치하여 특정 유해사이트를 포함한 유해물을 차단하는 방법으로 우회사이트를 이용한 유해사이트 접근 시에도 유해물 노출방지 측면에서는 좀 더 안정성을 기할 수 있는 장점이 있지만 유해사이트 대처가 상대적으로 느리며, 고객관리가 불편하고 고객의 컴퓨터에 부담을 줄 수 있다.

이외의 방법으로는 망차단 방식이 있는데 사용자 입장에서의 추가 고려사항이 없고, 사용자의 PC에도 아무런 영향을 주지도 않으므로 관리 및 운용이 매우 간단하고 편리하며, 차단 대상 사이트의 신속한 업데이트가 가능하므로 새로운 유해사이트에 대한 대처가 상대적으로 용이하다.

교육청은 저소득층을 위한 교육정보화 지원이라는 사업의 취지에 맞게 지원학생들이 유해사이트에 노출되는 일이 없도록 인터넷 서비스 지원 시에도 모든 교육청들이 적절한 유해물 노출 방지 프로그램을 함께 지원함으로써 사업의 효과성을 높여야 한다.

[이승훈 기자 tedu123@bsbf.co.kr]

● 자료#9 칼럼

교육정보화 지원사업, 관리체계 먼저 수립해야

교육정보화 지원사업의 역기능에 대한 문제가 화두로 떠오르고 있다. 경제적 지원만큼이나 중요한 것이 관리체계를 수립하는 것이다.

첫째, 수혜학생 스스로에 의한 점검 방법으로서 매년 교육정보화 지원사업의 지원을 신청할 경우 신청시스템 또는 사이트를 통해 수혜학생의 전년도 이용 현황을 파악할 수 있다. 신청서 작성 시 수혜학생의 정보이용 현황, 정보화 교육 이수현황 등을 파악할 수 있고, 수혜학생 및 수혜학생 학부모의 의견을 수렴하여 향후 제도개선에 활용할 수 있다.

또한 점검항목 및 내용에는 컴퓨터/인터넷/게임중독 등과 같은 정보화 역기능과 관련된 내용 등도 포함되어 있다. 수혜학생의 정보이용 현황, 정보화 교육 이수 현황 등을 토대로 교육 콘텐츠를 개발하여 서비스를 제공하고, 교과 학습, 정보화 교육과 관련된 유용한 정보를 푸시(Push) 방식으로 제공할 수 있어야 하며, 검토가 반드시 선행되어야 한다.

둘째, 수혜학생의 인터넷 사용시간 및 사이트 접속 현황 등의 정보는 인터넷 접속 서비스를 제공하는 통신사와 협약을 맺어 공공기관에서 관리가 가능하다.

협약을 체결한 통신사로부터 수혜학생의 인터넷 이용시간, 인터넷 접속현황(학습목적의 사이트, 게임 사이트, 사회관계형 서비스 사이트 등), 유해사이트 차단 등에 대한 자료를 정기적(분기 또는 반기)으로 분석하여 학생을 관리할 수 있는 체계이다.

단, 이와 같은 정보수집 시도가 「개인정보보호법」, 「정보통신망 이용촉진 및 정보보호 등에 관한 법률」 등 관련 법에 위반되는가에 대한 사전검토가 반드시 선행되어야 한다.

셋째, 수혜학생에게 지원한 컴퓨터에 대한 사후관리를 위한 방안 수립 또한 필요하다. 컴퓨터가 고장 나서 방치된 경우가 많으며, 컴퓨터 노후화에 따른 성능 저하 문제 역시 저소득층의 정보화 역량 향상을 가로막는 중요한 원인이 된다.

한 번 지원 후 중복 지원 불가인 현행 제도를 보완하여 컴퓨터를 교체하거나 업그레이드를 포함한 컴퓨터 관리방안 정책 마련이 필요하다고 생각된다.

PC 지원을 리스 형태로 하고 특정 PC 유지보수 사업자를 선정하여 저소득층 가구의 PC 노후화 및 고장 등을 효과적으로 관리할 수 있게 하는 것도 하나의 대안이 될 수 있을 것이다.

현행 인프라 지원 성격이 큰 컴퓨터 및 인터넷 통신비 지원에서 이제는 교육 또는 학습 관련 콘텐츠를 제공하는 소프트웨어적 지원방안의 검토도 필요해 보인다.

[교육연구대학원 박나리 교수]

● 자료#10 조형준 과장과 김사무관의 전화

김지훈 사무관: 과장님 김지훈입니다. 보내 주신 메일은 잘 보았습니다. 통화 가능하신지요?

조형준 과장: 네, 가능합니다. 보낸 메일에 당황했을 것 같은데 기획부분에 업무 경험이 있는 김사무관이 잘 준비해 줄 거라고 생각합니다. 교육감의 의지가 워낙 강해 촘촘한 준비가 필요해 보입니다. 그런데 보고서 작성에 경황이 없을 건데 무슨 일인가요?

김지훈 사무관: 다름이 아니라 차년도의 예산계획안을 잡으라고 하셨는데 제가 살펴본 자료에는 사용된 예산 자료밖에 없어서요.

조형준 과장: 아 그렇지요…. 문건으로 정리된 부분이 없는데 그럼 내가 찾아서 구두로 말씀드리겠습니다.(PC에서 관련 자료를 찾은 후…)
음… 메모 가능한가요? 2025년도에 PC지원대상자가 1,253명, 통신비 지원이 2,927명이었어요. 비용은 각각 11억 6천만 원과 6억 1천만 원이었습니다. 내년도 지원대상자 총수는 매년 등락이 있는데 그래도 넉넉하게, 인원은 2025년도의 총수에 5% 정도로 높게 잡고, 예산은 전년도의 1인당 지원 금액에 5% 정도를 올려서 잡아 주면 좋을 것 같아요. 물가 상승률을 감안하여 업체에 지급할 금액을 증액한 것입니다. 그러면 PC지원금은 1인당 97만 2천 원 정도이고, 통신비 지원은 1개월에 18,200원 정도가 되겠네요.

김지훈 사무관: 네, 알겠습니다. 그런데 사랑시는 타 시도 교육청 예산에 들어 있는 PC수리와 유해차단 S/W 설치 지원 예산항목이 없는데 무슨 이유가 있는지요?

조형준 과장: 예리하군요. 지금까지는 예산문제와 사후관리 방안이 없어 넣지 못했는데 올해는 넣어야 하지 않을까요? 김 사무관이 고민을 좀 해 주세요. 어찌 되었건 차년도의 사업은 꼭 성공해야 합니다. 교육청 내부 직원들 사이에도 비효율적 사업이라는 분위기가 있어 답답합니다.

김지훈 사무관: 네, 알겠습니다. 과장님 열심히 작성해 보겠습니다. 곧 메일로 보고드리겠습니다.

자료#11 타 교육청 사례

타 교육청 사례

∴ 하늘시 교육청

- 하늘시 교육청은 컴퓨터 지원사업 시에 PC성능이 낮다는 의견에 대해 우수한 성능을 지닌 PC 사양을 선택하여 제공하고 있고 PC 고장 시에 수리업체와의 협정을 통해 즉시 수리가 가능하도록 하고 있다. PC 1대당 연간 수리비를 5만 원을 책정하였고 고장이 잦은 PC에 대해서는 교환을 해 주고 있다.
- 하늘시 교육청은 인터넷통신비를 지원 가구당 1회선, 매월 19,250원 이내에서 교육청 협약 통신사(KT, LGU+, SKT)에 직접 내는 방식을 택하고 있으며, 특히 건전한 인터넷 환경 조성을 위하여 인터넷 유해정보로부터 학생을 보호하고자 유해사이트 차단 서비스를 포함하여 지원한다. 통신비 내에는 유해정보 차단 S/W 사용료 10%가 포함되어 있다.
- 유해사이트 차단의 효율성을 높이기 위해 기존의 소프트웨어 차단 방식에서 망차단 방식으로 전환하였다.

∴ 파란시 교육청

- 파란시 교육청은 지원대상 가정의 신청이 있을 시에 PC외에도 노트북을 제공하고 있으며 컴퓨터 고장에 대비하여 지원대상 가정에 연 10만 원씩의 수리비용을 제공하고 있다.
- 파란시 교육청은 학습지원을 위해 EBSi 강좌를 들을 시 교재비용을 가정당 연 10만 원씩을 지원하고 있다. 지원 가정에서 EBSi에 강좌를 신청하면 교재를 구입하여 제공하는 방식으로 지원대상자들의 학습효율성을 높이고 있으며 그 외에 해피에듀 등 무료강좌 안내를 지속적으로 업데이트하고 있다.
- 특히 파란시는 지난해부터 협약통신사 및 학부모, 대상 학생과 합의를 통해 지원대상자들의 인터넷 접속 현황(학습목적 사이트, 게임 사이트, 음란물 사이트, 사회관계 사이트 등)을 정기적으로 제공받아 대상자들은 이용실태를 관리하고 있다. 게임 등 인터넷 중독 증세가 보인다면 학생 및 학부모와 면담을 통해 학생의 상담치료를 의뢰하고 있다.

◎ 발표 및 질의응답

과제해결에 수고 많으셨습니다. 이제 발표 및 질의응답을 직접 진행해 보도록 하겠습니다. 작성하신 보고서를 기반으로 발표를 진행해 주십시오.

발표 시간은 5분이며, 발표 모습을 녹화하면서 진행하셔도 좋습니다.

발표 이후에는 질의응답이 진행됩니다. 질의응답은 평가 대상자가 발표한 내용과 평가사 가이드를 기반으로 진행됩니다. 아래의 질의응답에 대해 평가사가 앞에 있다고 생각하시고 구두로 답하시면서 녹화를 진행하거나 응답 내용을 기술하여 주시고 이를 마친 후 스스로 피드백을 진행하여 주십시오.

실제 질의응답 상황은 대단한 압박 상황임을 생각하시면서 실전처럼 임해 주시기 바랍니다.

아래의 질문에 답하여 주십시오.

◎ 질의응답

○ 교육정보화 지원사업 개선방안에 대한 질의응답

Q1. 본 사업의 추진배경에 대해 간략히 말씀하여 주십시오.

A.

Q2. 교육정보화 사업이란 무엇인가요?

A.

Q3. 본 사업을 추진해야 하는 본질적인 목적은 무엇이라고 생각하십니까?

A.

Q4. 교육정보화 사업은 언제부터 실시되었고, 추진 현황은 무엇인가요?

A.

Q5. 교육정보화 사업이 미진한데, 그 문제점은 어디에 있다고 생각하십니까?

A.

Q6. 본 사안의 핵심 문제점(원인)은 무엇이라고 생각하시나요?

A.

Q7. 각 문제점들의 근거를 제시하여 주십시오.

A.

Q8. 현황과 문제점을 보았을 때 본 사안의 시사점은 무엇이라고 생각하십니까?

A.

Q9. 교육정보화 사업의 방향은 무엇인가요? 그 근거는요?

A.

Q10. 사업의 효율적 추진을 위한 목표를 제시하여 주시고 목표수립의 근거를 말하여 주십시오.

A.

Q11. 위의 문제점들을 해결하기 위한 방안들과 그런 방안이 도출되게 된 근거를 제시하여 주십시오.

A.

Q12. 개선방안들을 추진함에 있어 가장 중점적으로 추진해야 할 사안은 무엇인가요? 그리고 그 근거는 무엇인가요?

A.

Q13. 개선방안들을 수립함에 있어 추가적으로 필요한 정보는 없었는지요?

A.

Q14. 개선방안들의 단기적 추진사항과 장기적 추진사항은 무엇인가요?

A.

Q15. 구체적인 실행계획과 실행예산 그리고 그 배경을 말씀하여 주십시오.

A.

Q16. 실행의 점검 방안을 제시하여 주시고, 점검 시의 평가지표를 말하여 주십시오.

A.

Q17. 본 사업을 추진함에 있어 실효성을 제고할 수 있는 방안은 무엇이 있을까요?

A. _____

Q18. 개선방안을 실행함에 있어 예상되는 장애요인 무엇인가요? 그리고 그 극복방안은?

A. _____

Q19. 본 개선방안들이 추진되었을 때의 기대효과는 무엇인가요?

A. _____

◎ 답지 작성 및 질의응답 가이드

발표와 질의응답에 수고 많으셨습니다. 본 과제는 3개의 문제상황이 들어 있는 다소 복잡한 과제였습니다.

먼저 본 과제의 목적부터 명확히 하실까요?

과제를 검토할 때는 왜 본 과제를 수행해야 하는지 그 목적을 명확히 하는 것부터 출발합니다. 과제를 풀다 보면 본인 스스로 판단하여 다른 목적을 생각하게 되는 경우가 있는데 이는 문제를 해결해야 하는 데 문제의 정의를 잃어버린 것과 같은 상황이 됩니다. 목적을 판단하는 데에는 과제의 제목을 보시면 나타납니다. 위의 과제는 '**교육정보화 지원사업 개선방안 수립**'입니다. 본 과제의 목적을 연역적으로 추론하여 본다면 '사랑시 취약계층 주민들을 대상으로 교육정보화 사업을 효과적으로 추진하여 교육의 질을 높이는 데'에 있습니다.

다음으로 지시문을 잘 살펴보셔야 합니다.

"보고서에는 현황과 문제점, 방향과 목표, 개선방안과 실행계획이 담겨 있어야 하는데, 차년도의 실행예산 수립도 필요하니 이 부분도 같이 구성하여 제출하여 주십시오."

현황과 문제점, 개선방안 도출은 '문제해결', '문제인지', '기획력' 등의 역량을 도출하고자 함이었습니다. 아래는 동서발전 초급간부의 '문제인식' 역량의 정의입니다.

> '정보의 파악 및 분석을 통해 문제를 적시에 감지,
> 확인하고 문제와 관련된 다양한 사안을 분석하여 문제의 핵심을 규명하는 역량'

방향과 목표, 실행계획은 '성과관리', '목표관리' 등의 역량을 도출하기 위함입니다. 아래는 부산교육청 사무관의 성과관리역량의 지표입니다.

> 성과목표를 달성하기 위한 체계적인 실행계획을 수립하고,
> 업무달성 정도를 지속적으로 확인 및 관리하여, 목표에 부합한 성과를 창출한다.

마지막에 제시된 실행예산 수립 부분은 '기획력', '조직관리' 역량을 보기 위함이었습니다. 아래는 인사혁신처 과장급의 '조직관리' 역량의 정의입니다.

> '전체조직 구조 및 각 조직 간의 상관관계를 고려하여
> 업무달성을 위한 계획 및 자원을 확보하고 최대의 성과를 발휘하도록 조직화하는 역량'

발표는 의사소통을 평가하기 위함인데 산업부에서 진행하는 산하기관 상임이사 평가의 '의사소통' 역량의 정의입니다.

> '상대방의 의견을 경청하여 그 의미를 정확히 이해하고
> 의사전달 시 자신의 입장을 명확하게 논리적으로 전달하는 역량'

여러분들이 작성한 답지가 위의 역량지표를 충족하고 있다고 생각하시나요? 차분히 검토하여 주십시오.

◎ 예시 답지

교육정보화 지원사업 개선방안 수립

1. 추진배경
   계층 간 정보격차를 줄이기 위해 취약계층 학생들에게 실시된 교육정보화 사업에 대한 만족도가 너무 낮아 이에 대한 적극적인 개선방안이 요구됨

2. 현황(학생 및 학부모 대상 설문조사 결과)
   - 교육정보화 사업의 만족도는 낮음
     - 만족도(매우 만족 포함) 문항응답: 학생 29%, 학부모 36%
   - 교육정보화 지원이 학습에 도움이 안 됨
     - 학습에 도움 문항: 별로 도움 안 된다 38명, 도움 안 된다 29명
   - 성적변화는 도리어 악화됨
     - 설문 문항응답: 성적변화가 없다 31%, 떨어졌다 29%
   - 유해사이트 차단 서비스가 없음
     - 유해사이트 차단 미사용 49.2%
     - 유해사이트 차단 무력화 기능 58%

3. 문제점
   - 지원 체계 미비
     - 통신비 지원 시 유해사이트 차단 서비스가 없어 지원학생들이 컴퓨터를 게임 등 유해사이트에 사용함
       · 게임 등 목적 66%, 학습목적 34%
       · 저소득층 학생 중 잠재적 중독 이상이 52.4%
       · 사랑시는 유해사이트 차단 지원이 없음
     - 고장이 나도 수리비용이 없어 사용하지 않음
       · 사랑시는 수리비용에 대한 지원이 없음
   - 낮은 PC 성능
     - 낮은 PC 성능으로 사용에 대한 관심도가 떨어짐
   - 교육 콘텐츠 부족
     - PC를 통한 인터넷 강의 비용이 비싸 사용하기 어려움
   - 사후관리 부족
     - 지원학생들의 컴퓨터 이용 시간이 낮음: 사용 안 함 30%, 1시간 이내 22%

4. 정책방향: 수혜자들의 요구분석에 기반을 둔 지원체계 개선에 초점을 맞추는 정책추진

5. 목표: 2026년 교육정보화 지원사업 만족도(학생, 학부모) 65% 이상 달성

6. 개선방안
   - 지원 체계 개선
     - 통신비 지원 시 유해사이트 차단 서비스 제공: 망차단 방식으로 제공
     - PC지원 시 수리비용 지원: 가구당 연 10만 원
   - PC성능 개선
     - 우수한 성능의 PC 제공 및 요청 시 노트북으로 대체 제공
   - 교육 콘텐츠 제공
     - EBS강좌 이용 시 연 가정당 10만 원씩 제공
     - 해피에듀 등의 무료 교육 콘텐츠 제공
   - 사후관리 강화
     - 통신사와 협약을 통해 지원대상자들의 인터넷 접속현황 관리
     - 게임 등 인터넷 중독 증세가 보이면 학부모와 협의를 통해 상담치료 진행

7. 세부실행계획
   - 추진일정 및 성과지표

개선방안	추진일정	평가지표	달성수준	협력부서
지원체계 개선	2026년 1월 (한) 수립	사업만족도	연말까지 65%	예산부서
PC성능 개선		사업만족도	연말까지 65%	예산부서
교육 콘텐츠 제공		사업만족도	연말까지 65%	예산부서
사후관리 강화		사업만족도	연말까지 65%	계약부서

   - 조직관리: 교육정보과 조형준 과장을 팀장으로 비상설 TF 구성
     - 활동기간: 2025년 12월부터 2026년 연말까지
     - 참여인력: 교육정보과 내 사무관 1명 주무관 3명으로 TF 구성
     ※ 추가 인력 필요시 자체적으로 타 부서에 협조요청
   - 성과관리: 성과점검단 운영
     - 담당 국장님을 중심으로 각 부서의 국장급 및 과장급 총 5명이 참여하는 점검단 구성
     - 2026년부터 월별 활동보고서를 기반으로 점검단에 의한 점검활동 실시
   - 지원사업 반응(만족, 실행)도 모니터링 실시
     - 자체 설문을 통한 지원사업 효과성에 대한 설문조사 실시
       · 월별 자체 수혜자 대상(학부모, 학생) 설문조사 실시
     - 여론 및 각 이해관계자들의 반응도 스크랩
       · 신문, 미디어, SNS 등을 기반으로 한 반응도 조사
   - 보고: 교육감에게 분기별 지원사업 추진 현황보고
     - 분기별 성과점검 보고
     - 분기별 수혜자 모니터링 결과 보고
     - 보고를 통한 교육감의 관심도 환기
   - 홍보: 다면적인 지원사업 홍보 추진
     - 언론홍보, 합동 브리핑, 관련 학회 및 기관협의체에 기고, 캠페인, SNS 활용

- 예산: 2025년 말까지 예산부서와 협의를 걸쳐 예산확보
  - 총액 25억 7백만 원: 전년도 1,170백만 원에 비해 1,337백만 원(114%) 증액
  - 2026년 지원사업 필요예산

구분	26년 추산 인원	필요예산(전년 대비 5% 증액)	지원비용 계
PC지원	1,316명 (전년도 1,253명 × .05)	전년도 × .05=972,000원	1,279백만 원
통신비 지원	3,073명 (전년도 2,927명 × .05)	(전년도 × .05 × 18,200원) × 12개월	671백만 원
PC고장 수리	1,316명 (PC지원 가정 기준)	가구당 100,000원 지원	132백만 원
유해차단 SW 설치	3,073명 (연간 통신비 지원 가정 기준)	가구당 21,840원(통신비 10%)	118백만 원
교육비 지원	3,073명 (통신비 지원 가정 기준)	가구당 100,000원 지원	307백만 원
총 계			2,507백만 원

8. 장애요인 및 극복방안
   - 장애요인: 관련 부서의 협조
     - 예산부서의 협조, 인력부족으로 인한 타 부서의 협조
   - 극복방안: 적극적인 의사소통으로 협조체계 수립
     - 교육감을 의지를 천명하며 협조요청

9. 기대효과
   - 지원사업 수혜자들의 교육성취도 제고
   - 적극적 행정으로 사랑시 교육청의 신뢰도 제고

위 과제는 인과 분석 기법을 사용해야 하는 내용에 예산부분이 삽입된 중상 정도의 난이도 과제입니다.

위의 답지는 제가 임의적으로 작성해 본 답지이며 절대 정답이 아님을 말씀드립니다. 답지는 정답이 없습니다. 그래서 역량평가 장면에서는 답지를 만들지 않습니다. 하지만 저는 여러분들의 이해를 돕기 위해 작성해 보았습니다. 저보다 뛰어나신 분들은 위의 답지보다 훨씬 훌륭한 형식과 내용으로 작성하셨을 것이고 여러분들도 충분히 작성할 수 있습니다.

여러분들이 작성하신 답지와 비교해 보시니 어떠신지요? 인사혁신처 과장급 평가는 30분 검토인데 절대로 저렇게 작성할 수 없습니다. 일단 절대 시간이 부족합니다. 60분을 작성하는 분들도 개인의 능력 차이는 있겠지만 아마 힘들 것입니다.

하나의 팁을 드리자면 여러분들에게 제공되는 과제는 절대 시간 내에 풀지 못하도록 과제의 난이도를 조절합니다. 시간 내에 풀어 버릴 수 있도록 과제를 만든다면 변별력이 떨어져 평가 과제로서 효용성이 없어지게 되죠. 그래서 과제를 시간 내에 정확히 못 풀었다고 낙담하지 마십시오. 남들도 모두 똑같은 상황입니다.

앞서 진행했던 질의응답에 대해 정리해 보겠습니다. 위의 질의응답은 15분 이상이 소요되는 많은 양입니다. 이는 여러분들의 질의응답 역량을 강화하고자 많은 질문을 넣었습니다. 그리고 질의응답은 묻는 말에 결론을 중심으로 간략하게 답해야 합니다.

◎ 질의응답 정리 및 해설

Q1. 본 사업의 추진배경에 대해 간략히 말씀하여 주십시오.

    A. 사랑시에 거주하는 취약계층 학생들의 교육의 질을 높이고자 교육정보화 사업을 추진하였는데 그 결과가 만족스럽지 못해 이를 개선하고자 합니다.

Q2. 교육정보화 사업이란 무엇인가요?

    A. 1996년부터 취약계층의 정보화 교육을 돕기 위해 PC와 통신비를 지원하는 사업이고 2021년부터 6차 사업이 진행되었습니다.

Q3. 본 사업을 추진해야 하는 본질적인 목적은 무엇이라고 생각하십니까?

    A. 취약계층에 교육정보화를 실시하여 교육 성취도를 높이고 궁극적으로는 그들의 삶의 질을 제고하는 데 목적이 있습니다.

여러분들이 추진하는 정책사항의 궁극적인 목적은 국민들의 삶의 질 개선에 있습니다. 공직자들이 존재하는 이유는 국민들의 안락한 삶의 보장과 개선함에 있듯이 말입니다. 물론 조직 내의 문제를 해결하는 과제도 있습니다. 그럴 때는 구성원들의 만족을 추구함에 목적이 있습니다.

Q4. 교육정보화 사업은 언제부터 실시되었고, 추진 현황은 무엇인가요?

    A. 앞서 말씀드렸듯이 본 사업은 1996년부터 실시되었고 현재는 6차 사업이 마무리된 단계입니다. 그러나 현재 사업의 만족도는 좋지 못합니다. 수혜학생과 학부모들에게 설문을 한 결과 교육정보화 사업의 전반적인 만족도는 학생 29%, 학부모는 36%로 응답하여 만족스럽지 못함으로 나타났습니다.
    또한 본 사업이 학습에 도움이 안 되고, 심지어 성적이 악화되었다는 설문결과도 상당합니다.

평가사들은 현황에 대해 많은 질문은 하질 않습니다. 그러니 핵심 사안만을 정리하여 답을 하시는 것이 좋습니다. 답지에는 '유해사이트 차단 서비스가 없다'라는 질문항목이 현황에 들어와 있는데 이 항목은 문제점의 영역이 아닌가? 의문을 표하실 분들도 있다고 생각합니다. 물론 어려운 분석입니다만 저는 원인과 결과의 관점에서 기존에 정책의 초점이 잘못되어 있어 유해사이트 차단 서비스를 제공하지 않은 것으로 즉, 결과로 바라봤습니다.

또한 여기에서 팁을 하나 드리자면 핵심현황을 도출하는 것이 중요합니다. 본 과제에서는 교육감이 만족도에 대해 언급을 하였기에 핵심현황으로 보았습니다만 다른 과제에서는 여러분들이 판단하셔서 도출하셔야 합니다. 왜 핵심현황이 중요하냐면 이것이 바로 목표로 연결되기 때문입니다. 예를 들어 전통시장 활성화 방안 수립의 과제라면 고객만족도보다는 전통시장의 매출 또는 내장객 수가 핵심현황이 될 수 있습니다. 그래서 목표는 매출을 늘리거나 내장객 수를 높이는 것입니다. 유념하시길 바랍니다.

Q5. 교육정보화 사업이 미진한데, 그 문제점은 어디에 있다고 생각하십니까?

A. 네, 문제점은 총 4가지로 도출하였습니다. 첫 번째는 '지원체계 미비'입니다. 두 번째 문제점은 '낮은 PC성능', 세 번째는 '교육 콘텐츠 부족' 그리고 네 번째로는 '사후관리 미비'입니다.

길어지는 대답에는 반드시 단락을 지어서 답해 주시길 바랍니다.

Q6. 본 사안의 핵심 문제점(원인)은 무엇이라고 생각하시나요?

A. 제 생각으로는 첫 번째 문제점이라고 말씀드린 지원체계 미비를 말씀드리고 싶습니다. 지원체계 미비의 의미는 기존의 정책이 초점을 잘못 두고 있었다는 것으로 수혜자들의 요구를 반영하지 못했다는 것을 의미합니다.

Q7. 각 문제점들의 근거를 제시하여 주십시오.

A. 네, 첫 번째 문제점으로 말씀드린 지원체계 미비라는 문제점의 구체적인 내용은 통신비 지원 시 유해사이트 차단 서비스가 없어 지원학생들이 컴퓨터를 게임 등에 사용하고 있다는 것입니다. 컴퓨터 사용을 게임 등의 목적에 66%, 학습목적에 34% 사용하고 있다고 설문에 답하였습니다. 또한 저소득층 학생 중 잠재적인 게임 중독 이상이 52.4% 차지하고 있다고 하는데 이는 사랑시는 유해사이트 차단 지원이 없어 일어나는 현상으로 보입니다. 그리고 지원체계 미비라는 문제점의 또 하나의 요인은 고장이 나도 수리비용이 없어 사용하지 못한다는 것입니다. 사랑시는 수리비용에 대한 지원이 없습니다. 두 번째 문제점으로 말씀드린 낮은 PC 성능이라는 문제점의 구체적인 내용은 PC 성능이 낮아 수혜자들이 사용에 대한 관심도가 떨어지고 있다는 것입니다. 세 번째 문제점이라고 말씀드린 교육 콘텐츠 부족이라는 문제점의 구체적인 내용은 PC를 통한 인터넷 강의 비용이 비싸 사용하기 어렵다는 데에 있습니다. 그리고 네 번째 문제점으로 말씀드린 사후관리 부족이라는 문제점의 구체적인 내용은 지원학생들의 컴퓨터 일 이용 시간이 사용 안 함이 30%, 1시간 이내가 22%인데 이에 대한 관리가 이루어지지 못하고 있음에 있습니다.

Q8. 현황과 문제점을 보았을 때 본 사안의 시사점은 무엇이라고 생각하십니까?

A. 본 사업이 수혜자들의 요구를 제대로 반영하지 못하고 있다고 생각합니다. 지금까지는 사업을 한다는 데에 초점을 맞추고 있었습니다. 수혜자들이 원하는 것이 무엇인지 분석하여 대응함이 필요하다고 생각합니다.

시사점이라는 단어는 대단히 어려운 단어입니다. 앞서 말씀드렸듯이 '총제적으로 암시함'이라고 하는데 이는 상황 전체를 아우르는 핵심사안이라고 말씀드리고 싶습니다. 시사점은 현재의 사실에 기반하여 응용된 결과물입니다. 그러기에 과제 내에 없는 내용이 대부분입니다. "층간소음 문제가 시사하는 점은 무엇이냐?"라는 질문에 어떤 평가 대상자는 "우리나라 전통문화인 이웃사촌 문화가 붕괴되고 있습니다."라고 답해 깜짝 놀란 적이 있습니다. 생각의 관점이 다른 것이지요. 그리고 이웃사촌이라는 단어는 과제 내에 없는 단어인데 이는 사실에 기반을 두어 응용된 결과물입니다. 시사점이라는 질문은 가끔 평가사들이 물어보는 질문입니다만 이런 질문도 있다 생각하시고 대비하시길 바랍니다.

Q9. 교육정보화 사업의 방향은 무엇인가요? 그 근거는요?

    A. 네, 금번 진행되는 사업은 수혜자들의 요구에 기반을 둔 지원체계 개선에 초점을 두고 싶습니다. 그 근거는 기존에 사업이 수혜자들의 요구를 제대로 반영하지 못했다고 생각하기 때문입니다.

방향이라는 질문을 답하기 상당히 힘든데 일반적으로 사업의 방향을 물어보면 평가 대상자들은 개선방안을 주로 대답합니다. 이는 잘못된 답입니다. 사업방향 또는 정책방향이라는 것은 두 가지의 의미를 지니고 있습니다. 하나는 사업의 목적이 말하는 경우와 사업을 추진함에 있어 '어디에 중심을 둘 것이냐?'입니다. 사업의 목적을 말한다면 앞서 말씀드렸듯이 취약계층의 교육의 질 개선입니다. 이도 틀린 답은 아닙니다만 다른 관점에서 바라보면 대통령에 당선이 되면 가장 먼저 내놓는 것이 국정방향입니다. 시장에 당선이 되면 가장 먼저 시정방향을 제시해야 합니다. 중앙부처 과장급 즉, 일선 경찰서장이나 세무서장으로 부임을 하게 되면 제일 먼저 발표해야 하는 것이 운영방침 또는 지침입니다. 이는 어디에 중점을 두고 국가 또는 기관을 지휘하겠다는 것을 말합니다. 본 과제에서는 시사점에 연결하여 고객들의 요구에 기반을 둔 사업추진이라고 제시하였습니다. 다른 과제들에서 전문가 칼럼 등에서 제공되기도 합니다.

Q10. 사업의 효율적 추진을 위한 목표를 제시하여 주시고 목표수립의 근거를 말하여 주십시오.

    A. 네, 저는 2026년 말까지 교육정보화 지원사업 만족도(학생, 학부모)를 65% 이상 달성하겠습니다. 이는 교육감이 말씀하신 60%를 초과하여 달성하겠다는 의지입니다.

목표는 앞서 말씀드렸듯이 무엇을, 언제까지, 얼마만큼 숫자로 제시해야 합니다. 그리고 목표수립의 근거는 꼭 물어 오는데 해외 자료 등 비교할 수 있는 근거들이 있으면 그것을 대비하여 말씀하여 주시고 그것도 없다고 하면 가급적 도전적으로, 임의적으로 잡아서 제시하여 주십시오. 그리고 그 근거를 물어 온다면 "근거는 없습니다만 본 목표는 사업추진 담당자의 의지치(意志値)입니다."라도 답하여 주십시오. 강렬하게 목표를 달성하고 싶은 담당자의 의지의 값이라는 의미입니다. 본 과제에서는 교육감이 제시한 목표가 있기에 여기에 추가로 5%를 더하였습니다.

Q11. 위의 문제점들을 해결하기 위한 방안들과 그런 방안이 도출되게 된 근거를 제시하여 주십시오.

A. 첫 번째 문제점인 지원체계 미비라는 문제점을 해결하기 위해 지원체계를 개선하겠습니다. 구체적인 내용으로 통신비 지원 시 유해사이트 차단 서비스를 망차단 방식으로 제공하겠으며 PC 고장 시 대응할 수 있는 수리비용을 가구당 연 10만 원씩 제공하겠습니다. 이와 같은 방안들은 하늘시 교육청의 사례를 기반으로 수립하였습니다. 두 번째 문제점으로 제기된 PC 성능이 낮은 사항은 PC 성능을 개선함으로 해결하겠습니다. 우수한 성능의 PC를 제공하겠으며 요청 시 노트북으로 대체하여 제공하겠습니다. 이와 같은 방안들은 하늘시 교육청의 사례를 기반으로 수립하였습니다. 세 번째 문제점으로 지적된 교육 콘텐츠 미비라는 문제점을 해결하기 위해 EBS강좌 이용 시 연 가정당 10만 원씩 제공하고 해피에듀 등의 무료 교육 콘텐츠 제공하여 콘텐츠부족 문제를 해결하겠습니다. 이는 파란시의 사례를 인용하였습니다. 네 번째 문제점인 사후관리 미리 부분은 통신사와 협약을 통해 지원대상자들의 인터넷 접속현황 관리하고 게임 등 인터넷 중독 증세가 보이면 학부모와 협의를 통해 상담치료를 진행하겠습니다. 이 또한 파란시의 사례를 기반으로 하였습니다.

개선방안들은 과제 내의 신문 기사 등에서도 나오기도 합니다. 주로 과제 뒤편에 있는 타 부처 또는 외국의 사례들로 구성됩니다. 문제점이 잘 파악되질 않는다면 개선방안을 역으로 뒤집어 보는 방법도 있습니다. 잘 살펴보시길 바랍니다.

Q12. 개선방안들을 추진함에 있어 가장 중점적으로 추진해야 할 사안은 무엇인가요? 그리고 그 근거는 무엇인가요?

A. 가장 중점적인 추진 사업은 핵심 문제점으로 말씀드린 지원체계 강화입니다. 기존 사업방향의 핵심이기에 이 부분이 중점 사안입니다.

본 사안은 방향과 거의 같은 내용이 됩니다.

Q13. 개선방안들을 수립함에 있어 추가적으로 필요한 정보는 없었는지요?

A. 개선방안을 수립함에 있어 타 시도교육청의 사례를 좀 더 보았으면 합니다.

과제 내용 중에 없는 질문입니다. 그러기에 여러분들이 조금만 생각하여 외국의 사례와 고객들의 요구 등을 생각하여 대응하여 주십시오.

Q14. 개선방안들의 단기적 추진사항과 장기적 추진사항은 무엇인가요?

A. 본 사업에서는 개선방안 중 장단기를 구분하기 쉽지 않습니다. 모두 적극적으로 단기적으로 실시하겠습니다.

장단기를 물어보는 질문은 주로 실행계획과 관련된 질문입니다. 장기는 주로 법령개정 등 국회를 다녀와야 하는 사안들과 인프라 확대 등 시간이 걸리는 사안들입니다. 단기는 주로 자체예산으로 운영 가능한 교육이나 홍보를 말할 수 있습니다.

Q15. 구체적인 실행계획과 실행예산 그리고 그 배경을 말씀하여 주십시오.

A. 4가지의 개선방안에 대해 차년도 1월 말까지 구체적인 실행방안을 수립하고 예산은 금년도 말까지 예산부서와 협의하여 확보하도록 하겠습니다.
본 사업을 추진하기 위한 인력은 교육정보과 조형준 과장을 팀장으로 비상설 TF를 구성하여 내년 말까지 운영하겠습니다. 필요인력은 저를 포함하여 주무관 3명이면 가능합니다. 일단 교육정보과 직원들을 중심으로 운영하고 인력이 부족하면 타 부서에 협조를 요청토록 하겠습니다.
내년도 예산은 총액 25억 7백만 원으로 전년도 1,170백만 원에 1,337백만 원 증액(114%)되었습니다. 이는 차년도에 새롭게 진행하는 PC 성능 개선사업 등이 있기 때문입니다.
내년도의 수혜자의 규모와 예산은 조형준 과장님의 지시와 타 교육청의 자료들을 기반으로 구성하게 되었습니다. 자세한 내용은 보고서를 참고하여 주십시오.

본 과제는 난이도를 높이기 위해 예산부분을 삽입하였습니다. 예산수립은 내부의 문건과 과장님의 지시사항, 타 교육청 사례를 기반으로 구성되었습니다.

Q16. 실행의 점검 방안을 제시하여 주시고, 점검 시의 평가지표를 말하여 주십시오.

A. 실행점검을 위해 담당 국장님을 중심으로 각 부서의 국장급 및 과장급 총 5명이 참여하는 성과점검단을 구성하여 2026년부터 성과보고서를 기반으로 월별 점검단에 의한 점검활동 실시하겠습니다. 점검 시의 평가지표는 4개 개선방안의 고객만족도입니다.

지표와 관련한 질문은 많은 편은 아닙니다만 가끔 평가사들이 질문을 던지기도 합니다. 개선방안이 지표가 됩니다. 수준은 '그것을 얼마만큼 할 것이냐?'이고요.

Q17. 본 사업을 추진함에 있어 실효성을 제고할 수 있는 방안은 무엇이 있을까요?

A. 본 사업의 실제적 효과를 높이기 위해 지원사업의 반응(만족, 실행)도 조사를 매월 실시하겠습니다. 본 설문은 자체적으로 수혜자 대상(학부모, 학생)으로 실시되며 수혜자들의 실제적인 목소리를 사업에 반영한다면 그 효과성은 배가될 것이라고 생각합니다. 또한 각 이해관계자들의 반응과 신문, 미디어, SNS 등을 스크랩하겠습니다.

실효성 제고 방안을 제시하라는 질문이 가끔 있습니다. 어려운 질문인데 고객들에게 설문을 통해 본 사업에 대해 알고 있고, 사용하고 있으며, 무엇이 불편한지 물어봐서 그것을 바꾸어 준다면 이것이 실제적 효과를 제고하는 방법이 아닐까요?
그리고 많은 분들이 점검과 모니터링을 혼돈하여 사용하는 경우가 많은데 다시 한번 말씀드리면 점검은 주로 내부인사를 중심으로 계획에 따라 사업진행이 잘되는지를 점검하는 것입니다. 모니터링은 정책이나 사업의 수혜자인 국민들에게 정책을 알고 있고 부족한 부분이 무엇인지를 물어보는 것입니다. 그러기에 모니터링은 주로 전문 조사기관에 의해 진행됩니다. 여러분들도 가끔 고객만족도를 물어보는 전화를 받아 본 경험이 있을 것인데 그런 전화가 바로 모니터링을 하는 과정입니다.

Q18. 개선방안을 실행함에 있어 예상되는 장애요인 무엇인가요? 그리고 그 극복방안은?

A. 장애요인으로는 크게 두 가지 사항이 있을 수 있다고 봅니다. 예산부서 및 유관부서의 협조입니다. 이를 극복하기 위해 교육감의 의지를 천명하면서 적극적으로 소통하겠습니다.

    장애요인은 주로 이해관계자들의 반응을 보면서 작성하게 되는데 이해관계자는 시의회, NGO 등의 외부의 관계자도 있지만 내부의 구성원 또는 노동조합들도 주요 이해관계자가 됩니다. 장애요인을 도출할 때는 내외부의 관계자들을 두루 살펴보는 것이 중요합니다. 본 과제에서는 외부관계자가 특별히 보이질 않아 내부관계자 중심으로 구성하였습니다.

Q19. 본 개선방안들이 추진되었을 때의 기대효과는 무엇인가요?

A. 수혜자들에게 기대되는 효과는 교육정보화를 통한 교육성취도를 제고할 수 있습니다. 교육청 차원의 효과는 적극적 행정으로 사랑시 교육청의 신뢰도를 높일 수 있는 기회가 될 것입니다.

    저는 개인적으로 기대효과를 묻는 질문에 효용성이 있는지 의문입니다. 정성적인 기대효과는 목적을 달성하는 것이기에 추진배경과 겹칩니다. 또한 정량적인 효과는 목표와 겹치는 경우가 있습니다. 그래서 저는 다른 관점으로서 이해관계자 중심으로 정리하여 보았습니다. 이 또한 찾기가 어려우면 장단기로 나누어 기대효과를 기술하는 방법도 있습니다.

    본 책에서는 빈도수가 가장 많은 질문을 중심으로 구성하였습니다. 위의 질문들 외에도 평가사들은 많은 질문을 준비하여 여러분들에게 물어보게 되는데 꾸준한 노력을 통해 슬기롭게 대응해 주시길 바랍니다.

2 (정책)기획보고서 작성 유형

(1) 서울시 사무관 평가 및 각 교육청 사무관 평가 등

◎ 과제정보

여러분들에게 제공되는 과제는 '아동성범죄 해결방안 수립' 정책기획보고서 작성과제입니다. 과제의 제목에서 느끼는 것처럼 본 과제는 중앙부처 사무관 이상에서 다루는 정책기획보고 사안입니다. 하지만 최근의 평가 추세는 중앙과 지방을 나누지 않고 있으며 교육청이나 발전사에서도 중앙부처에서 다루는 사항을 과제로 내놓기도 합니다.

즉, 소속기관에 나오는 유형만 고집하지 말고 풀어 보시라는 것입니다. 어차피 과제는 현상의 문제를 해결하는 것입니다. 다양한 유형을 다루어 보는 것이 도움이 되실 것입니다.

앞서 말씀드린 바와 같이 기획보고 평가와 발표 평가의 기본은 같습니다. 다만 발표와 질의응답이 추가되어 있으면 발표 평가인 것이고 없으면 기획보고 과제로 사용합니다. 본 과제는 인사혁신처 과장급, 교육청 사무관 진급 대상자, 발전사 초급간부 평가 대상자 등 기획보고와 발표를 진행하는 기관에서 모두가 사용할 수 있는 과제입니다. 다만 소속기관에서 요구하는 패턴에 맞춰 답지를 작성하시면 됩니다.

답지 작성을 수기로 작성하는 기관은 수기로, 타이핑을 하는 기관은 타이핑으로 진행하고, 페이지의 수량 또한 소속기관에 맞추어 제작하시면 됩니다.

운영시간 또한 소속기관의 형태에 따라 소속기관에서 요구하는 시간에 맞추어 진행하시면 됩니다. 과제에는 80분으로 되어 있으나 탄력적으로 작성하여 주십시오. 다만 소속기관에서 진행하는 평가 과제에 비해 페이지 양이 많거나 적다면 임의적으로 시간을 조정하여 사용하시길 바랍니다.

본 과제는 발표와 질의응답이 없고 답지를 기반으로 설명을 드립니다. 이를 감안하셔서 발표가 필요하신 분들은 스스로 발표와 질의응답을 진행하시고 피드백해 보십시오.

과제풀이

아동성범죄 해결방안 수립

기획보고
평가대상자용

역할 및 해결과제

◉ 배경상황 및 역할 기획보고서 과제 설명

- 현재 시각은 2025년 4월 15일 화요일 오후 1시이며 귀하는 여성가족부 아동청소년 보호과 배두만 사무관입니다.
- 여성가족부 아동청소년 보호과는 아동청소년들의 건강한 성장을 위한 정책의 수립 및 집행을 목적으로 하고 있으며 특히 최근 불거지고 있는 아동성범죄를 담당하고 있는 주관 부서입니다.
- 귀하는 아동성범죄 담당 사무관으로 갑작스럽게 본 부서로 발령을 받은 후 첫 출근일이며, 본 보고서를 작성한 후 전임자가 참석 예정이던 해외 출장을 위해 사무실에서 출발해야 합니다.

◉ 해결과제

- 아동성범죄 해결을 위한 정책 기획(안) 작성
    - 아동성범죄의 현황과 문제점 파악
    - 아동성범죄 해결을 위한 정책방향 및 대안제시
    - 대안을 실행하기 위한 구체적인 실행계획 수립

◉ 과제수행시간

- 귀하는 80분 동안 제시된 자료를 검토하고 과제에 대한 답안을 작성해야 합니다.
- 자료의 검토 시간과 답안 작성 시간은 임의로 결정할 수 있으나, 반드시 제한시간 이내에 모든 작업을 마무리해야 합니다.
    ※ 본 해결과제의 답안 작성 시 분량에 제한은 없으나, 약 2~3쪽 분량으로 작성하시기 바랍니다.

● 자료#1 성폭력이란?

∴ 아동성폭력의 정의

아동성폭력은 19세 미만의 아동을 상대로 성희롱이나 성추행, 성폭행 등을 모두 포괄하는 개념으로 '성을 매개로 아동의 의사에 반해 이뤄지는 모든 가해행위'를 뜻한다.

∴ 성폭력의 종류

성폭행(강간): 성폭력의 하나인 성폭행은 강간과 강간미수를 의미한다. 강간은 '폭행 또는 협박을 가해 사람과 교접행위를 하는 것'을 말한다.
유사강간: '폭행 또는 협박으로 사람에 대하여 구강, 항문 등 신체(성기는 제외한다)의 내부에 성기를 넣거나 성기, 항문에 손가락 등 신체(성기는 제외한다)의 일부 또는 도구를 넣는 행위'를 말한다.
성추행: '일방적인 성적 만족을 얻기 위하여 물리적으로 신체 접촉을 가함으로써 상대방에게 성적 수치심을 불러일으키는 행위'를 의미한다.
성희롱: '상대편의 의사에 관계없이 성적으로 수치심을 주는 말이나 행동'을 의미한다.

[참고] 아동성범죄 실제 양형 기준(13세 미만 강간/강제추행 및 16세 미만의 의제강간)

구분	감경	기본	가중
성폭행	6~9년	8~12년	11~15년
강제추행	2년 6개월~5년	4~7년	6~9년
의제강간	1년 6개월~3년	2년 6개월~5년	4~6년

자료#2 아동성범죄 실태조사

최근 4년 동안 아동을 대상으로 한 성폭력 범죄가 해마다 증가한 것으로 나타났다. 14일 경찰청에 대한 국회 안전행정위원회 국정감사에서 한 국회의원은 경찰청으로부터 받은 자료를 인용해 "최근 2년간 19세 미만 아동을 대상으로 한 성범죄 발생 건수가 모두 7,600여 건에 달한다."라고 밝혔다.

해당 의원은 "지난 2023년에 3,600여 건이었던 아동대상 성범죄가 지난해에는 4,050건을 기록했다."라며 "올해도 ¼분기에만 벌써 1,200건 넘게 발생하는 등 해마다 증가하고 있다."라고 지적했다.

또한 친족을 포함한 아는 사람에 의한 피해율이 65.5%로 비교적 높았고 이 가운데 가족과 친척에 의한 피해도 50.5%나 됐다. 강간 피해자의 64.4%, 강제추행 피해자의 36.8%가 '아는 사람'으로부터 피해를 당했음을 거론하며 특별 대책을 촉구하고 나섰다. 해당 의원은 이어 "아동을 대상으로 하는 성범죄는 일반인들보다 힘이 약하고 쉽게 저항하지 못할 것이라 예상돼 자주 발생한다."라며 "예방과 처벌 역시 사회적 또는 신체적 약자인 피해자들 입장에서 포괄적으로 이뤄져야 하며 사전예방과 사후대처에 관한 구체적인 실행방안이 필요한 때"라고 강조했다.

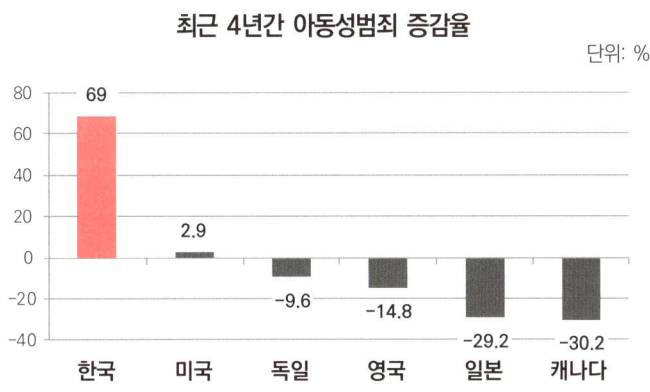

최근 4년간 아동성범죄 증감율 (단위: %)

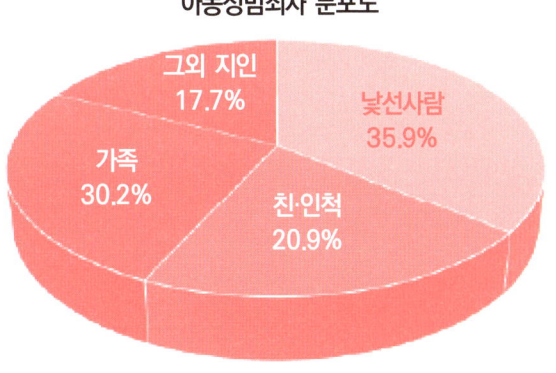

아동성범죄자 분포도

자료#3 그루밍에 의한 성폭행

'성폭행'엔 폭행·협박이 필수? '미성년자 의제강간'의 한계

기자를 만난 피해 아동 아버지는 말하는 내내 울먹였습니다. 사실, 우리나라 법이 이렇게 돼 있답니다. 현행법상 폭행과 협박이 없었다면 성폭력 처벌특별법상 성폭행으로 가해자를 처벌할 수조차 없습니다. 즉, 폭행과 협박이 없었다면 동의한 것으로 간주하고 있는 겁니다. 그나마 16세 미만 미성년자의 경우에는 동의 여부를 떠나서 가해자를 처벌할 수 있도록 한 것이 형법의 미성년자에 대한 간음죄, 소위 '미성년자 의제강간' 혐의입니다. 하지만 '미성년자 의제강간'에 일반적으로 적용되는 형량은 성인을 대상으로 한 성폭행 범죄에 해당하는 3년 이상의 유기징역으로, 이마저도 초범 또는 고려할 만한 감형 사유가 있다면 실제 집행유예로 풀려나는 경우도 많은 게 현실입니다. 반면, 폭행이나 협박을 동원해 13세 미만 미성년자를 성폭행했을 때는 무기징역 또는 10년 이상 징역에 처해집니다.

결국 13세 미만 미성년자가 피해자일 때도 폭행과 협박이 있었는지, 합의나 동의를 했는지에 따라 처벌 수위가 크게 달라지는 겁니다.

"'그루밍 성범죄'의 특수성을 고려해 처벌 강화해야"

가해자가 아동·청소년에게 유대 관계를 형성해 자신을 신뢰하고 의지하게 만든 뒤 폭행이나 협박 없이도 강간한다면? 이른바 이러한 '그루밍 성범죄'를 저질러도 현행법에서는 폭행과 협박 없이 합의했다고 보고 '미성년자 의제강간' 혐의를 적용할 수밖에 없습니다.

우리나라 법체계 자체를 바꾸지 않으면 이러한 문제는 달라지지 않습니다. 그래서 그동안 "미성년자 대상 성범죄는 집행유예를 받지 못하도록 하자.", "폭행과 협박 유무가 아닌 진정한 의미의 동의 유무를 따질 수 있도록 '비동의 강간죄'를 신설하자." 등 여러 입법 요구들이 있었지만, 결과적으로 현재까지는 반영되지 못하고 있습니다.

여성의전화 소장의 말입니다.

"우리나라 강간 개념에는 가해자는 폭력과 협박, 피해자는 저항과 거절이라는 문구가 들어가 있는데 전국 성폭력상담소협의회가 낸 지난해 상담 통계를 보면 71.4%가 폭행, 협박이 없어요. 그 얘기는 뭐냐면 길을 가다가 폭행, 협박을 당해서 강간을 당하는 게 아니라 대부분 아는 사람에게, 친족이라든가 알고 지내는 사람에 의해서 범죄가 이뤄진다는 거예요. 어린 아이들이 그루밍 성폭력에 의해서 당하다 보니까 폭행과 협박이 없죠. 굳이 저항과 거절할 의사도 없는 거예요. 또한 현행법에서는 16세 이하의 아동들에게 의제강간이 성립이 됩니다만 가해자가 19세 이상이어야 의제강간이 됩니다. 즉 19세 미만의 청소년이 15세 소녀와 폭행 없이 관계를 가지면 의제강간죄가 성립되지 않습니다. 19세 이상인 자에만 이 죄에 적용이 됩니다."

[IBC뉴스 조미애 기자]

● 자료#4 그루밍 성범죄가 가장 큰 비중

여성가족부의 자료에 의하면 가족, 친척 등의 아는 사람에 의한 성폭행이 전체에 60.9%를 차지하고 있다고 발표하였다. 이는 친분관계를 이용한 그루밍 성범죄가 가장 큰 비중을 차지하고 있다는 것을 의미한다.

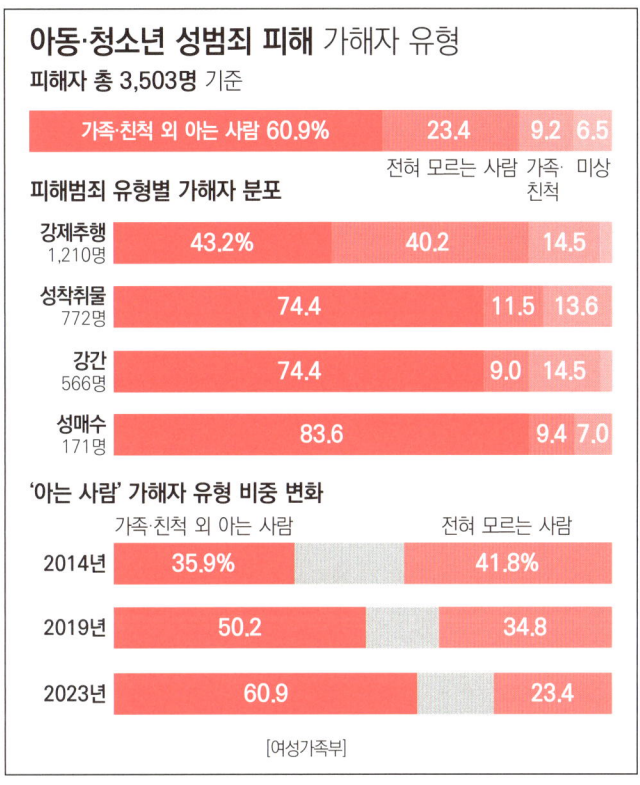

'그루밍'(길들이기·Grooming)은 '가해자가 피해자를 길들여 성폭력을 용이하게 하거나 은폐하는 행위'를 뜻하는데 가해자는 공통의 관심사를 나누거나 진로고민 상담을 하며 상대에게 다가간다. 이렇게 경계심을 무너뜨리고 신뢰를 얻으면서 '사랑의 표현'이라고 말하며 상대가 스스로 성관계를 허락하도록 만들고 성폭행 피해가 발생한 뒤에도 상대를 회유·협박하며 피해 폭로도 막아 버리는데 경제적·심리적으로 취약한 가정환경에 놓인 아동·청소년이 '그루밍'에 노출되기 쉽다.

그러나 한국의 수사기관과 법원은 '그루밍'에 대한 이해가 높지 않은 편이다. 피해 아동·청소년이 표면적으로 성관계에 동의한 것처럼 보이기 때문이다. 그루밍을 범죄로 적용할 수 있는 법규도 미비하다. 상황이 이렇다 보니, 오히려 피해자에게 성폭력의 책임을 묻는 일도 종종 발생한다. 피해자에게 '서로 사랑했던 것 아니냐.', '폭행이 지속됐는데도 왜 신고하거나 저항하지 않았느냐.'라고 되묻는 것이다.

[보나일보 임경애 기자]

자료#5 온라인 그루밍의 확대

아동·청소년 대상 강간 및 강제추행 등 성폭력 범죄는 전년 대비 10.6% 감소하고, 피해자도 12.9% 줄어들었으나, 아동·청소년 성 착취물 제작 등 디지털 성범죄는 전년 대비 61.9%, 피해자는 79.6% 증가한 것으로 나타났다. 특히, 카메라 등 이용촬영죄 범죄자는 157명이었는데 피해자는 301명으로, 한 명의 범죄자가 다수의 피해자를 양산했다.

◇ 아동·청소년 디지털 성범죄 증가… 최초 접촉은 '채팅'

성 매수와 성 착취물 제작은 인터넷 채팅 등으로 알게 된 사람이 압도적으로 높았다(각각 86.5%, 71.3%). 특히 피해 아동·청소년과 가해자가 인터넷으로 만난 경우 최초 접촉 경로는 채팅앱이 51.1%로 가장 높았고, 이 채팅이 실제 만남으로 이어진 경우는 72.2%에 달했다. 특히 성 매수 및 성매매 알선·영업의 경로는 대부분 온라인을 매개로 이뤄졌다.

아동·청소년의 성적 이미지를 이용한 디지털 성범죄의 구체적 형태는 대부분 가해자에 의한 촬영·제작 방식이 74.2%였다. 이 중, 피해 아동·청소년이 동의하지 않은 촬영과 제작은 72.3%였다. 15.5%가 유포 피해를 입었고, 35.5%의 영상이 일상적인 메신저로 유포됐다. 여기서 열 건 중 네 건가량은 피해자의 얼굴과 신상정보가 노출됐다.

아동·청소년 대상 성범죄자 중 이번 조사 대상인 신상정보 등록 대상자의 49.3%는 집행유예를 받았고, 38.9%가 징역형, 11.0%가 벌금형을 선고받았다. 강간은 평균 5년 5.5개월을 받았고, 성 착취물 제작은 3년 3개월의 형을 선고받았다.

여성가족부 장관은 "온라인 매체를 매개로 시작된 디지털 성범죄가 오프라인에서의 강간, 성 매수 등 성범죄로 이어지는 경향이 뚜렷하게 나타나고 있다."라며 "온라인 그루밍 처벌에 적극적으로 대응하여 아동청소년 대상 성범죄 근절에 최선을 다하겠다."라고 말했다.

[베이비뉴스 전아름 기자]

● 자료#6 아동성범죄 예방 콘텐츠 현황

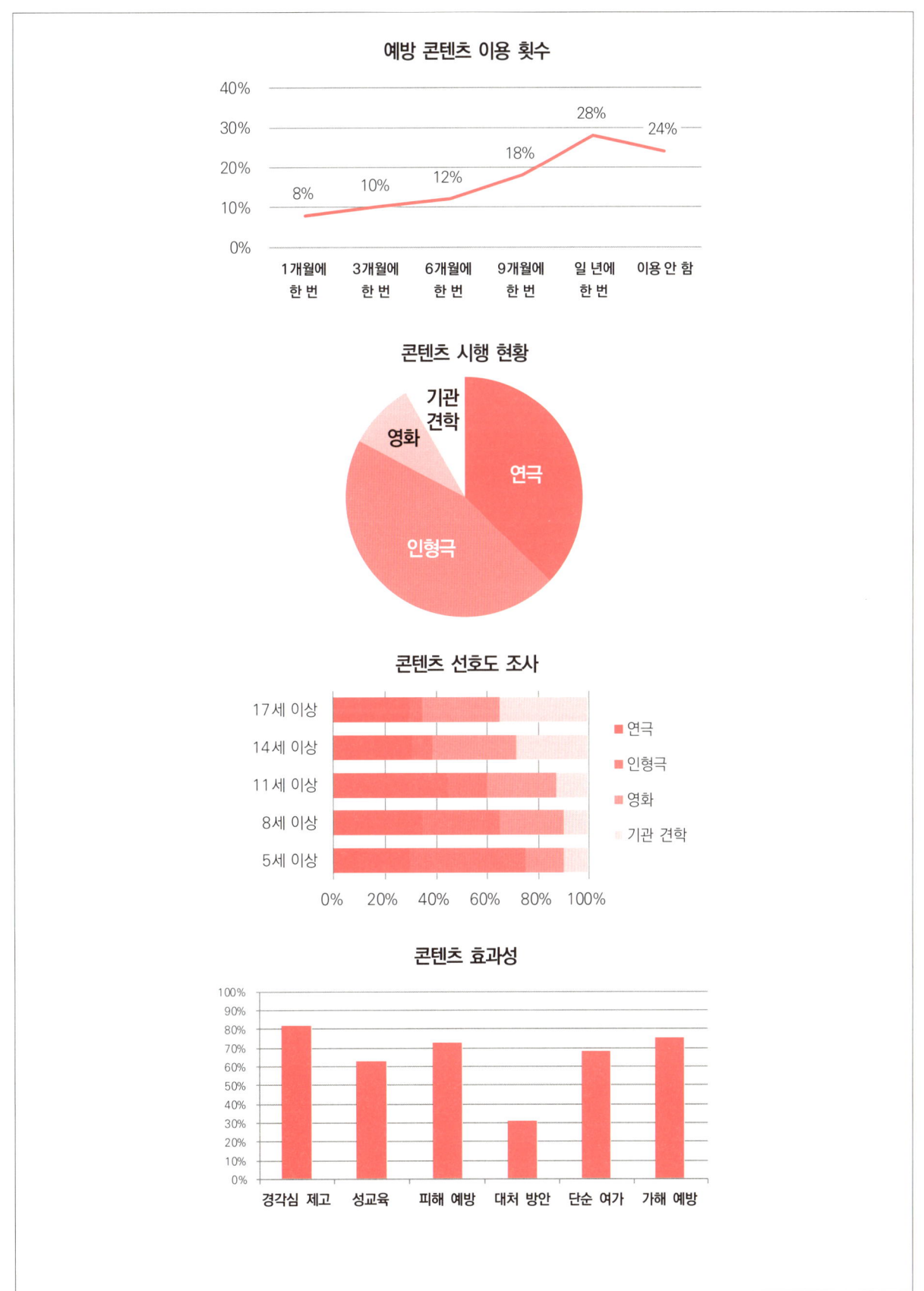

● 자료#7 처벌 위주의 성범죄정책

최근 자고 나면 들려오는 잔혹한 성범죄 소식에 국민들의 범죄에 대한 불안과 공분이 그 어느 때보다 높다. 더불어 성범죄자에 대한 보다 강력한 처벌을 요구하는 목소리와 함께 사실상 폐지되었던 사형집행을 요구하는 여론 또한 힘을 얻고 있다. 사실 정부가 성범죄에 대해 처벌 위주의 정책을 추진해 온 것은 어제오늘의 일이 아니다. 지난 여러 해 동안 조두순, 김길태, 김수철 사건 등이 터질 때마다 정부는 전자발찌제도 도입, 아동성범죄 공소시효 폐지, 성범죄자 신상정보공개, 성 충동 약물치료 제도 시행, 아동성범죄 형량 강화 등 일련의 처벌 강화 대책을 발표해 왔다. 하지만 성범죄 증가 추세는 멈출 기세를 보이지 않고 있다. 그럼에도 불구하고 성범죄 해결을 둘러싼 논의는 여전히 처벌 중심적 성격에서 벗어나지 못하고 반복되고 있는 실정이다.

처벌 위주의 성범죄정책이 실효성을 거두지 못하는 이유

처벌 위주의 성범죄정책이 실효성을 거두지 못하고 있는 것은 이러한 정책들이 성범죄자의 특징에 대한 오해와 편견을 바탕으로 하고 있기 때문이다. 언론을 통해 묘사되는 성범죄자들, 특히 아동성범죄자들은 흔히 소아기호증을 앓고 있으며 성범죄에 대한 강한 동기를 가지고 구체적으로 범행을 계획하며 각종 치료와 재활프로그램이 전혀 통하지 않는 높은 재범가능성을 가진 자들이다. 범죄자들의 심리를 압박하는 것은 처벌의 엄격성이 아니라 확실성인데, 성범죄 신고율이 10% 미만이라는 현실은 처벌의 확실성을 낮추기 때문에 형량을 높이는 것으로 억제효과를 기대하기 힘든 게 현실이다. 또한 성범죄자들을 사회로부터 격리시켜 놓는 방법만으로는 성범죄를 근본적으로 해결할 수는 없다. 무기징역이 아닌 이상 성범죄자들은 결국 사회로 돌아오게 마련이다. 전과자라는 낙인, 교도소의 범죄학습효과, 그리고 장기간의 사회격리로 인한 성범죄자들의 부적응과 재범죄화는 궁극적으로 사회가 떠안아야 할 부담이 된다.

기존에 우리 정부가 추진해 온 성범죄정책은 사법기관이 불특정다수의 성범죄자들을 통제하는, 즉 소수가 다수를 감시하는 '판옵틱 통제'라고 할 수 있다. 이는 재범 위험에 있어서 성범죄자들 간의 다양성을 고려하지 않은 방식이다. 앞으로는 다수가 소수를 감시하는 '시놉틱 통제'로의 전환이 모색되어야 한다. 즉 재범의 위험이 높은 소수의 고위험군을 다수가 집중적으로 감시하도록 해야 한다. 이러한 성범죄자 통제방식의 변화를 위해서는 첫째, 누굴 감시할지를 결정하기 위해서 성범죄자들의 재범 위험에 대한 보다 정확한 예측시스템이 선행되어야 한다. 피보험자의 발병 위험성, 사고 위험성이 보험정책의 기준이 되듯이 성범죄정책도 고위험군을 정확히 판별해 내는 데 집중해야 한다. 둘째, 참여형 치안이 보다 활성화될 수 있도록 정부의 지원이 필요하다. 지역문제에 대한 주민들의 관심과 참여를 유도하기 위해서는 C국 D시의 사례에서 보듯이 적극적이고 지속적인 홍보와 세심하게 준비된 전략으로 주민들의 마음을 움직여야 한다. 또한 교육과 캠페인을 통해 지역사회의 성범죄에 대한 보다 적극적인 태도를 형성시키는 전략도 필요하다.

[정책브리핑 노성훈 경찰대 행정학과 교수]

자료#8 아동성범죄 재범률

아동성범죄 재범률, 이대로 괜찮은가

아동성범죄 재범률: 2020년 23.5%, 2021년 31.2%, 2022년 30.5%, 2023년 42.3%, 2024년 49.7%

미성년자에게 성폭력을 저지른 범죄자가 같은 종류의 범죄를 다시 저지르는 비율이 최근 해마다 높아진 것으로 나타났다.

국회 법제사법위원회 소속 개혁당 이나라 의원이 8일 법무부에서 받은 자료에 따르면 19세 미만 미성년자 대상 성폭력 사범의 동종 재범률은 2020년부터 꾸준히 증가 추세다.

지난 2019년 15.5%였던 재범률은 2020년 23.5%로 상승했고 2021년 31.2%, 2022년에는 30.5%로 다소 하락하였으나, 2023년 42.3%로 다시 상승했다.

특히 지난해에는 미성년자 대상 성폭력 사범 4,050명 중 1,987명이 재범으로, 재범률은 약 50%까지 급증했다. 10명 중 5명꼴로 또다시 성범죄를 저지른 셈이다.

이나라 의원은 "미성년자 대상 성범죄는 피해자에게 육체적, 정신적으로 평생 씻을 수 없는 상처를 남기는 중대범죄임에도 재범률은 증가하고 있다."라고 말하고 덧붙여서 "미성년자 대상 성범죄의 양형 기준이 최고 15년에 불과한데 이는 외국에 비하여 현저히 낮아서 성범죄에 대한 두려움이 없는 것으로 보인다. 게다가 재발 방지를 위한 안전장치도 전혀 도입되어 있지 않아서 우리 아이들은 여전히 위험에 노출되어 있다. 그러니 우리도 처벌기준을 더욱 강화하는 등 대책 마련이 시급하다."라고 지적했다.

[Mountaindara@crime.kr 박산다라 기자]

자료#9 형사법학회 연구자료

아동성범죄 양형 기준 비교

1. 들어가며
아동성범죄란 아동(19세 미만)을 대상으로 성적자기결정권을 침해하는 행위로서 우리 형법은 이러한 행위를 처벌하고 있다. 다만, 최근 양형 기준이 너무 낮아서 아동성범죄에 대한 의식이 가벼워지고 재범률이 높아진다는 논란이 일고 있는 바, 본 연구를 통하여 한국과 해외의 비교 연구를 통하여 최적의 양형 기준을 제시하고자 한다.

2. 아동성범죄의 개념
아동성범죄란 아동의 성적 자기결정권을 침해하는 행위로서 광의의 의미로는 아동 성매매를 포함하는 것이며 협의로는 아동 성폭행, 아동 성추행, 아동 성희롱을 의미한다.

— 중략 —

5. 국내 일반성범죄 양형 기준

1) 개정 사유
최근 성범죄 증가세에 대한 일반 국민들의 우려와 약한 처벌에 대한 불신으로 인해 각계각층의 성토가 이어져 왔다. 따라서 지난해 강화된 양형 기준이 입법 예고 되고 올해부터 개정되었다.

2) 개정 내용

유형	법률 변경 전	법률 변경 후
강도강간	7-10년	9-13년
특수강도·추행	6-9년	7-11년
강간치사·강제추행치사	11-14년	변동 없음
기본형 기준(감경 가중 사유가 있는 경우는 별도 규정)		

3) 반론
양형 기준이 강화되면 다른 강력범죄들과 형량의 차이가 줄어들게 되므로 더욱 확실한 증거인멸을 위하여 피해자를 살인하는 등 2차 피해가 발생할 가능성이 커진다.

6. 해외 아동성범죄 양형 기준

국가	양형 기준
B·F국	종신형
O국	최소 20년 이상
A국	최소 18년
E국	최소 15년 + 아동 1km 이내 접근 금지
C국	최소 25년 이상
J국	최소 16년 이상
I국	사형

자료#10 치료·교정 프로그램 관련 자료

1. 치료·교정 프로그램 이수 후 아동성범죄 욕구가 낮아졌는가?

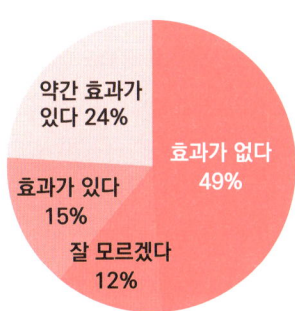

교정 프로그램 효과성 조사
- 효과가 없다 49%
- 약간 효과가 있다 24%
- 효과가 있다 15%
- 잘 모르겠다 12%

2. 치료·교정 프로그램 장단점 분석

화학적 거세		심리교육 프로그램	
장점	단점	장점	단점
• 타인들에게 안정감을 준다. • 근본적인 해결방안이 된다.	• 무기력증 발생 • 폭력 성향 증가 • 급격한 체중 증가	• 인권침해 요소가 적다. • 화학적 거세와 같은 부작용이 없다.	• 당사자가 의욕을 갖지 않을 경우 효과가 없다.

3. 화학적 거세의 위헌성 논란

〈국회 회의기록〉

매파	비둘기파
헌법에서 인격권을 규정하고 있고 그 인격권의 한 내용으로 성적자기결정권 이런 것이 헌법상으로 인정됩니다. 성 충동 약물치료를 시행하면 이 사람은 그 시행하는 기간 동안 성적자기결정권을 행사할 수 없습니다. 그런 측면에서 헌법상의 인격권 또는 자기결정권을 제한하는 것은 분명합니다. 그런데 이를 제한하는 것이 헌법적으로 허용되느냐 하는 것은 결국 과잉금지원칙에 위반되느냐가 문제인데 성 충동 약물치료를 하는 목적과 이 약물치료의 약효의 정도 등을 생각해 보면 그 수단이 적절하다는 것입니다. 그래서 이것이 헌법적으로 허용된다고 생각합니다.	지금 이미 벌어진 범죄에 대해서 형벌이 국가에서 나가는 것은 그에 대한 응징의 효과도 있지만 더 중요한 것은 차후에 재범 방지 등의 목적이 더 중요한 건데 과연 기존의 형벌 이외에 자기에게 화학적 약품을 처방받는 것을 동의하지 않은 사람에게 강제로 화학적 약품 주사를 투여해서 어떤 효과가 있는 건지 지금 상태로는 상당히 의문이 되고 그에 대한 연구가 우리나라에서는 많이 있지 않았기 때문에 동의를 구하지 않고 하는 화학적 거세는 위헌이라고 봐야 된다는 입장입니다.

자료#11 공탁제도에 관한 자료

공탁의 정의와 내용

- 형사공탁이란 피고인이 피해자와 합의가 이루어지지 않았거나, 합의가 불가능할 경우, 피해자의 피해회복을 위해 일정액의 돈을 법원에 공탁을 하는 것이다.
- 공탁서를 기재할 때 피해자 인적사항(주민번호, 주소, 전화번호)을 알아야 한다.
- 합의금액의 차이가 있고, 합의금액 마련이 여의치 않을 때 공탁을 이용하는 경우가 있다. 공탁이 합의와 같은 효과로 기능하긴 어렵지만, 법원에서는 피고인에게 유리한 양형자료로 취급한다. 법원공탁계나 담당재판부에 요청하여 진행 가능하다.

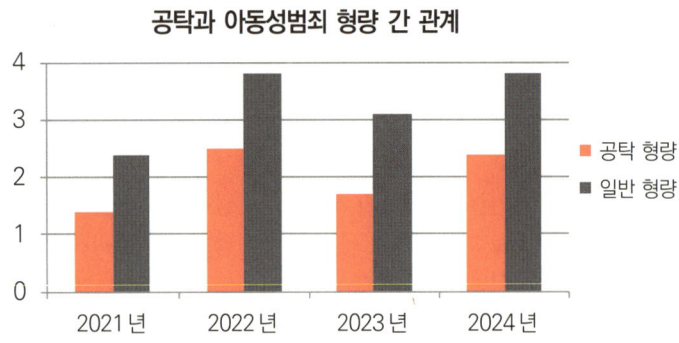

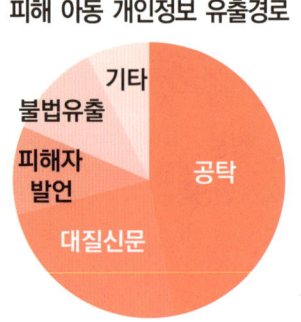

공탁에 관한 대법원 규칙 변경 찬반양론

찬성	반대
가해자가 공탁을 하기 위해서는 피해자의 개인정보기입이 필수인바, 가해자가 피해자의 개인정보를 얻지 못할 경우 열람등사를 허용하여 사실상 피해자의 개인정보가 가해자에게 모두 노출되는 일이 다반사이다. 피해자의 안전과 인권침해 문제상 해당 기입란을 없애고 가해자가 피해자의 개인정보에 접근하지 못하도록 규칙개정이 필요하다.	피해자의 안전과 인권이 침해될 수 있다는 찬성 측의 견해에 동의한다. 다만, 공탁제도상 피해자의 개인정보가 없다면 제도 자체가 운영되지 못한다. 따라서 기입란을 없애지 말고 관련 부치로부터 공탁소니 법원이 직접 개인정보를 요청하여 기입할 수 있도록 해야 하는데, 이는 어차피 대법원 규칙의 개정만 가지고는 불가능하다.

자료#12 인터넷 블로그

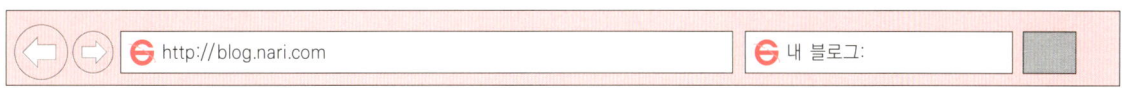

해외의 아동복지 선진국에서는 아동대상 성범죄자를 단순히 범죄자가 아닌 정신병 환자로서 간주하여 그들을 대상으로 장기적인 치료·교정 프로그램을 실시한다고 합니다.

현재 우리나라는 아동대상 성범죄자들을 범죄자로서만 간주합니다. 또한 사회로부터의 격리, 낙인과 같은 목적의 처벌이 주어지기 때문에 **50%에 달하는 높은 재범률과 근본적인 해결책이 미비**한 모습을 보이고 있습니다.

그래서 C국, E국, A국, F국, B국의 아동성범죄자 치료·교정 프로그램을 알아보았습니다. ^-^

〈C국〉
미네소타주에서는 아동대상 성범죄자들에게 최소 30개월 이상의 심리치료를 받게 합니다. 또한 출소 이후 최대 5년까지 관리하면서 심리치료를 병행합니다. C국 대부분의 주는 2년 안팎의 치료 프로그램들을 진행하고 있습니다.

〈E국〉
E국에서는 아동성범죄 수감자들이 재활 및 정신 치료를 거부하거나 프로그램에서 탈락할 경우 감시가 더 엄격한 교도소로 이감된다고 합니다.

〈A국〉
A국 역시 아동성범죄자는 최소 2년의 치료 프로그램을 이수하게 하고 있습니다.

〈F국〉
F국은 수감 중이거나 보호관찰 중인 아동성범죄자들에게 주기적으로 거짓말 탐지기 조사를 한다고 합니다. '아이들에게 접근했는가', '성욕을 느꼈는가', '음란물을 보았는가' 등의 질문을 한다고 합니다. 이들이 치료프로그램을 제대로 이수하면서 사회에 복귀할 상태가 되었는지를 엄격하게 판별하기 위함입니다. 만일 재범 위험성이 높다고 판단되는 범죄자들에게는 즉각 보호관찰을 해제하고 다시 구금한다고 합니다. 또한 출소 후에 6개월에 한 번씩 각 지역사회 보호관찰관, 사회복지사로 꾸려진 자문집단의 치료 프로그램에 정기적으로 참여하도록 하고 있습니다.

〈B국〉
B국은 재범 위험성이 높은 아동성범죄자들에 대해 별도 치료·교정 프로그램이 없습니다. 위험성이 높은 경우는 종신형에 처하기 때문입니다. 형 선고 단계에서 정신과 의사 2명이 진단해 '성범죄 충동이 높아서 완치가 불가능하다'는 결론이 나오면 가석방 없는 종신형을 선고할 수 있도록 법을 만들었습니다. 재범 위험성이 낮다고 판단된 아동성범죄자도 가석방할 때는 외부에서 치료 프로그램을 이수하는 조건을 내건다고 합니다.

● **자료#13 해외 사례**

◇ A국 정부의 디지털 아동청소년 성폭력 방지와 관련해 업무를 맡고 있는 독립자문관은 디지털 성폭력 유형 중 '사이버 그루밍(Cybergrooming)'과 '섹스팅(Sexting, 성적인 내용의 문자메시지나 사진을 휴대폰으로 전송하는 행위)' 방지에 주력하고 있다. 가해자가 성범죄를 목적으로 채팅앱이나 인스타그램과 같은 SNS 등을 이용해 소년 및 소녀에게 접근하는 '그루밍'은 피해자의 프로필이나 사진, 글을 통해 정보를 얻고 친밀감을 얻어 낼 수 있는 방법을 찾는데 이럴 경우 가해자가 대화창에서 아동성폭력을 위해 접근하고 대화를 요청하는 등의 과정만으로도 처벌될 수 있다.

◇ B국의 경우 아동·청소년 성 착취물 범죄 처벌을 강화하고, 성 착취를 목적으로 아동·청소년을 유인하는 '그루밍'의 처벌 근거를 신설했으며, 수사에 더욱 효과를 내기 위해 경찰의 신분위장 수사 특례도 마련했다. 지역 내 성범죄자 신상정보를 효과적으로 고지하기 위한 모바일 고지 방식을 도입하고, 인터넷 사업자의 디지털 성범죄물 유통 방지 책임도 강화했다. 아울러 지역 단위 디지털 성범죄 피해자의 서비스 접근성을 높이기 위해 상담소를 확대해 운영하고, 학교 현장에 디지털 성범죄 예방 교육 콘텐츠를 보급하며 특히, 청소년매체환경보호센터를 통해 청소년 성매매 등의 주요 창구로 이용되는 랜덤 채팅앱이 청소년유해매체물로 의무를 이행하고 있는지 등 청소년 보호법 위반 사항도 중점 점검한다.

◇ 주민 참여형 치안의 모범사례로 평가되는 C국 D시의 '지역사회경찰 프로그램'은 종전에 치안서비스의 고객에 머물렀던 주민들을 경찰과 함께 직접 치안서비스 생산 과정에 참여하도록 하여 범죄발생율을 절반 이상 감소시켰다. 적극적인 홍보 전략과 언론의 지원으로 주민들의 참여를 유도하였고 경찰과 주민의 만남을 상설화한 것이 성공의 비결이었다. 참여형 치안정책의 핵심은 주민들 스스로가 능동적으로 자신들에게 필요한 치안서비스가 무엇인지 결정하고 정부가 이를 제공하는 데 있다. 또한 궁극적으로는 이러한 정책을 통해 지역주민들 간에 공동체의식과 유대감이 형성되고 범죄문제에 대한 공동대응력이 높아지는 효과를 기대할 수 있다.

◇ E국 전역에서 실시 중인 '지원과 책임집단' 프로그램은 참여형 치안정책이 성범죄에 적용된 가장 대표적인 사례이다. 성범죄자가 출소하여 지역사회로 들어오면 지역에서 선발된 4-7명가량의 민간인 자원봉사자들이 배정된다. 자원봉사자들은 성범죄전과자가 재범을 저지르지 않고 지역사회에 성공적으로 정착할 수 있도록 지원하는 역할을 한다. 경찰, 사회복지사, 전과자의 가족이나 친구들은 자원봉사자들의 외곽에서 필요한 지원을 제공한다. 이 프로그램은 성범죄자의 지역사회 복귀를 돕는 역할과 함께 이들을 감시하는 기능도 한다. 성범죄자는 자원봉사들과 교류하면서 지역사회가 그를 지켜보고 있다는 인식을 하게 된다 여러 평가연구들은 이 프로그램에 참여한 성범죄자들의 재범률이 비참여집단과 비교해 무려 70-80%가량 감소한 것으로 보고하고 있다.

◎ 예시답지

아동성폭력 해결방안 수립

1. 배경: 최근 아동성범죄가 급격히 증가하여 국민들의 불안이 가중되는바 변화에 맞춘 정책 수립으로 선제적 대응방안 도모

2. 현황
   - 아동성범죄의 증가
     - 2023년 3,600건 → 2024년 4,050건으로 증가
     - 최근 4년간의 증가율: 60%, 미국 2.9%, 캐나다 -30.2%
   - 친족 등 '아는 사람'의 그루밍에 의한 범죄의 증가
     - 전체범죄의 60~65% 차지
   - 온라인 그루밍에 의한 디지털 성범죄의 증가
     - 성 착취물 범죄 전년 대비 61.9%, 피해자 79.6% 증가
   - 아동성범죄 재범률이 높음
     - 2020년 23.5% → 2024년 49.7%
   - 아동성범죄 예방 교육의 효과성은 있음
     - 경각심 제고에 80%, 가해 예방에 75%의 효과가 있음

3. 문제점
   - 정책방향성 미비
     - 현 아동성범죄는 주로 그루밍(아는 사람, 디지털)에 의해 진행되나 이에 대한 수사기관의 인식이 부족하고 예방책과 처벌규정이 없음
   - 제도 미비
     - 성폭행죄의 허점
       · 반드시 폭행이나 협박이 있어야 성폭행 죄는 성립이 되며 없으면 합의된 것으로 인정
       ※ 그루밍에 의한 범죄가 대세인 상황에서 현실성 부족
     - 처벌 미비
       · 미성년자 의제강간의 허점: 19세 이상인 자가 아동 성폭행을 저질러도 폭행이나 협박이 없으면 동의 하에 이루어진 것으로 인정하고 초범은 집행유예로 풀려나는 경우가 많음
       · 양형 기준 미비: 현 양형 기준은 최고 16년, I국은 사형, B/F국은 종신형, C국은 25년
       · 공탁제도를 활용: 공탁제도를 활용하여 합의가 없어도 형량을 대폭 낮춤
   - 교정 프로그램의 효과성 미비
     · 효과 없다, 모르겠다 61% 차지

4. 정책방향
   - 그루밍에 초점을 맞춘 정책으로의 전환
   - 소수의 관리보다는 다수의 관리체계인 시놉틱 통제로 전환

5. 목표: 2030년 아동성범죄 건수 2,000건 이하 달성

6. 개선방안
   - 제도 강화(중점 추진사항)
     - 법규 신설
       · SNS 등을 통해 아동들에게 접근만 하여도 처벌하는 법규신설(A국 사례 적용)
       · 주민이 참여하는 '지역사회경찰' 프로그램 신설(C국 사례 적용)
       · 경찰의 신분위장 특례 신설, 지역 내 성범죄자 모바일 고지방식 도입, 인터넷 사업자의 성범죄물 유통 방지 책임 강화(B국 사례 적용)
     - 법규개정
       · 반드시 폭행이나 협박이 있어야 되는 성폭력죄의 성립요건을 그루밍에 의해서도 성립이 가능하도록 개정(미성년자의제강간도 같이 적용)
       · 현재 양형 기준을 국제기준에 맞춰 최소 25년으로 강화
       · 아동성범죄에 대해서는 공탁제도 적용 폐지
   - 교정 프로그램의 강화
     - 범죄자를 정신병 환자로 간주하고 2년에서 5년까지 치료교정 프로그램을 실시하며 과정에서 위험성이 보이면 재구금(C국/F국 사례 적용, 화학적 거세는 세계적인 추세와 배치되어 제외)
     - 민간인 자원봉사자가 지원하는 '지원과 책임집단' 프로그램 운영(E국 사례 적용)
   - 교육 프로그램의 강화
     - 현 교육 프로그램의 다양화를 통해 적극적이고 지속적인 성범죄 예방 교육 실시

7. 세부실행계획
   - 추진일정 및 성과지표

개선방안	추진일정	평가지표	달성수준	협력부처
제도 강화	2027년 한	법제화 및 실행	법제화 및 실행	국회 및 관련 부처
교정 프로그램 강화	2026년 한	법제화 및 실행	법제화 및 실행	국회 및 관련 부처
교육 프로그램 강화	즉시 시행	대상자 만족도	가해 예방의 90% 효과	지자체 및 예산부처

   - 조직관리: 여성가족부, 교육부 등 관련 부처와의 공동으로 TF 구성
     - 활동기간: 2025년 4월부터 2028년 말까지
     - 참여인력: 각 기관에서 과장급 1명, 사무관 3명, 주무관 5명씩 총 20명 참여
     - 운영분과: 법률, 기획, 운영, 홍보/교육 분과 등으로 운영
       ※ 추가 인력 필요시 자체적으로 판단하여 한시적으로 확보하여 운영
   - 성과관리: 성과점검단 운영
     - 각 기관의 국장급 1명씩 총 5명이 참여하는 점검단 구성
     - 2025년부터 분기별 활동보고서를 기반으로 점검단에 의한 점검활동 실시
   - 정책반응(만족, 실행)도 조사
     - 전문여론 조사기관을 통한 정책 효과성에 대한 국민 여론조사
       · 분기별 갤럽, 리얼미터 등의 조사전문기관을 통한 국민여론조사

- 여론 및 각 이해관계자들의 반응도 스크랩
  - 신문, 미디어, SNS 등을 기반으로 한 반응도 조사
- 보고: 각 부처의 장관에 정책추진사항의 보고
  - 분기별 정책추진 현황보고
  - 분기별 국민 및 여론 반응도 보고
  - 보고를 통한 장관의 관심도 환기
- 예산: 2025년 말까지 TF에서 관련 예산확보
  - 긴급예산은 예비비를 활용하고 추경예산도 조기 확보
  - 차년도 예산은 기재부와 협의하여 최우선으로 확보
- 홍보: 다면적인 정책 홍보 추진
  - 언론홍보, 정책합동 브리핑, 관련 학회, 관련 기관협의체, 기고, 캠페인, SNS 활용

8. 장애요인 및 극복방안
- 부처 간 이해 상충으로 불협업 발생
  - 국무조정실의 참여로 이해관계 해소

9. 기대효과
- 국민들의 안락한 삶의 질 제고
- 적극적 행정으로 정부의 신뢰도 제고

◎ 답지해설

본 과제는 인과 분석 기법을 사용하는 과제로서 난이도는 중간 정도입니다.

'아동성범죄 해결방안 수립'이라는 보고서를 작성하는 데에 있어 전제는, 현재 아동성범죄가 해결해야 할 만큼 만연하고 있다는 것을 말합니다. 아동성범죄가 만연한다는 것은 국민들의 삶이 어렵다는 것을 의미하고, 그래서 본 보고서의 목적은 아동성범죄 발생빈도는 낮추거나 아예 없애서 국민들의 삶의 질을 높이는 데에 있습니다.

기획보고서의 추진배경은 목적에 해당합니다. 위에서 보고서의 제목을 기반으로, 추론의 과정을 통해, 본 보고서가 왜 작성되어야 하는지 목적을 찾을 수 있었습니다. 이렇듯 여러분들은 보고서의 제목만 보고서도 핵심 목적을 규명할 수 있어야 합니다. 이러한 과정을 사안의 근본을 꿰뚫어 본다고 하여 '통찰'이라고 하는데, 이 같은 통찰은 경험에 기반을 둔 연역적 사고 과정을 통하면 빠르게 과제를 정리할 수 있습니다.

연역적 사고로 한 발자국 더 들어가 과제를 보자면, 전제에서 '아동성범죄가 만연하고 있다.'라고 말씀 드렸는데, 그러면 만연함의 근거나 이유를 생각해 봐야 합니다. 공무원들이 근거 없는 일은 하지는 않을 것이고, 어떤 근거를 기반으로 만연하다고 주장하고 있을까요? 그 근거는 사태의 심각성을 제기하는 중요한 단서가 되며 그래서 해결을 위한 보고서가 필요한 것입니다. 만연하다는 주장의 근거는 무엇일까요?

바로 '아동성범죄 사건 발생 건수'가 됩니다. 정부기관에서 발표한 사건 발생 건수는 숫자로 심각하게 증가하고 있음을 표시할 것이고 이는 범죄가 만연하고 있다는 근거가 됩니다. 이는 매우 중요한 과정으로 핵심현황(결과) 즉, 사안의 맥락(脈絡)을 확보하는 과정이 됩니다.

위의 사건 발생 건수라는 '숫자'는 바로 아래 목차에서 작성하는 목표와 연결이 됩니다. 목표는 핵심현황의 숫자와 반대로 수립되어야 하는데, 현황의 숫자가 높으면 낮추어 수는 것이고 낮으면 높여 주는 것이며, 없으면 새로 만들어 주어야 합니다.

벌써 제목만으로 목적과 현황 그리고 목표의 그림을 그릴 수 있게 되었습니다.

본 과제의 제목은 방송 등을 통해 우리에게 익숙한 사안입니다. 그래서 경험을 통해 추론할 수 있습니다. 물론 경험에 없는 생경한 제목의 과제가 나오면 그때는 사실을 분석하는 과정을 통해 정리하는 수밖에 없습니다. 본 과제처럼 익숙한 과제명이 나오면 연역적 사고는 절대적으로 유용합니다.

이제는 문제점을 생각해 보겠습니다. 앞서서 배운 여섯 개의 문제점 영역을 대비한다면 어떤 문제점들이 추론될 수 있을까요?

저는 '제도 미비', '교육 미비', '홍보/계도 미비' 정도로 추론되는데 동의하시는지요?

위의 사안에서 범죄율을 낮추려면 처벌을 강화해야 한다는 것은 쉽게 연상이 될 것입니다. 이는 처벌이 부족하여 범죄가 만연하다는 것인데 이를 제도 미비라 함은 적절한지요?

그리고 범죄의 꼬임에 넘어가지 않도록 사전에 학생들에게는 교육을, 학부모들에게는 교육 및 홍보/계도를 적극적으로 실시했어야 하는데 이 같은 노력이 부족했다고 추론할 수 있습니다. 문제점이 너무 쉽게 도출되는 것인가요?

문제점을 거꾸로 하면 개선방안이 됨은 여러분들은 너무나 잘 알고 계십니다. 개선방안은 고민하지 않아도 될 것 같습니다.

다음은 장애요인입니다. 나타날 수 있는 장애요인 즉, 주요 이해관계자는 누구이며 심각하게 장애요인이 될 만한 반응을 보일 관계자는 누구일까요?

본 과제에서 국민, 국회, 언론, NGO, 내부 구성원, 유관기관 등 다양한 이해관계자들을 돌이켜 볼 때 특별히 문제가 될 만한 관계자는 안 보입니다. 아동의 성범죄를 낮춘다는데 반대할 관계자들은 없을 것 같아 그렇습니다. 다만 유관부처나 기관의 협조는 꼭 필요한 사안으로 굳이 꼽자면 예산 및 유관부처의 협조 정도를 장애요인으로 생각할 수 있을 것 같습니다.

5분여 정도의 추론 과정을 통해 과제의 대강 윤곽이 나온 것 같습니다. 그럼 여러분들이 작성한 답지를 한번 보실까요? 경험에 기반하여 도출된 내용과 유사함이 있는지요?

그럼 제가 작성한 답지를 보겠습니다. 일단 목적과 핵심현황은 같음을 볼 수 있습니다. 다만 그루밍과 디지털상에서 범죄가 절대적으로 많다는 것이 추가되었습니다. 그리고 지금까지의 예방 교육이 효과가 있다는 것은 추론 과정과는 다른 내용임을 알 수 있습니다.

문제점에서는 제도 미비라는 문제점이 있고 제가 생각한 처벌 미비라는 부분은 있으나, 범죄 구성에 허점이 있다는 내용이 추가되었습니다. 그리고 생각하지 못했던 교정 프로그램의 미비라는 문제점이 추가되었음을 볼 수 있습니다.

결정적으로 지금까지의 법 규정은 폭행을 해야만 성범죄로 형성된다는 것을 전제하고 있는데, 아동성범죄는 성인들과 다르게 폭행이 없이 주로 아는 사람에 의한 그루밍 또는 온라인상의 디지털 그루밍에 의해 벌어지는 범죄가 거의 대다수라는 것입니다. 이는 정부가 범죄 유형의 변화라는 큰 흐름을 파악했어야 하는데 이를 놓쳤다는 것을 의미합니다. 이는 추론 과정에서는 생각할 수 없는 새로운 내용이었습니다.

본 과제는 인과 분석 외에도 큰 그림에서 범죄 유형의 변화를 파악하고 대응하는 전략적 사고의 내용이 있음을 볼 수 있습니다.

그래서 정책방향은 분석 과정을 통해 나타난 그루밍이라는 변화에 중점을 두고, 소수가 다수를 관리하는 체계로의 전환을 제시하고 있습니다.

하지만 사전에 진행되었던 추론 과정의 내용과 겹치는 부분이 많아 과제의 윤곽을 잡는 데 많은 도움이 된 것 같습니다. 앞서서도 말씀드렸지만, 이 같은 연역적 접근은 시간을 아끼고, 정책사안의 핵심을 바로 꿰뚫을 수 있는 엄청난 장점이 있습니다. 하지만 대다수 평가 대상자는 본인들이 가지고 있는 이런 탁월한 역량을 쓰지 않고 버려 버리는 경우가 대부분입니다.

계속 이어서 목표를 바라보겠습니다. 목표 또한 사전에 생각했던 것과 크게 다르지 않음을 볼 수 있습니다.

개선방안에서는 변화의 흐름에 초점하자는 근거를 가지고 제도 강화를 중점으로 추진사항을 제시하고 있고 다른 나라의 사례를 근거로 하여 구체적인 내용들이 기술되어 있습니다.

세부실행계획은 성과관리 관점에 맞추어 수립되었음을 볼 수 있고 구체적인 조직관리, 성과관리, 모니터링 방안들을 제시하고 있어 계획의 탄탄함을 볼 수 있습니다. 답지에 있는 내용 외에도 '핵심성공요인' 등을 추가하는 것도 좋습니다. 하지만 근거가 없이 추상적으로 작성된 내용을 넣어 주는 것은 평가에 전혀 도움이 되지 않습니다.

또한 세부실행계획의 내용들은 큰 변화가 없기에 사전에 충분히 숙지를 하여 작성하는 것이 유리합니다.

장애요인 및 극복방안은 사전의 추론 과정에서의 내용과 다름이 없음을 볼 수 있고 기대효과는 이해관계자 중심으로 구성되어 있습니다.

장애요인을 외워서 '예산과 인력 부족'으로 작성하는 경우가 많은데 물론 이같이 내부 이해관계자들을 대상으로 하는 경우가 적합할 때도 있지만 대다수 그렇지 않습니다. 이해관계자의 영역을 충분히 생각을 하여 작성함이 필요합니다.

(2) 발전사 초급간부 평가 유형

◎ 과제정보

본 과제는 전력/발전사 초급간부 대상으로 제작된 과제이나 서울시 등 다른 기관에서도 사용할 수 있는 과제입니다. 하지만 유념해야 할 것은 본 과제의 난이도는 최고 수준이라는 것입니다.

최근의 과제 변화 추세에 맞추어 제작되었으며 인혁처 과장급 등에서는 다루지 않았던 과제 유형일 것입니다. 솔직히 과제검토 시간을 넉넉하게 주는 서울시나 발전사 초급간부 후보들 그리고 과제 난이도가 매우 높은 서울시 교육청의 평가 대상자들도 풀기 쉽지 않은 과제 난이도입니다. 하지만 자신감을 가지고 대응해 보십시오.

본 과제검토 시간은 90분으로 책정하였습니다. 어려우신 분들은 시간을 좀 더 사용하셔서 풀어 보시길 바라며 수기로 작성하는 것보다는 타이핑을 사용하시는 것을 권합니다.

본 과제는 발표와 질의응답이 없고 답지를 기반으로 설명을 드립니다. 이를 감안하셔서 발표가 필요하신 분들은 스스로 발표와 질의응답을 진행하시고 피드백해 보십시오.

과제풀이

수소차 사업 환경변화 대응방안

기획보고
평가대상자용

역할 및 상황 설명

**평가대상자
친환경에너지연구원 김시현 차장**

귀하는 친환경에너지 기술개발과 보급을 목적으로 탄생한 한국친환경에너지연구원의 수소에너지사업본부 차장 김시현이다. 최근 정부와 친환경에너지연구원은 친환경에너지로 주목을 받고 있는 수소에너지와 수소차 산업에 많은 관심을 가지고 있으며 이에 대한 대응방안을 고심하고 있다. 귀하는 수소차 산업의 대내외 경영환경을 분석하여 '대내외 현황'과 이에 대응하는 '추진전략' 그리고 '향후계획'이 담긴 보고서를 90분 내에 작성하여 보고해야 한다.
보고서를 1장 또는 3장 이내로 작성하시오. [현재 시점: 2023년 11월 2일]

수소연료전지차(FCEV, Fuel Cell Electric Vehicle)는 수소와 산소를 이용하여 연료전지스택(Stack)의 전기화학적 반응을 통해 생산된 전기로 모터를 구동시키는 자동차를 말함. 수소연료전지차, 수소전기차, 수소자동차, 그리고 수소차 등 다양하게 부르고 있음. 본 과제에서는 '수소연료전지차'와 '수소차'를 혼용하여 사용함.

주어진 자료를 충분히 분석하여, 보고서를 작성해 주시기 바랍니다.

● 자료#1 수소에너지사업본부장의 이메일

수소차 산업의 환경 분석 및 대응방안 보고서 관련의 건

보낸 사람	수소에너지사업본부 본부장 안재형(leader@aepco.co.kr)
작성 일자	2023년 11월 2일 11:10
참조	수소에너지사업본부 부장 이임화
받는 사람	김시현 차장(ksh@aepco.co.kr)

안재형 본부장입니다.
금일 오전에 있었던 확대간부회의 결정에 따라 김 차장에게 지시사항이 있어서 메일을 남깁니다.

당원은 축적된 에너지사업의 경험으로 다양한 분야의 청정에너지 사업 확대를 위해 노력해 왔습니다. 최근 친환경 에너지에 대한 요구가 증대되는 상황에서 수소차에 대한 관심이 높아지고 있습니다. 근래 수소차가 전기차에 밀려 판매량이 눈에 띄게 성장하지는 않지만 수소차 사업은 국가적 전략사업이며, 고부가가치의 사업으로 미래가치를 확대할 수 있는 매우 중요한 사업입니다. 그래서 정부에서도 수소에너지 사업의 확장을 위해 적극적인 지원을 모색하고 있습니다.

오늘 간부회의에서 '수소차 사업의 대내외 현황 파악과 이에 따른 추진전략과 향후계획'을 차주에 있을 임원회의에 보고하라는 지시가 있었습니다. 참고자료를 첨부하였으니, 이를 토대로 관련 상황을 분석하고, 수소차 사업의 대응방안을 작성해 주길 바랍니다.

보고 이후 2주 내에 관련 세부사항을 검토하여 정부에 보고하고, 60일 이내에 유럽과 미국에 벤치마킹을 다녀온 후 정부와 당원의 역할을 명확히 하여 실행에 옮길 것입니다.

보고서를 검토하고 수정할 시간이 촉박할 듯하니, 곧바로 회의에서 보고할 수 있는 수준으로 잘 부탁합니다.

● 자료#2 이임화 부장과의 전화통화

이임화 부장: 김시현 차장 통화 가능한지요?

김시현 차장: 네, 가능합니다. 부장님.

이임화 부장: 오늘 갑자스러운 수소차 사업 환경 분서 및 대응방안에 대한 보고서작성 이메일에 많이 당황하셨죠?

김시현 차장: 네, 조금 전 메일을 받는데 그렇지 않아도 본건으로 부장님에게 전화를 드리려 했는데 전화를 주셨네요. 부장님 일단 지시를 받아 작업은 진행 중인데 어떻게 작성을 해야 할지 무척 난감합니다.
대내외 현황 파악과 이에 따른 추진전략과 향후계획을 수립하라고 하셨는데 부장님께서 오늘 회의에 참석을 하셨으니 대강의 흐름이라도 잡아 주십시오.

이임화 부장: 오늘 분위기는 심각했답니다. 일단 수소에너지업계나 완성차 제조업체의 어려움도 있겠지만 정부의 의지를 산업현장에서 따라와 주질 못한다는 질책이 있었어요.
그래서 추상적인 접근보다는 실질적인 보고서를 요구하고 있어요. 일단 수소에너지와 수소차는 다른 관점이니 이를 분리해서 바라보고, 수소차의 세계적인 흐름을 파악하는 것이 우선일 것 같아요. 그런 다음 우리의 현실을 분석하여 대응방안을 수립하도록 해 봐요. 그리고 대응전략을 구성할 때는 우리가 어디로 가야할지 전략방향을 명확히 하는 게 필요해요. 또한 시기적으로 장단기의 관점과 중점추진사항을 정리하면 좋을 것 같아요.
오늘 회의에서 선택과 집중의 전략적 접근이 필요하다는 의견들이 대두되었거든요.

김시현 차장: 네. 알겠습니다. 부장님 열심히 해 보겠습니다.

● 자료#3 정부의 수소에너지 지원전략

제20차 혁신성장 BIG 3 추진회의

지난 28일 경제부총리 주재로 열린 제17차 혁신성장 BIG 3 추진회의에서는 산업동향과 분야별 정책추진 상황 등을 점검하는 자리가 마련됐다.

올해 수소전기차의 국내 판매는 13,000여 대, 수출 물량은 1,000여 대를 넘어설 것으로 예상되면서 정부가 내년도에 연료전지 시스템 개발에 선제적으로 투자한다고 밝혔다.

수소전기차의 지난해 판매량은 13,166대로 올해와 거의 같은 수준이지만 이 같은 추세에도 정부는 수소전기차가 친환경시대의 전략 산업으로 향후의 잠재력이 크다고 판단하였다. 수출량도 1,000여 대 수준으로 많은 수량은 아니지만 가능성을 높게 보고 있다.

세계시장 점유율은 한국이 58%를 차지하면서 선두를 달리고 있고 지금까지의 누적판매량은 2017년 판매를 시작한 이후 지난해까지 4만여 대에 이른다.

정부는 미래차 산업지원을 중점 추진하면서 수요기반을 확충한다는 목표다.

부품·정비기업 등의 사업재편과 디지털 전환을 적극 지원하고, 법·제도기반도 확충할 예정이다. 아울러 △수소전기차 연료전지 시스템 △전기차 배터리시스템 △자율주행 통신시스템 △자율주행 SW △차량용 반도체 △차량용 센서 등 6대 핵심기술에 대한 투자를 강화한다고 발표했다. 또한 정부는 현재 250여 개 수준인 수소차 충전소를 2025년 400여 개 수준으로 확대하기 위해 민간주도 충전소 특수목적법인(SPC) 참여 확대와 기존 액화석유가스(LPG)·압축천연가스(CNG) 충전소를 수소충전이 가능한 융복합 충전소로 전환한다.

이를 위해 입지제한·이격거리 규제 완화, 운전자 셀프충전 방안 마련 등과 함께 '규제샌드박스'를 활용해 도심지, 공공청사 등 주요 도심 거점에 충전소 구축을 추진한다.

이와 함께 발전용 연료전지 생산을 2040년까지 내수와 수출(7GW)을 포함해 15GW까지 확대해 나갈 계획이다.

가정·건물용 연료전지는 지난해 5MW에서 2027년 50MW로 보급을 늘리고 2040년까지 94만 가구에서 사용할 수 있는 수준인 2.1GW를 보급해 나갈 계획이다. 설치장소, 사용유형별 특징을 고려한 다양한 모델을 출시하고 공공기관, 민간 신축 건물에 연료전지 의무화를 검토한다.

[수소일보 장기찬 기자]

자료#4 수소차가 주목받는 이유

수소 연료는 활용 과정에서 온실가스 배출이 없는 친환경 연료라고 불린다.

수소차 역시 배기가스 배출이 없고 구동 과정에서 물과 정화된 공기만 배출한다. 수소를 생산하는 기술이 아직 미비하여 생산 과정에서 탄소가 발생한다는 문제점이 있지만 이를 극복하기 위한 투자가 지속되고 있다. 향후 재생에너지 전력을 이용한 수전해 방식으로 수소를 생산하는 그린수소 기술이 상용화될 경우, 이산화탄소 배출이 전혀 없이 수소차 운행이 가능해진다. 탄소중립 목표에 수소차가 빠질 수 없는 수단인 이유다.

대기 중 온실가스는 에너지, 교통, 건물, 식량 및 토지 사용 등 다양한 부문에서 배출된다. 이 중 에너지가 73.2%를 차지하고, 교통수단 활용과 연료 연소는 에너지 중에서 24%를 차지한다. 각국 정부는 탄소중립 달성을 위해 다량의 온실가스를 배출하는 내연기관차 운행 및 생산 금지 계획을 내놨다. 자동차 회사들도 정책에 발맞춰 내연기관차 생산 중단 시기를 발표하며 친환경차 시대로의 전환을 준비 중이다. 전기차와 수소차가 반사이익을 얻을 것으로 예상된다.

수소차의 장점 중 하나는 가벼운 연료 무게다. 이론적으로 전기차가 수소차보다 에너지 효율이 높지만 상용차에 적용될 경우 무거운 배터리 무게 때문에 장점이 반감된다. 하지만 수소차는 연료가 추가되어도 차량 무게에 미치는 영향이 거의 없기 때문에 동일한 문제가 발생하지 않는다. 충전시간 면에서도 수소차가 유리하다. 배터리 전기차의 충전 기술이 앞으로도 개선되겠지만 아직은 수소차 충전시간이 훨씬 짧다.

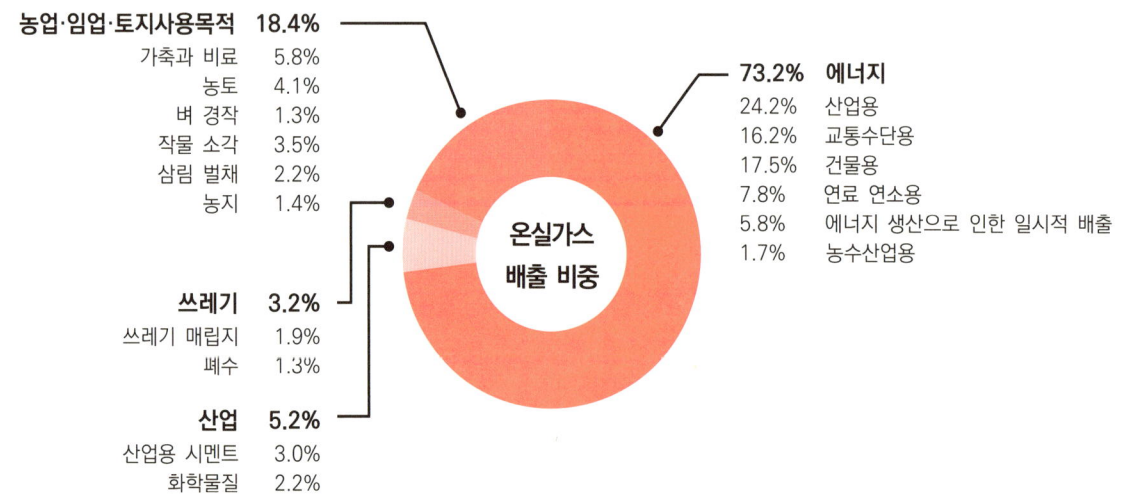

부문별 온실가스 배출 비중

농업·임업·토지사용목적 18.4%
가축과 비료 5.8%
농토 4.1%
벼 경작 1.3%
작물 소각 3.5%
삼림 벌채 2.2%
농지 1.4%

쓰레기 3.2%
쓰레기 매립지 1.9%
폐수 1.3%

산업 5.2%
산업용 시멘트 3.0%
화학물질 2.2%

73.2% 에너지
24.2% 산업용
16.2% 교통수단용
17.5% 건물용
7.8% 연료 연소용
5.8% 에너지 생산으로 인한 일시적 배출
1.7% 농수산업용

* 탄소중립: 온실가스 배출량이 흡수량과 균형을 이뤄 대기중 이산화탄소 농도가 더 높아지지 않는 것을 의미함

[친환경에너지연구원]

자료#5 수소에너지 경제적 효과 분석

세계 수소에너지의 경제적 파급효과

*2050년

수소 산업 시장 가치	2조 5,000억 달러
수소 산업 일자리	3,000만 개
에너지 수요 중 수소 비중	18%
수소 승용차	4억 대
수소 트럭	1,500~2,000만 대
수소 버스	500만 대
수소 수요	78EJ

세계 수소 제조시장 규모 및 전망

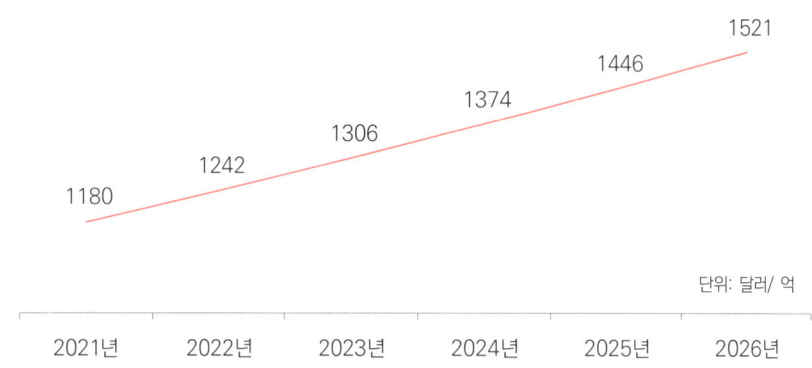

단위: 달러/억

- 2021년: 1180
- 2022년: 1242
- 2023년: 1306
- 2024년: 1374
- 2025년: 1446
- 2026년: 1521

국내 S시 수소차 보급에 따른 경제적 효과 분석

구분	도입기				성장기			성숙기				
	2020	2021	2022	2023	2024	2025	2026	2027	2028	2029	2030	2031
수소차 보급목표 (천 대)	0.2	1	3	4.3	8.5	12	22	29	40	58	85	130
일자리	66	330	990	1,419	2,805	3,960	7,260	9,570	13,200	19,140	28,050	42,900
경제 투자 효과 (천만 원)	23.2	1,160	3,488	4,988	9,860	13,920	25,520	33,640	46,400	67,280	98,600	150,800

[자연사랑연구원]

자료#6 수소에 대한 국민 인식 조사 결과

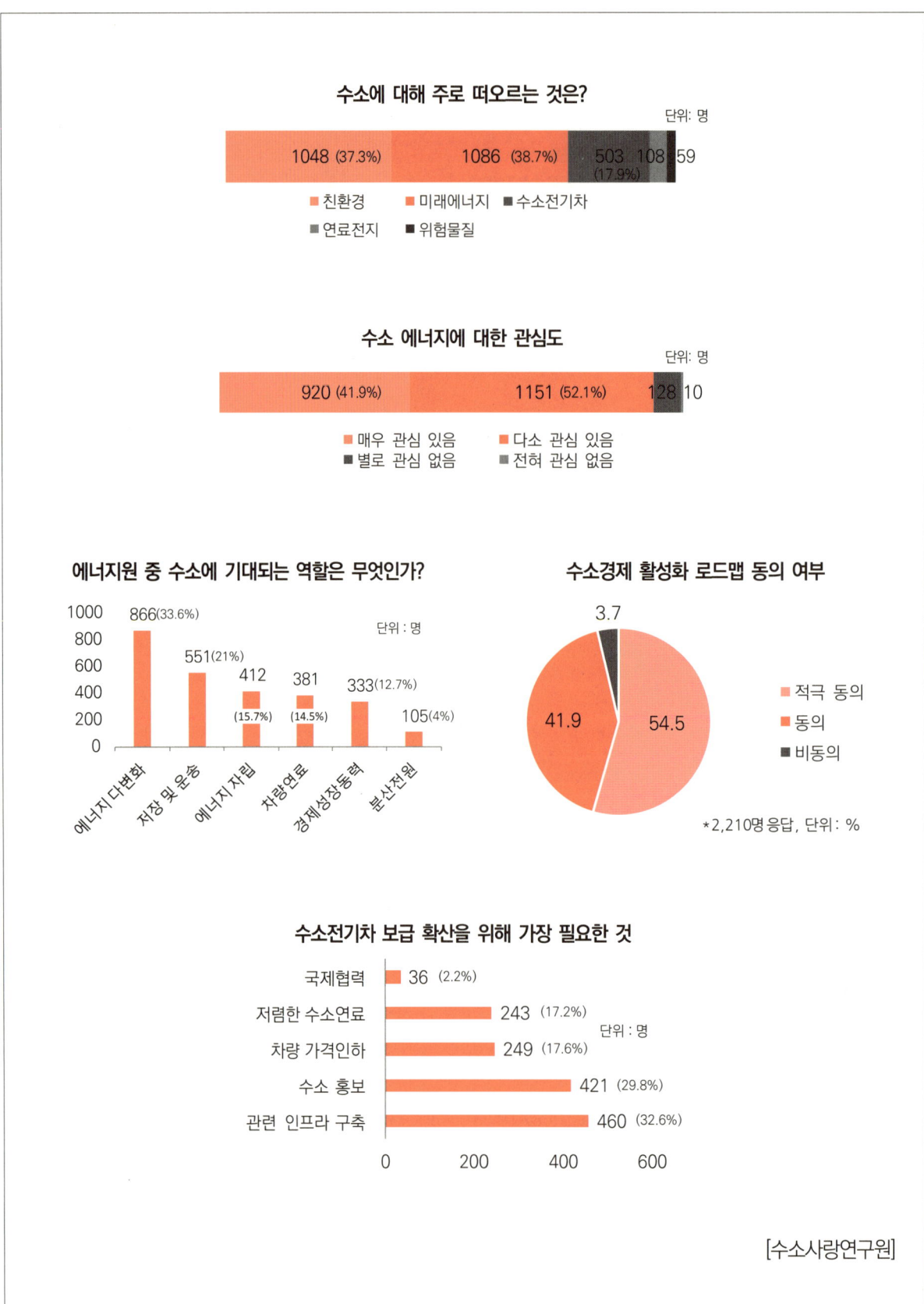

[수소사랑연구원]

자료#7 수소차 시장 전망

수소차 시장, 기하급수적 성장 전망

수소차 시장은 차량용 반도체 수급난, 러시아의 우크라이나 침공 등으로 성장세가 다소 주춤했다. 그럼에도 수소차에 대한 관심은 지속되고 있다. 유럽을 중심으로 수소 이니셔티브, 유럽그린딜, EU 수소 전략 등 수소 정책이 연이어 발표됐고, 미국과 중국도 수소 산업 육성 전략을 발표하면서 수소 시장에 막대한 자금이 투입될 가능성이 높아졌기 때문이다. 수소차 시장은 2030년까지 지속적으로 성장하다가 2030년 이후 성장세가 더욱 가팔라질 것으로 예측된다. 수소차가 확산되려면 수소 사회로의 전환이 우선적으로 이루어져 기술과 인프라가 뒷받침되어야 하며, 그 시점은 2030년일 것으로 전망된다. 일본의 자동차 시장 조사기관 마크 라인즈(Marklines)는 2030년까지 수소차 시장이 연평균 57.2% 성장할 것이라고 전망했다.

또 다른 조사기관 블룸버그 NEF(Bloomberg NEF)는 내연기관 자동차 판매금지 정책 및 자동차 업체들의 친환경 모빌리티 전환 등으로 2020년 8천 대 수준이던 수소 승용차 신규 판매량이 2040년 221만 대까지 증가한다고 예측했다.

국제에너지기구(IEA)의 전망은 가장 낙관적이다. IEA는 파리협약 목표(2050년까지 글로벌 온도 상승 1.5℃ 이내로 제한) 달성에 필요한 로드맵이 실현된다고 가정한 '넷제로 시나리오'에서 2030년 수소차 누적 대수가 1,500만 대를 넘어설 것으로 예상했다. 이 경우 전체 차량 판매 대수에서 수소차가 차지하는 비중은 3%일 것으로 집계됐다. 각국 정부가 내놓은 계획만 고려할 경우엔 2030년 수소차 누적 대수가 6백만 대를 상회할 것으로 예상했다.

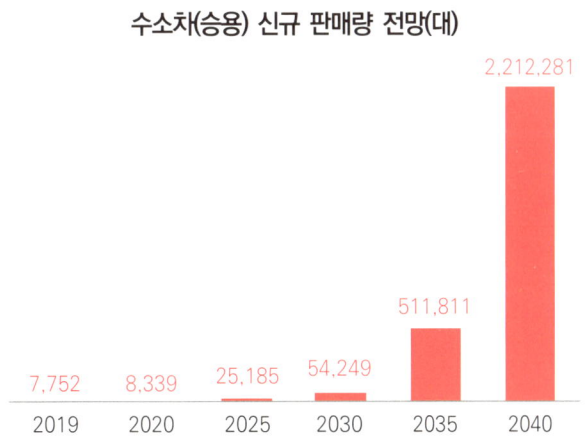

수소차(승용) 신규 판매량 전망(대)

[우리일보 장우찬 기자]

자료#8 수소에너지 글로벌 동향 -1

세계 주요국가 수소 전략 강화

유럽 국가들이 발표한 수소 전략에 따르면 2030년까지 수소 생산, 수소 인프라, 수소 활용기술 등에 450억~500억 유로 규모의 투자가 진행될 예정이며, 2050년까지는 1,800억~4,700억 유로가 투자될 전망이다. 추가로 미국도 최근 인플레이션 감축법(IRA)을 입법화하면서 녹색 산업에 대대적인 투자를 진행하기로 했다. 인플레 감축법에 따르면 미국은 3,690억 달러를 친환경 산업에 투자할 계획이고, 수소 산업에는 225억 달러가 투입된다.

수소 산업 지원 예산은 그린수소 생산에 대한 세액공제, 교통, 상업용 수소 허브 구축 등에 활용될 예정이다. 중국도 수소 산업 발전 중장기 계획에서 2035년까지 수소 산업 규모를 2,000억 위안 규모로 키우겠다고 공식 발표했다. 수소경제 확대 전략에 교통 및 운송 부문 탈탄소화는 빠질 수 없는 이니셔티브다. 맥킨지 보고서의 분석에 따르면 2050년까지 넷제로를 달성하려면 2030년까지 수소에 7천억 달러가 투자되어야 하며, 현재 수소 활용단계에 대한 투자액 약 600억 달러 중 25%가 지상 운송 관련 부문에 투입되고 있다고 밝히고 있다. 수소차가 수소경제 시대를 실현하는 주요 수단이 될 것으로 보인다.

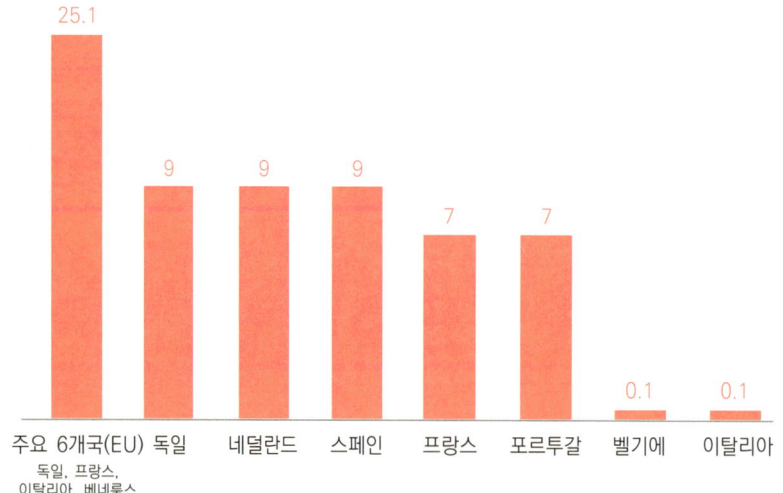

유럽 수소 전략
2030년까지의 수소 투자 금액(각국 발표 기준, 10억 유로)

주요 6개국(EU) 독일, 프랑스, 이탈리아, 베네룩스	독일	네덜란드	스페인	프랑스	포르투갈	벨기에	이탈리아
25.1	9	9	9	7	7	0.1	0.1

자료#8 수소에너지 글로벌 동향 -2

국가	생산	인프라	활용	국가	생산	인프라	활용
독일	수소생산시설구축 (2030년까지 5GW)	저장 및 충전 인프라 개발 2023년까지 €3.4bn	친환경차 구매 보조금/탄소배출량별 통행료 제도	포르투갈	수전해 그린 수소생산시설 구축(1GW)	수소 연구소 개설/밸류체인별 인프라 구축	중형 운송수단의 탈탄소화
네덜란드	수전해 그린수소생산시설 구축 (4GW)	지하수소 파이프라인 개발 €1.5b-2b	수소차 보급/수소차 15,000대, 중형 수소화물차 3,000대	미국	그린수소 생산설비구축 (2026년까지 3.88GW + 민간투자포함 시 18.16GW)	수소차 100만 대 보급계획에 맞춰 충전소 설치 계획	운송 산업 탈탄소화/수소 자급률 100%
스페인	수전해 그린수소생산시설 구축 (4GW)	수소충전소 100개소 설치	수소차 보급/버스 150대, 승용차 5,000대, 2개 수소열차 노선상용화	중국	그린수소 연간생산량 10만~20만 톤	수소충전소 807개소 설치	수소연료 소비 확대/2025년까지 수소전기차 5만 대 보급
프랑스	수전해 그린수소생산시설 구축 (6.5GW)	수소충전소 400-1,000개소 설치	수소차보급/경량차 20,000-50,000대, 중형 트럭 800-2,000대				

[수소글로벌연구소]

자료#9 수소차 미래 불투명

수소차 신차 출시 지연

수소전기차의 신형 모델 출시가 연기됐고, 이와 맞물려 새로 내놓기로 한 고급형 첫 수소차 역시 향후 차세대 수소연료전지의 개발 수준을 살핀 뒤 개발 지속 여부를 검토한다는 의견까지 나오며 내후년을 기점으로 순차적으로 출시될 것으로 예상되던 다른 수소차 출시 일정조차 불투명해졌다. 동력이 약해진 수소 승용차 시장에 신모델 투입을 통해 반등을 꾀하려던 '수소차 로드맵' 수정이 불가피해진 것이다. 반면, 전기차는 자동차 시장의 '핵심 세력'으로 급부상했다. 작년 하반기에도 '신차러시'가 이어지며 이른바 '電의 전쟁'이 시작되고 있다. 올 연말까지 7종의 전기차가 베일을 벗을 전망이다. 미래차 승용 모델 시장 1차 전쟁에서 전기차가 압승을 거둔 셈이다.

수소차 시장이 커지지 않는 이유는 크게 두 가지로 볼 수 있는데 첫 번째 인프라 구축이 어렵다. 보급이 확대된 전기는 접근성이 높지만, 수소는 별도의 파이프라인이 필요하다. 수소가 폭발할 위험성이 있다는 인식도 인프라 구축을 어렵게 하는 요소다.

국내 수소차 등록대수는 전 세계 1위인데 이용 가능한 수소충전소는 250곳에 불과하고 충전소 수자체가 적어 충전소 간 거리가 멀다는 점이 문제가 된다. 자동차업계 관계자는 "기존 주유소를 전기차 충전소로 바꾸는 데는 몇억이 든다고 하지만 수소차 충전소를 만드는 데는 30억 원 이상이 든다."라고 말하며 "차는 개발됐지만 정작 인프라 구축이 안 된 것이 수소차 성장이 늦은 가장 큰 이유"라고 말했다.

두 번째, 현재 수소차 가격은 전기차보다 약 1.5배 높다고 알려져 있다. 전기차가 내연기관차나 하이브리드 차량보다 가격이 높은데 수소차는 그보다도 비싸다. 아직 연료전지 등 고가 부품의 대량생산이 불가능하기 때문이다. 특히 수소차 핵심 부품인 스택에 포함되는 백금 촉매 등의 원료가 비싸 가격경쟁력이 떨어진다. 스택은 수소차 가격의 30% 이상을 차지한다. 국내에서 수소차에 지급하는 보조금이 약 3,500만 원인데 이 가격이 모두 연료전지 시스템(스택) 가격에 해당한다고 볼 수 있다. 이러한 문제는 점차 해소되겠지만 높은 차량 가격이 수소차가 성장하는 데에 큰 벽임은 분명하다.

[전기일보 성민호 기자]

자료#10 수소차 판매 동향

아직은 국내 H사, 일본의 T사 그들만의 리그

기업 동향을 살펴보면 현재 수소차 시장에서는 국내 H사와 일본의 T사가 투톱을 이루고 있다. 수소 승용차 모델을 출시한 완성차 회사도 국내의 H사, 일본의 T사, H사 3사뿐이다. 국내 H사가 전 세계 수소차 시장에서 독주하는 모양새인 반면 일본 T사는 최근 제품 판매량이 대폭 감소하며 역성장했다. 유럽 완성차업계 대부분은 수소 승용차에 투자하지 않는다.

독일의 F사는 애초에 수소차에 미래가 없다며 개발 중단을 선언했고, B사 등 독일 내 다른 완성차 업체들도 수소 승용차 출시 계획이 없다. 일본의 T사는 작년 말 렉서스 브랜드를 100% 전기차로만 생산한다고 밝혔으며, 일본의 H사도 작년 수소차 사업에서 철수하겠다고 밝힌 바 있다.

일부 유럽 완성차 회사는 대형 차종에만 수소연료전지를 적용하여 제품을 개발 중이다. 독일의 B사가 최근 대형 SUV에 수소 동력을 투입해 소규모 생산을 개시했고 D사도 수소 트럭을 출시할 계획이다. 독일의 B 완성차 그룹은 공장 내 물류차량에도 수소연료전지를 활용하고 있다. 수소 승용차의 경우 전기차의 독주 속에서 성장이 정체를 겪는 모양새다. 이는 일부 시장조사 기관의 전망과도 일치한다.

자동차 시장 조사기관 LMC Automotive는 경량차 시장에서 2034년까지 배터리 전기차가 내연기관차 비중을 넘어서서 절반을 점유할 것으로 예상하며 수소차 비중은 매우 미미할 것으로 예측했다.

또한 국제에너지기구(IEA)는 수소차보다 전기차가 효율성이 높고 총소유비용이 낮아 미래 친환경차의 주류를 이룰 것이라 예상하면서도, 수소차 비중도 상당할 것으로 예상했다. IEA는 2050년 수소차가 승용차 시장에서 10%, 상용차 시장에서 35%를 차지할 것으로 전망했다.

2022년 1~8월 수소차 판매대수

순위	제조사명	2021.1~8	2022.1~8	성장률	2021 점유율	2022 점유율
1	국내 H사	5,873	7,410	26.2%	52.4%	59.7%
2	일본 T사	4,406	2,561	-41.9%	39.3%	20.6%
3	일본 H사	178	209	17.4%	1.6%	1.7%
	기타	741	2,227	200.5%	6.6%	17.9%
	합계	11,198	12,407	10.8%	100%	100%

[수소일보 장군인 기자]

● 자료#11 수소연료 기반 상용차 시장의 확대

블루칩, '상용 모델' 수소차 시대 연다.

대다수 완성차업계들이 수소 상용차 개발에 뛰어들면서 상용차 시장이 새로운 블루칩으로 떠올랐다. 전문가들은 2~3년 후 수소 상용차 시장은 '춘추전국시대'에 돌입하고, 2030년에는 100만 대 규모까지 성장할 것이라고 예측했다. 그간 수소 승용 모델은 자동차업계에서 전기차에 비해 매력이 떨어지는 모델로 인식됐다. 때문에 국내 H사, 일본 T사, 독일 B사를 제외하고 수소차 개발을 외면해 왔다.

대신 대다수의 완성차 업체들이 전기차 대비 장거리 운송에 장점이 있다는 것에 주목, 수소 상용차 부분 개발에 적극 참여하고 있어 2~3년 후에는 수소전기 상용차 시장이 본격화될 것으로 보인다. 실제 이 시장은 국내 H사가 독주하고 있다. 특히 국내 H사는 세계 최초로 수소전기 대형트럭의 양산체제를 구축하고 스위스로 수출하는 등 유럽시장을 중심으로 세력을 확장해 나가고 있다. 하지만 유럽의 메이저 차량제작회사들도 조만간 출시 계획을 발표할 예정이다.

국내 H사는 작년 12월에는 독일 연방디지털교통부(BMDV)의 친환경 상용차 보조금 지원사업과 연계해 독일 7개 회사에 수소전기트럭 27대를 공급하기로 했고, 미국 캘리포니아 대기질 개선사업에 투입, 2024년 3분기에 수소전기트럭 5대를 공급하는 등 글로벌 공급처를 계속해서 확장하고 있다. 여기에 다양한 완성차 업체들이 도전장을 내밀었다. 독일 D트럭은 2020년 4월, 스웨덴기업과 트럭용 수소연료전지 개발 합작사를 설립했고, 같은 해 9월, 최대 1,000km 주행 가능한 수소전기트럭 'GenH2' 콘셉트 트럭을 공개하며, 수소 상용차 부분에 뛰어들었다. 그만큼 수소 상용차가 새로운 흥행모델로 자리매김하며, 완성차 업체들의 제품개발에 속도를 내고 있는 상황이다. 국내에서도 수소 버스, 수소 청소차 등 상용차 보급 확대를 위해 노력하고 있다. 국내 H사는 2025년까지 부울경에 624대의 수소 버스를 공급한다는 계획이다.
또한 최근 수소전시회 H2 MEET에서 수소 경찰버스와 청소차, 살수차 등 수소 특장차를 대거 선보이기도 했다. 이처럼 수소차는 중심축이 승용차에서 상용차 모델로 전환하는 모양새다.

[누나일보 홍성호 기자]

● 자료#12 **미래 모빌리티 측면의 수소 잠재력**

구분	2030년	2050년	수소 잠재력 전망	구분	2030년	2050년	수소 잠재력 전망
상용차 (트럭/버스)	잠재력 중간	잠재력 높음	• 전기차보다 장거리 주행에 용이하고 충전이 빨라 비용 우위를 점하게 될 경우 잠재력이 크다. • 본격 도입을 위해 충전소 인프라 확충이 필요하다.	열차	잠재력 낮음	잠재력 중간	• 열차는 수소보다 전기로 운행 시 비용이 낮다. • 열차 전기화를 위한 인프라 비용이 극도로 높은 장거리 노선의 경우 수소에 틈새 잠재력이 있다.
승용차	잠재력 낮음	잠재력 낮음	• 전기차 가격이 하락할 가능성이 높고, 전기차의 장거리 주행의 어려움이나 충전 시간이 늦은 부분이 개선될 것으로 보아 잠재력이 낮다. • 전기차가 향후 5년간 대규모 도입될 경우 수소는 이 부문에서 영구적으로 퇴출될 가능성이 있다.	항공	잠재력 낮음	잠재력 중간	• 극도로 높은 에너지 밀도가 필요한 항공기의 경우 바이오연료 및 합성탄화수소가 더욱 적합하기 때문에 수소 활용 잠재력이 높지 않다. • 일부 항공기 부품 개발업체들이 수소전지적용을 위한 기술을 개발 중이다. • 단 도심항공의 경우 가벼운 기체로 도심 내 운행을 하기에 수소연료전지가 적합하다.
선박	잠재력 중간	잠재력 중간	• 선박부문은 화석연료를 대체할 연료와 기술이 불완전하다. • 수소는 에너지밀도가 높다는 강점이 있으나 암모니아와의 경쟁이 예상된다.	특수장비	잠재력 높음	잠재력 높음	• 전기장비에 비해 장거리 운행 및 빠른 충전이 가능해 비용우위에 따른 잠재력이 있다. • 온사이트(On-Site) 용도에 국한되므로 충전인프라가 거의 필요하지 않다.

[지식과감성 연구소]

● **자료#13 전문가 인터뷰**

Q. 지난해 전 세계 수소차 판매량은 전기차의 0.36%에 불과하다. 미래 친환경차 시장에서 주도권을 잃은 것은 아닌가?

A. 중소형 승용차 쪽에서는 확실히 전기차가 우위에 있는 것이 맞다. 하지만 상용차 시장에선 확실히 수소차가 유리하다. 전기차보다 주행거리가 길고 충전시간이 짧은 장점이 있기 때문이다. 상용차는 승용차에 비해 대당 가격이 훨씬 높다. 그렇기 때문에 전체적인 사이즈를 보면 사실은 두 개를 비교할 만한 사이즈가 아니다. 점유율로만 비교할 수 없는 부분이다.

Q. 수소경제에 대한 회의론에 대해서는?

A. 수소가 궁극적인 에너지가 될 거라고 생각한다. 전기 에너지와 달리 수소 연료는 보관과 운송이 쉽다는 장점을 갖는다. 전기는 에너지저장장치(ESS)를 통해 저장되는데 이때 방전이 발생한다. 반면 수소는 수소탱크에 저장되는 시스템이기 때문에 에너지 방진이 거의 없다. 또한 수소는 기체일 때보다 액체 상태일 때 부피가 800분의 1까지 줄어들어 운송에서도 효율성이 뛰어나다. 수소 연료의 보관과 운송의 장점을 고려할 때 전기 에너지에 비해 에너지 효율이 약 15~20% 뛰어나다.

Q. 우리나라 수소차의 기술력은?

A. 수소연료전지차는 수소연료탱크, 연료전지스택, 차량 시스템, 주변 장치 등 내연기관 자동차와 비슷한 부품 수를 가지며 기술적 진입장벽도 매우 높아 상용화에 성공한 자동차 제조업체는 국내의 H사, 일본의 T사, H사 3사 등 세계에서 몇몇 기업 외에는 없다. 현재 국내의 기술수준은 세계 4위권을 유지하고 있다. 수소차 글로벌 기술경쟁력 분석을 위해, 미국특허청, 유럽특허청, 세계지식 재산권기구에 출원된 수소연료전지차 관련 특허를 조사한 결과, 국적별 특허출원 수는 미국 4,749건, 일본 4,156건, 독일 1,876건, 한국 1,654건, 그리고 캐나다 456건으로 조사되어 우리나라의 기술력은 세계 최고 수준에 있으며 기술을 상용화하고 있다. H모비스는 국내에서 수소연료전지 신규 공장에 1조 3,216억 원을 투자할 계획이다. 수소연료전지 대량생산 체계가 구축 및 안정화되면서 곧 수소차 가격도 하락 국면에 진입할 것이다.

[대지대 이현 교수]

◎ 예시답지

수소차 환경변화 대응방안

1. 추진배경
   친환경 시대의 요구에 최적의 대안인 수소에너지와 수소차에 대한 요구가 증대되어 이에 대한 방안이 요구됨

2. 수소에너지 현황
   - 최적의 친환경에너지
     - 수소연료는 온실가스 배출이 없는 친환경 연료로서 탄소 중립 목표에 핵심임
     - 2050년 넷제로를 달성하기 위해 2030년까지 수소에 7천억 달러가 투자되어야 함
   - 수소에너지의 경제성은 매우 높음
     - 수소에너지 경제적 파급효과는 매우 큼
       · 수소에너지의 경제적 파급효과: 2050년 2조 5천억 달러, 3천만 개 일자리 창출
       · 수소 제조시장은 2021년 1,180억 달러에서 2026년 1,521억 달러에 이름
     - 수소에너지의 효율이 전기에 비해 뛰어남: 15~20% 효율이 높음
     - 각국 수소 전략에 투자 강화
       · 유럽 2030년까지 500억 유로 투자, 미국 225억 달러 투자, 중국 수소 산업 2천억 위안 시장으로 육성
   - 수소에너지에 대한 인식은 매우 좋음
     - 수소에너지에 대한 인식은 매우 좋고 관심도도 높음
       · 인식: 친환경 37.3%, 미래에너지 38.7% / 관심도: 매우 관심 41.9%, 관심 52.1%
     - 수소에너지에 대한 기대가 높고 발전 로드맵에 절대적으로 동의함
       · 수소경제 활성화: 적극동의 54.5%, 동의 41.9%

3. 수소차 환경 분석(국내 수소차 관점, SWOT 분석)
   - 기회(Opportunity)
     - 각국 정부는 탄소중립 달성을 위해 내연기관차의 생산금지 계획 발표
     - 수소차의 시장은 확대가 예상됨: 2050년 4억 대(승용차 시장의 10%, 상용차 30%)
       · 2030년 최대 전 세계적으로 보급이 600만 대로 추정되며 이후 가파른 성장세 예상
     - 유럽 주요 국가들 수소차 보급 계획 발표
       · 독일: 보조금 지급, 미국: 수소차 100만 대 보급, 중국: 수소차 5만 대 보급(2025년)
     - 수소 상용차 잠재력은 매우 높음: 2030년 100만 대 시장으로 확대 예상
       · 수소 상용차는 전기차에 비해 무게가 가벼워 에너지 효율이 높으며, 충전시간이 짧음
   - 위협(Treat)
     - 전기차의 급격한 성장: 2023년 하반기 7종 신출
     - 수소차 판매량 둔화: 전년도와 비슷한 판매량 1만 3천 대 유지
     - 독일의 F사, B사 등에서 수소 승용차 출시 계획 없음: 대형(상용차, SUV)에 한해 출시
     - 수소 승용차의 잠재력이 낮다고 발표됨
   - 강점(Strength)

- 정부의 강력한 지원
  - 6대 핵심기술에 투자 강화, 수소충전소 확대, 입지제한 완화 등 법/제도의 기반 확충
- 수소자동차 세계시장 점유율 58%
- 대형 수소 상용차 시장에 선두주자
  - 세계 최초 국내 H사 양산체계 구축 후 수출 및 국내 보급
- 세계 최고수준의 기술력 보유: 세계 4위권의 기술 보유
  - 국내 기업들의 대규모 투자계획 수립
- 약점(Weakness)
  - 인프라(충전소)의 부족: 전국에 250여 개, 충전소 1개 구축 시 30억이 소요됨
    - 별도의 파이프라인이 필요하며, 폭발에 대한 위험성도 있음
  - 비싼 가격: 전기차보다 가격이 1.5배 비쌈
    - 스택 등 핵심 부품 가격이 비쌈
  - 수소차는 한국과 일본에서만 생산됨
    - 국내 H사와 일본의 T사, H사만 완성차를 생산함

4. 시사점 도출
   - SO: 강점을 기반으로 기회 극대화
     - 정부의 지원을 기반으로 세계 최고 수소차 기술력 확보
     - 단기적으로 상용차 집중하고 장기적으로 기술력을 기반으로 승용차 시장으로 확대
   - ST: 강점을 기반으로 위협 최소화
     - 수소 승용차 시장의 단기적 잠재력이 낮은바 기술력을 기반으로 상용차 시장에 집중
   - WO: 약점을 보완하며 기회 극대화
     - 충전소 등 인프라 구축 확대, 수소차의 비싼 가격을 기술력으로 극복
     - 수소 상용차를 기반으로 수소차 시장 확대
   - WT: 약점을 보완하며 위협 최소화
     - 충전소 등 인프라 구축 확대, 수소차의 비싼 가격을 기술력으로 극복

5. 전략방향: 세계 최고 수준 기술력을 유지하고 단기적으로 수소 상용차에 집중

6. 전략목표
   - 지속적으로 수소 상용차 및 승용차 시장 세계1위 시장 점유율 유지
   - 국내 수소차 충전소 2025년 400개 구축

7. 추진전략
   - (중점, 단기 추진) 단기적으로 수소 상용차 시장에 집중
   - (장단기 추진) 세계 최고 수준 기술력 통해 수소차 가격경쟁력 확보
   - (장단기 추진) 충전소 등 인프라 구축 확대

8. 향후계획
   - 보고 이후 2주일 이내에 세부 사항 검토 및 정부보고
   - 60일 이내에 유럽과 미국 벤치마킹 이후 정부와 한국친환경에너지연구원 역할 분담

◎ 답지해설

여러분 어떠셨어요? 힘드셨죠? 위 과제는 기존에 여러분들이 봐 왔던 과거에 발생된 문제상황을 해결하는 인과 분석 기법을 사용하는 과제가 아닙니다. 위의 과제는 미래에 발생될 수 있는 여러 가지 상황을 분석하여 대응하는 방안을 도출하는 과제입니다. 그래서 SWOT 기법이 사용되었습니다.

앞서 과제를 검토, 분석한다는 것은 파악하여 정리하는 과정이라고 말씀드렸고, 정리할 때는 정리하는 기법이 필요하다는 말씀도 드렸는데 위 과제는 우리를 둘러싼 현재와 미래의 환경에서 오는 기회와 위협, 내부 여건에서의 강점과 약점을 분석하는 기법을 사용하였습니다.

아쉽게도 본 SWOT 기법은 경영학과 행정학 학사 과정 정도에서 가르치는 기법입니다. 즉, 위 과제는 기법을 공부하지 못한 분들은 어떻게 정리해야 하는지를 모르는 것입니다. 위 과제는 경영학 석사 정도를 마치신 분들이 풀 수 있는 과제입니다. 그런데 위 형태의 과제들이 현재 출현하고 있다는 것입니다. 발전사 초급간부 평가에서는 오래전에 출현하였고 최근에는 서울시 교육청을 비롯한 사무관 승진자 대상 기획보고 평가에서도 출현하고 있습니다.

위 과제는 전력/발전사의 과제 유형처럼 이메일로 온 지시문에서 무엇을 하라고 명확하게 지시하고 있습니다. **"수소차 사업의 대내외 현황 파악과 이에 따른 추진전략과 향후계획"**이라는 지시문에 따라 목차를 구성하였고 **"보고 이후 2주 내에 관련 세부사항을 검토하여 정부에 보고하고, 60일 이내에 유럽과 미국에 벤치마킹을 다녀온 후 정부와 당원의 역할을 명확히 하여 실행에 옮길 것입니다."**라는 지시문을 기반으로 향후계획을 수립하였습니다.

전력/발전사의 평가는 이렇듯 향후계획과 일정 등을 구체적인 일정들을 제시해 주기도 하는데 그것을 그대로 정리하시면 됩니다. 그러면서 상사와의 대화 내용이 나오는데 이곳에서도 과제를 풀어 나가는 중요한 팁들을 제공해 줍니다. 위 과제에서는 부장과의 대화에서 **"일단 수소에너지와 수소차는 다른 관점이니 이를 분리해서 바라보고, 수소차의 세계적인 흐름을 파악하는 것이 우선일 것 같아요. 그런 다음 우리의 현실을 분석하여 대응방안을 수립하도록 해 봐요. 그리고 대응전략을 구성할 때는 우리가 어디로 가야 할지 전략방향을 명확히 하는 게 필요해요. 또한 시기적으로 장단기의 관점과 중점 추진사항을 정리하면 좋을 것 같아요."**라는 구체적인 방법을 제시하는 글이 올라와 있는데 이 부분을 대충 넘어가시면 안 됩니다. 물론 다른 기관의 평가도 유사하게 제시하는 경우가 많은데 이런 것을 놓치시면 안 됩니다. 특히 한국전력 같은 경우에는 위 사항들이 평가기준에 들어 있는 만큼 꼭 유념하셔야 합니다.

위의 제시문을 보면 **"수소에너지와 수소차는 다른 관점이니 이를 분리해서 바라보고"**라는 문구가 있는데 이는 매우 중요한 사항입니다. 인과 분석도 마찬가지이지만 SWOT 분석도 문제를 정의하는 것부터 출발합니다. 문제상황을 어디까지 정리할 것이냐에 따라 전혀 다른 분석이 되기 때문입니다. '수소에너지라는 전체를 볼 것이냐? 아니면 수소에너지 중 하나인 수소차만 볼 것이냐?'는 완연히 다른 상황이 전개됩니다. 위 과제에서는 수소차에 국한한 분석이 이루어져야 합니다. 그래서 수소에너지 부분은 별도로 떼어 놓았습니다. 아마도 이 부분을 같은 문제사항으로 접근하였다면 과제를 풀 때 뒤죽박죽이 되었을 것입니다.

그런 다음 **"수소차의 세계적인 흐름을 파악하는 것이 우선일 것 같아요. 그런 다음 우리의 현실을 분석하여 대응방안을 수립하도록 해 봐요."** 라는 구체적인 분석 방법론을 제시하고 있습니다. 환경을 분석하고 내부 여건을 분석하라는 의미로 와닿는 문구입니다. SWOT를 사용하라는 지시문인데 아시다시피 환경 분석을 통해 기회와 위협을 도출합니다. 그리고 내부 여건 분석을 통해 강점과 약점을 도출하게 됩니다.

수소에너지 산업이 확대되는 것을 기회로 볼 것이냐에 대해 고민을 많이 했습니다. 수소에너지가 확대되는 것이 수소차 시장의 기회요인으로 볼 수도 있습니다. 하지만 저는 수소자동차 산업으로 범위를 낮추었습니다. 수소차가 사라진다고 해도 수소에너지 산업은 계속 성장할 것이기 때문입니다. 관련성은 있지만 직접적인 영향을 행사한다고 보기에는 무리가 있다고 생각했습니다. 이는 분석가들의 관점의 차이로 생각하셔도 될 것 같습니다.

강점 부분에서 정부의 적극적인 지원을 다루었는데 이는 본 과제의 관점이 한국의 수소차 산업이기에 그렇게 설정하였습니다. '국내 H사의 수소차 대응방안 보고서'라고 한다면 정부의 적극적인 지원은 기회요인이 될 것입니다. 작성자의 소속이 정부기관이기에 이러한 관점을 유지하는 것이 적절하다고 판단하였습니다. 그래서 약점도 국내 상황을 다루었습니다. 거듭 말씀드리지만 분석의 영역이나 관점을 어디에 둘 것인지에 따라 분석의 내용은 확연히 달라집니다.

SWOT 영역별 분석이 이루어지고 나면 이것을 기반으로 시사점(Implication)을 도출하는 과정을 거치게 됩니다. 이 부분이 상당히 힘든데 각각의 영역에서 도출된 내용들을 보면서 새로운 것을 도출해 가는 과정으로 고도의 개념적 사고력이 요구됩니다. 강점을 가지고 기회를 살리는 SO 분석에서는 열리고 있는 수소차 시장 특히 상용차 시장에 우리가 기술력이라는 강점을 가지고 있기에 적극적으로 시장에 진출해야 한다는 시사점이 나오게 됩니다. 강점을 가지고 위협을 최소화하는 ST 분석에서는 현재 수소 승용차의 수요가 많지 않은 상황이지만 우리가 상용차 부분에 강점을 지니고 있기에 높은 기술력을 기반으로 상용차 시장에 진출하는 시사점을 도출하게 되었습니다. 위의 분석만 봐도 상용차 시장에 진출이 요구되는 상황입니다. WO 분석은 약점을 보완하며 기회를 극대화하는 시사점을 도출하는 과정으로 우리가 지니고 있는 충전소 부족과 비싼 수소차의 환경을 극복하는 시사점을 도출하게 되었습니다. 약점을 보완하며 위협 최소화하는 WT 분석은 우리의 약점을 보완하자는 데에 초점을 맞추었습니다. 이렇게 도출된 시사점들을 기반으로 중요도와 시급도를 보면서 전략과제를 도출하게 되는데 주로 SO 분석 시사점이 가장 우선적인 실행 전략과제가 됩니다.

그리고 "대응전략을 구성할 때는 우리가 어디로 가야 할지 전략방향을 명확히 하는 게 필요해요."라는 지시문에서 '우리가 어디로 갈지 전략방향을 명확히 하라는 것'은 매우 중요한 의미로 전반적인 환경의 흐름과 내부 여건에 맞추어 사업의 방향을 어디로 설정해야 하는가를 묻고 있습니다. 앞서 말씀드렸지만, 방향은 사업의 목적을 말할 수도 있지만 목적을 달성하기 위해 어디를 바라볼 것인가를 의미한다고 말씀드렸습니다. 방향의 의미는 작은 사업 단위에서는 초점 내지는 중점사항과 겹치는 내용입니다. 하지만 위와 같은 큰 국책사업에는 방향과 중점 추진사항의 위계를 나누기도 하는데 위의 과제는 방향과 중점사업을 같은 내용으로 정리하였습니다. 방향이 나오면 목표도 같이 제시해 주면 좋겠죠.

그러면서 "또한 시기적으로 장단기의 관점과 중점 추진사항을 정리하면 좋을 것 같아요."라는 지시문이 이어 나옵니다. 시기적으로 장단기 관점은 실행계획의 관점을 제시하고 있습니다. 여러 대안 중에 빨리 할 것과 천천히 할 것을 제시하라는 것입니다. 이는 중점 추진사항과는 다른 의미인데, 많은 분이 혼돈하시는 것을 봐 왔습니다. '어디에 중점을 둘 것이냐?'와 시간적으로 '언제 실행할 것이냐?'는 다른 의미이겠죠. 중점 추진사항은 선택과 집중의 의미로 보시면 됩니다.

한국전력 초급간부 평가 시에는 답지를 1장으로 제출해야 하고 다른 발전사들은 2~3장으로 제출을 요구받고 있습니다. 위의 답지는 2.5장으로 구성되었는데 여러분들이 소속된 기관에 맞추어 답지를 구성하시면 됩니다. 또한 위의 답지는 실행계획이 짧게 되어 있는데 다른 기관들처럼 실행계획 부분을 다양하게 추가하여 완성하셔도 됩니다.

제8강

기획보고서 및 발표 역량평가 방법

제8강
기획보고서 및 발표 역량평가 방법

역량평가는 평가 대상자들의 행동을 평가하는 것입니다. 말하는 것, 글을 쓰는 것, 손짓, 눈짓 등의 비언어적인 행동, 기품 있고 상대를 압도하는 태도, 발을 떨면서 보여 주는 경망스러운 태도 등 평가 장면에서 평가 대상자들이 보여 주는 모든 행동이 평가의 대상임을 명심하십시오.

평가사들은 여러분들이 작성한 답지와 인터뷰 내용들을 기반으로 2~3단계에 거쳐 평가점수를 평정합니다. 1명의 평가 대상자를 2명 이상 복수의 평가사들이(복수의 평가사들이 투입되는 것이 원칙이나 국내에서는 그렇지 못한 경우도 많음), 평가 대상자가 보여 준 행동들을 평가사 가이드에 기반을 두고 추려 내어 점수화합니다. 각 평가사들의 점수는 상호 협의의 평정 과정을 통해 최종 확정합니다.

평가는 답지 검토를 통한 서면 평가, 인터뷰 내용을 기반으로 한 구술 평가, 인터뷰 시 나타나는 태도를 기반으로 한 태도 평가로 구성되는데, 행동과 행동을 통해 나타난 것만이 평가 대상이 되며, 평가사의 개인적인 느낌이나 평가사가 유추한 내용은 평가되지 않습니다. 기획보고 및 발표, 인바스켓 역량평가 장면에서 가장 많이 쓰이는 방식은 BARS와 BOS 방식으로 아래에 설명을 드리겠습니다.

1. 행동기준척도(BARS, Behaviorally Anchored Rating Scales)

행동기준척도 기법은 행동의 질을 평가하는 방식으로 쉽게 말씀드리면 평가 대상자들이 보여 줄 수 있는 행동을 미리 기술하여 평가한다는 것입니다. 우리가 자주 사용하는 체크리스트(Check List)처럼 평가를 통해 기대하는 행동을 기술하여, 해당되는 행동을 보여 주면 체크하여 평가하는 방식입니다.

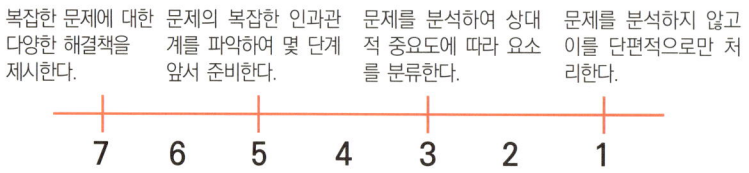

현재 서울시는 7단계의 BARS 방식을 활용하는데 실제 평가 장면에서 각 점수 영역의 내용은 위의 내용보다 매우 정교하게 기술되어 있습니다.

평가역량과 각 과제의 특성을 반영하여 1수준과 7수준을 표기한다는 것은 쉬운 작업이 아닙니다.

각 점수영역에 해당되는 행동이 잘 기술되었다면 BARS 방식이 매우 합리적이고 객관적인 평가방식이라고 판단할 수 있는데, 아무리 기술을 잘한다고 해도 인간의 행동을 글로 표현하는 데 한계가 있을 수밖에 없습니다. 예를 들어 '상대방에게 공감을 표시하였다.'라는 평가사항에 인간이 보이는 행동의 표현은 무척 많고 모호함도 있습니다.

공감을 표시하는 행동으로는 말로 표현하는 방법도 여러 가지 있고, 손을 잡아 주는 등의 비언어적인 행동 등도 많이 있기 때문입니다. 그러기에 BARS방식은 시간과 비용이 많이 요구됩니다.

또한 인간이 보여 줄 수 있는 역량에 한계를 짓는다는 모순도 있습니다. 평가 리스트에 구체적인 행동들이 기술되어 있기에 리스트의 점수 영역을 벗어난, 뛰어난 행동을 보였을 때 평가가 어렵다는 것입니다. 현재 일반 학교에서 시행되는 시험이 천재를 평가할 수 없는 한계를 지니는 것처럼 BARS는 인간의 한계를 미리 설정하였기에 한계를 벗어나는 뛰어난 사람은 평가할 수 없다는 모순이 있습니다.

BARS 방식에서 고득점을 취하기 위해서는 높은 수준의 지표에 초점을 맞추어야 합니다. 각 기관별로 제시되는 역량모델은 역량명, 역량정의, 평가지표의 구조로 되어 있는데 지표는 평가의 척도로서 평가의 핵심이므로 평가 시에 지표에 기술된 높은 수준의 행동이 드러나도록 하는 것이 중요합니다. BARS는 좋은 행동의 빈도보다는 질 높은 수준을 기대한다는 것을 잊지 마시기 바랍니다.

한국전력 및 발전사들은 내부 평가사들을 기반으로 자체적으로 평가를 진행하고 있습니다. 평가사는 보통 5~7명이 참여하여 기대하는 핵심 사항들이 있는지 중복 평가하여 가장 높은 점수와 낮은 점수는 버리고 중간의 2~6위의 점수만 합산하여 평가를 합니다. 예를 든다면 7명의 평가사가 참여하는 평가 장면에서 A 평가사는 99점의 가장 높은 점수를 주고 G 평가사는 66점의 가장 낮은 점수를 주었다면 두 평가사의 점수를 제외하고 나머지 B~F 5명의 평가사 점수만을 합산하여 평가한다는 것입니다.

② 행동관찰척도(BOS, Behavior Observation Scale)

Communication

	매우 미흡	미흡	보통	좋음	매우 좋음
A. 불필요한 전문 용어를 사용하지 않는다.	1	2	3	4	5
B. 간결하고 명확하게 이야기한다.	1	2	3	4	5
C. 단계별 구조화된 설명을 한다.	1	2	3	4	5
D. 청중에 따라 말 속도/스타일을 조정한다.	1	2	3	4	5

행동관찰척도 방식은 서울시를 제외한 국내의 거의 모든 역량평가에서 활용되는 방식입니다. 행동관찰척도는 평가 대상자의 행동빈도를 평가하는 것으로 평가지표에 기술된 행동의 빈도를 관찰하여 평가사가 판단하는 방법입니다. BARS는 질로 판단하고 BOS는 양으로 판단한다고도 할 수 있습니다. 쉽게 말씀드리면 기대하는 행동을 구체적으로 기술하기보다는 비슷한 행동들의 행위 수를 묶어서 매우 좋음(5점), 좋음(4점), 보통(3점), 미흡(2점), 매우 미흡(1점)으로 평가하는 방식입니다.

아래는 실제 BOS 평가 장면에서의 사례입니다. 평가사들은 평가사 가이드에 제시된 평가행동사례 지표를 기반으로 평가 대상자가 보여 준 행동의 빈도를 보면서 1~5점의 점수를 부여합니다.

구분	행동지표	점수	긍정적 행동	부정적 행동
문제 인식	- 상황이나 현상을 다양한 관점에서 접근하여 객관적으로 문제를 파악한다. - 문제 분석 및 해결에 필요한 정보를 인식하고 추가적으로 수집한다. - 주어진 정보를 가지고 논리적으로 추론한다.	3	- 교육생의 변화하고자 하는 마음이 중요하므로, 그것을 가능하게 하는 사례 위주, 선배 특강 등 생생한 교육방법의 중요성을 강조함 - 능력개발 프로그램에 대한 구체적 조언이 없었지만(-), 질의응답에서 보완됨(+)	- 소과제의 성격에 맞는 답변 작성과 조치가 필요함(-) (소과제 1, 2는 부하에 대한 자문 및 조언, 소과제 3은 타 부서 상사에 대한 답변, 소과제 4는 동료 팀장의 업무 협조 건) - 답변 자료의 서술에서 조언하는 내용(코칭 포인트)이 항목별로 서술되지 않아 이해가 곤란함(-) - 해외지원 과장의 의견을 해석하는 형식에 본인의 의견을 추가하는 방식으로 답변해야 하는데, 그렇지 못함(-)

위는 문제해결이라는 역량평가에서 긍정과 부정의 빈도가 비슷하여 3점 점수를 받은 사례입니다.

구분	행동지표	점수	긍정적 행동	부정적 행동
문제 해결	- 문제해결에 도움이 되는 다양한 대안을 발굴한다. - 다양한 제안을 체계적으로 비교, 평가하여 최적 대안을 찾아낸다. - 문제해결에 필요한 다양한 경영자원을 효과적으로 확보하고 활용한다.	4	- 홍보/활용방안의 검토를 조언함 - 알기 쉬운 사례의 확대를 조언함 - 외부 영입 인력에 대한 사전 교육과 화합 방안 촉구한 것은 좋음 - 외부 영입이 필요한 분야와 그렇지 않은 분야를 구분하자는 것(+), 그것을 가지고 내부 직원들을 설득하자는 얘기도 좋은 의견(+) - 외부 직원의 적응에 대한 도움 장치(멘토-멘티 등)를 제시함(+) - 근무시간 연장, 탄력적 근무제, 상황반 구성, 인센티브 제공, 예산이나 업무 메리트 등의 다양한 실행방안을 강구함	- 좀 더 다양한 시각의 조언이 없음(만화/삽화, 관련 교육 실시, TF 구성 등)

위의 사례는 긍정 행동의 빈도가 높아 4점을 받은 사례입니다.

구분	행동지표	점수	긍정적 행동	부정적 행동
고객 인식	- 정책과 관련된 고객(이해관계자 집단)이 누구인지 안다. - 역지사지의 관점에서 생각하고 행동한다.	2		- 소과제의 성격에 맞는 답변 작성과 조치가 필요함 - 고객을 너무 제한적으로 인식함(정책 유관 고객 이외에 내부고객(직원), 일반 시민 등)(-)

위의 사례는 부정 빈도의 수가 많아 2점을 받은 사례입니다.

BOS 방식은 질보다는 양을 중심으로 판단하는 방식이고 평가 행동이 정확히 기술되어 있지 않기에 평가사의 주관적인 판단이 많은 평가방식이라고 말할 수 있습니다. 평가사가 본인의 경험으로 평가지표를 해석하여 긍정과 부정의 행동으로 판단합니다. 그러기에 평가사가 평가 대상자보다 뛰어나야 합니다. 예를 들어 '문제해결에 필요한 다양한 경영자원을 효과적으로 확보하고 활용한다.'라는 평가지표가 있다면 평가사 가이드에 내용이 기술되어 있다고 하더라도 경영전략을 공부하지 않은 사람은 '경영자원'이라는 개념을 모를 뿐더러 '효과적인 확보'의 의미를 명확히 알 수 없습니다.

BOS 방식은 BARS 방식에 비해 시간과 비용이 적게 드는 장점이 있어 국내의 역량평가 장면에서 향후에도 많이 쓰일 것으로 판단됩니다만 인터뷰가 없는 기획보고서의 평가는 BARS 방식으로 진행하는 경우가 많습니다.

3. 평가를 담당하는 '평가사'

역량평가의 학문적 뿌리는 산업심리학에 있습니다. 그러기에 평가사의 중심은 산업심리학 교수들과 전공자들이 될 수 있으며 산업심리학과 출신의 평가사들이 활발히 활동하고 있습니다.

역량평가의 국내 도입 초기에 주로 산업심리학을 중심으로 사회과학 분야의 대학교수들이 평가사 양성과정을 통해 평가사로 배출됐지만 최근에는 훈련을 받은 국장급 이상의 퇴직 고위공직자들이 많이 활동하고 있습니다.

국내 역량평가 평가사 양성 과정은 몇 개 기관에서 실시하고 있습니다. 하지만 며칠간의 평가사 교육으로 평가 기법을 완벽하게 이해하고 습득하기에는 한계가 있습니다.

기획보고 평가는 발표와는 다르게 답지만으로 평가하며 이런 경우에는 사내 평가사가 투입되어 진행되는 경우도 있습니다. 한국전력 초급간부 평가가 그러한데 이때는 사내 평가사 교육을 통해 평가에 임하게 됩니다.

평가사들은 기본적으로 평가 대상자들은 도와주려 합니다. 물론 상대평가가 진행되는 경우와 절대평가가 진행되는 경우는 다릅니다만 일반적으로 그렇다는 것입니다. 그러기에 평가사들이 다소 압박하는 질문을 한다고 하여 반감을 보이기보다는 나를 도와주려 하는 분이라는 겸양의 자세로 대응하는 것이 바람직합니다.